世界视野下的中国智库建设

王科 著

九州出版社 全国百佳图书出版单位
JIUZHOUPRESS

图书在版编目（CIP）数据

世界视野下的中国智库建设 / 王科著． -- 北京：
九州出版社，2019.12
ISBN 978-7-5108-9036-9

Ⅰ．①世… Ⅱ．①王… Ⅲ．①咨询机构－研究－中国
Ⅳ．① C932.82

中国版本图书馆 CIP 数据核字（2020）第 005482 号

世界视野下的中国智库建设

作　　者	王科　著
出版发行	九州出版社
地　　址	北京市西城区阜外大街甲 35 号（100037）
发行电话	(010)68992190/3/5/6
网　　址	www.jiuzhoupress.com
电子信箱	jiuzhou@jiuzhoupress.com
印　　刷	北京旺都印务有限公司
开　　本	720 毫米 ×1020 毫米　16 开
印　　张	15.5
字　　数	248 千字
版　　次	2019 年 12 月第 1 版
印　　次	2019 年 12 月第 1 次印刷
书　　号	ISBN 978-7-5108-9036-9
定　　价	48.00 元

智库建设

目 录

○　　○　　○

上 篇

智库的理论：要素、类型与功能

第一章　何为智库：智库相关概念的界定与辨析

第二章　智库的兴起、发展与研究趋势

第三章　智库的功能与影响力

中　篇

智库的实践：世界重要智库的案例研究

下 篇

比较与借鉴：世界视野下的中国智库建设

智库建设

上 篇

智库的理论：要素、类型与功能

○　　○　　○

第一章 何为智库：智库相关概念的界定与辨析

智库的英文直译就是思想库，有的学者也用政府的外脑来形容它。但究竟什么样的机构或组织可以称得上智库，国内外学术界并没有形成一个普遍公认的确切定义。但是，如果不能对这些基本问题有一个相对明确的认识，智库的具体研究就无从谈起，中国的智库建设也难以真正向前推进。因此，对智库的定义、要素、类型等基本概念加以初步的辨析是必要且有益的。

第一节　智库的定义

当今世界，无论是发达国家，还是发展中国家，智库都已成为影响政府公共政策制定的重要外部力量，有学者甚至直接将影响政府决策的智库称为"政府外脑"。[1]"智库"是一个在西方语境中形成的概念，其英文为"Think Tank"，直译过来就是"思想库"，其与中国传统意义上的"智囊"[2]有着本质的不同。通常非智库研究者一谈到智库，首先想到的更多是兰德公司、胡佛研究所、传统基金会这样的智库研究机构。但究竟什么样的机构或组织可以称得上智库，国内外学术界并没有形成一个普遍公认的确切定义。在对智库进行界定时，学者们往往会就"智库""公共政策研究""非政府组织"等相关概念展开激烈的争论。确实，给任何事物下一个明确无误又不引起争议的定义都绝非易事。在目前的国内外学术界，不仅智库的概念本身没有一个普遍公认的定义，对智库的发展源起也存在不少争议，世界各国智库的类型也是复杂

---

[1] ［美］威廉·恩道尔：《政府外脑：影响美国决策的智库》，梁长平译，中国民主法制出版社 2018 年版，第 1—5 页。

[2] 在国内学界关于智库源起的研究中，有不少学者认为，中国传统语境中的"智囊"是中国智库的最早起源，然而智库从本质上说是在西方语境中产生的一个学术名词，被意译为智库，其与智囊虽只有一字之差，却有天壤之别，无论是其基本内涵，还是其类型与功能、发挥影响力的路径等都存在显著的不同。

多样的。但是，如果不能对这些基本问题有一个相对明确的认识，那么对智库的具体研究就无从谈起，中国的智库建设也难以真正向前推进。

在探讨其具体的定义之前，或许我们可以从对具体智库的相关描述中获得不少关于智库内涵的看法。美国第 36 任总统林登·贝恩斯·约翰逊曾这样描述他眼中的智库："布鲁金斯学会（the Brookings Institution）的工作人员通过分析、潜心研究、客观写作以及丰富的想象来质疑现行的做事方式而进行工作，然后提出其他可供选择的方法。……50 年来不断为政府出谋划策，它已经不仅仅是一个私人研究机构……它是一个重要的国家机构，以至于如果它不存在，我们将不得不找人把它创造出来"。[1] 在约翰逊的描述中，分析、研究和写作是布鲁金斯学会这一智库组织的重要特征。而在美国前众议院议长纽特·金里奇关于传统基金会（The Heritage Foundation）的描述中，他使用了一个完全不同于约翰逊的字眼"思想论战"来描述传统基金会的影响力。他提出，传统基金会毫无疑问是在国家的思想论战中影响最为深远的保守派组织，而其影响力不仅仅局限于华盛顿，而是遍及全球。[2] 在世界著名智库兰德公司创始人弗兰克·科尔博莫眼中，智库是一个思想工厂，一个有着明确目标的头脑风暴中心，一个敢于超越一切的战略思想中心。[3] 很明显，尽管他们所描述的事物都是我们所熟知的智库，但却使用了差别很大的名词来刻画他们心目中的智库。如果撤除具体的语境，读者很可能会认为他们在述说着完全不同的事物。不难看出，学界之所以对智库的定义存在广泛的争议，首先就源自各个具体智库之间的差异，尽管各家智库对于影响公共政策的制定有着相同的渴望，但世界上并没有两个完全相同的智库。[4]

日本学者铃木崇弘把智库定义为，"在民主主义社会中，非政策执行者运用学

---

[1] [美] 安德鲁·里奇：《智库、公共政策和专家治策的政治学》，潘羽辉译，上海社会科学院出版社 2010 年版，第 1 页。

[2] [美] 安德鲁·里奇：《智库、公共政策和专家治策的政治学》，潘羽辉译，上海社会科学院出版社 2010 年版，第 1 页。

[3] 杜骏飞：《全球智库指南》，江苏人民出版社 2018 年版，第 3 页。

[4] [加] 唐纳德·E. 埃布尔尔森：《北部之光：加拿大智库概览》，复旦发展研究院译，上海社会科学院出版社 2017 年版，第 25 页。

术的理论和方法，为保障在准确数据基础上的科学决策，开展有实效性的政策建言、提案、政策评价和监督等工作，使政策制定过程充满多元性和竞争性，促进市民参与政治，抑制政府垄断的组织"。在他看来，智库从事的是与政策相关的研究，并借此以展开自身的活动，是连接知识与治理的机构，其最核心的组织要素包括"民间""非营利""独立""公益"等。[1] 有意思的是，如果按照他对于智库的定义，他在开展智库具体研究时所涉及的一些智库很多都不符合他所设定的标准。从定义本身来说，学者对智库所下的定义往往是非常严密的，但现实中运行的各国智库又是极其复杂多样的，难以用简单的标准统一化，判断什么样的组织是智库远比我们想象中更加困难。

据不完全统计，国内外学界关于智库的定义至少有上百种之多。这些见仁见智的定义增加了我们理解智库的难度，[2] 但反过来又为我们从多个层面深入地考察智库提供了有益的帮助。在这些纷繁复杂的定义中，我们会发现不同的研究者关注的角度差别很大，概括来讲主要包括智库的规模、功能、作用及其影响力等。

从规模角度来看，有学者认为，智库是指拥有大量资金和大批高层次智库研究人员，对政治、经济、社会、军事、外交、科技、文化等多个领域展开研究的组织，兰德公司这样的大型研究机构就是此类智库。与此不同的观点则认为，兰德公司、布鲁金斯学会这样的大型研究机构并不具有普遍意义。兰德公司的人员超过1000人，每年的预算高达2亿美元，与国防部关系密切，致力于防卫和安全研究。这样的智库即便在智库研究比较发达的美国也属凤毛麟角。更加具有普遍意义的智库是那些只有10多个研究人员、年度预算只有几十万美元的小型研究机构。在美国，这类研究机构占到智库总数的80%左右。[3]

从功能角度来看，智库是一种相对稳定、相对独立的政策研究机构，通过科学的政策研究为政府提供咨询。美国学者麦甘就将智库定义为，"开展与公共政策

---

[1] ［日］铃木崇弘：《何谓智库：我的智库生涯》，潘郁红译，社会科学文献出版社2018年版，第62—65页。

[2] 著名智库研究学者詹姆斯·麦甘就曾经表示，只有当他亲眼看见一个智库，他才能确定这究竟是不是一个智库。非智库研究者对于智库辨识的难度可见一斑。参见 James McGann,The Competition for Dollars,Scholar and Influence in the Public Policy Research Industry,University Press of America,1995,p.9.

[3] 中国现代国际关系研究所：《美国思想库及其对华倾向》，时事出版社2005年版，第5页。

相关的研究与分析，为国内和国际问题提供建议，让政策决策者和公众获得有关公共政策决策的充分信息"。[1]功能层面的智库具有两个重要特征，一是独立性，智库不是政府机构，在价值取向上保持充分的自由；二是现实性，智库不是象牙塔内的研究，而是通过科学的研究将知识与现实决策构连起来。布鲁金斯学会理事会主席约翰·桑顿就认为独立性是智库的核心价值之一，也是一个智库能否成为高水平智库的关键所在。不同的意见则认为，智库的政治介入已经大大超过了限度，智库成了专为大企业大公司的政治经济利益服务的组织，因为相当多智库的资金都是来自这些大企业大公司的捐赠，重要职位也基本由离任高官担任，研究成果必然就会反映这些精英的意见。[2]

从作用角度来看，有学者指出，智库是为政府、企业和社会的决策提供解决方案，并为之培养和输送人才的一种社会组织形式。[3]联合国开发计划署认为，智库是定期进行调查研究与公共政策相关问题的组织，是连接知识和权力的桥梁。[4]还有的学者从影响力层面定义智库，认为智库就是要通过政策研究、政策游说等方式来影响包括立法、行政、司法等公共权力机构。德国汉堡大学教授帕瑞克·克勒纳就将智库界定为以政策研究和分析为基础，以影响公共政策为目标的研究机构。[5]

通过对智库不同定义的简单梳理后可以发现，不同语境中的智库概念既有着很大的不同，又有着相对的一致性。同一个智库在某一个学者的界定下可能是智库，而在另一个学者眼中可能就不是智库。不同国家的文化差异也会导致对智库的认知差别。在包括中国在内的很多发展中国家，只要从事政策性研究、为政府决策提供建议和参考的机构就可以称之为智库，这个机构可以是隶属于政府的。但在欧美国家的语境中，这样的机构往往是被排除在智库范畴以外的。但实际上即便是政治文化接近的英美两国，对智库的认知也有很大的不同。英国由于政党力量强大和相对稳定的文官体制，体制外的独立的研究机构并不多，而美国与此正好相反。另一方

---

[1] James McGann, Think Tanks and Policy Advice in the US, Foreign Policy Research Institution,2005.

[2] William Domhoff, The Power Elite and the State: How Policy is Made in American ,1990.

[3] 曹益民：《世界主要国家公共决策咨询的做法和经验》，《中国软科学》2000 年第 10 期。

[4] 杜骏飞：《全球智库指南》，江苏人民出版社 2018 年版，第 5 页。

[5] 帕瑞克·克勒纳：《智库概念界定和评价排名：亟待探求的命题》，《中国行政管理》2014 年第 5 期。

面，在这些不同定义中，我们可以发现其中蕴含着相当多的共性特征，比如公共政策研究机构、科学的研究方法、沟通知识与现实决策等等。因此，为了消除人们对智库定义的困惑，我们还是倾向给智库下一个介于广义和狭义之间的定义：智库是这样一种研究组织，它拥有独立的研究人员与经费来源，通过科学的理论和研究方法对政治、经济、社会等重要领域重要问题进行研究，并利用其研究成果对公共政策的制定施加其影响力。

第二节 智库的要素

任何一个机构或组织都有其核心要素，智库也不例外。在布鲁金斯学会理事会主席约翰·桑顿看来，质量、独立性和影响力是智库必须坚守的核心价值。[1]要实现这一目标，智库就必须产生出符合社会发展趋势的独立的思想观点，而这一思想的产生只能来自智库所拥有的研究人员，同时还必须借助网络和媒介去影响政府的公共决策，进而发挥其最大的影响力。因此，一个高质量的有影响力的智库至少包含以下几项核心要素：带有新创见的思想观点、高素质的研究人才以及强大的智库网络。

一、思想

一个智库如果不能经常性地产出带有新创见的独立的思想观点，不能借助其思想观点对社会产生广泛的影响力，哪怕它规模再大、经费再多，都不能称之为一个高质量的智库。对于一个智库而言，独立的思想是智库的第一要素。在前述有关智库的定义中，不少学者都认为智库应当是独立于政府之外的，它既不是政府的一部分，也不是政府的附属机构。和那些因为某个特殊问题而产生的政府咨询组织相比，智库有着很大不同。当某个特殊问题得到解决后，这种政府咨询组织就没有了存在的必要，而智库则不同，它有着自己的独特发展逻辑，它与政府是一种平等合作类型的关系，虽然智库并不拒绝政府的资金支持，但并不妨碍智库进行独立研究

---

[1] 金芳等:《西方学者论智库》，上海社会科学院出版社 2010 年版，第 2 页。

并得出自己的研究结论,尽管这些结论很可能是政府不希望看到的。

作为一个政策研究机构,智库自然需要有充足的经费来支持它的政策研究,很多时候智库会接受多种形式的资助,这种资助可能来自某个基金会,可能来自某个公共组织和私人组织,也有可能来自政府的直接支持。但是,这并不意味着智库的研究就会受制于资助方。如果一个智库因为接受资助被营利性组织控制,就必然会偏离原先的研究目标。从根本上说,政策研究机构的主要动机是研究而非获利。[1] 同所有研究机构一样,智库追求知识的客观性。虽然智库对政策实用性的要求要超过一般研究机构,但这种实用性仍然是以科学性为前提。智库研究者在研究政策过程中要尽量克服个人价值观的影响,也要超越不同利益诉求,唯其如此才能得出客观性的研究结论。这一客观中立的特性正是智库成为连接知识和权力的桥梁的重要因素。一方面,决策者缺乏充足的实践和必要的知识去对有关政策作深入的研究;另一方面,智库研究者大多都接受过严格系统的专业训练,尤其是在某些具体领域更是具有很高的学术水准。于是,智库将政策制定者和学术研究联系起来,通过自身对某些政策问题的深入研究,让政策制定者更易于理解和采纳。[2]

智库提出的思想观点要获得公众的关注和支持,进而对政府部门产生影响,就必须善于发现现实社会中确实存在的影响社会发展趋势的重要问题,并通过科学严谨的研究分析,找到这些问题产生的深层原因,并给出适当的应对举措。要做到这一点,智库的思想观点必须是创新性的,要能想别人所不能想,领先于公众舆论。智库的思想观点本身并不是舆论,但是当智库研究形成的某些理论能够充分发挥指导实践的作用后,理论传播在很大程度上就构成了一种舆论形态。[3] 有智库研究者就曾明确地指出,我们的事业就是引导舆论,并创造出能够在未来变成现实的思想。[4] 因此,不论何种智库,要充分发挥其价值及其影响力,就必须不断产出能够影响公众舆论和公共政策的思想。

[1] 金芳等:《西方学者论智库》,上海社会科学院出版社 2010 年版,第 48 页。

[2] James McGann, Comparative Think Tanks, Politics and Public Policy, Northampton: Edward Elgar Publishing Limited, 2005.

[3] 刘建明:《舆论传播》,清华大学出版社 2001 年版,第 156 页。

[4] David Smith, Think Tanks: Who's Hot and Who's Not, Management Today, 1998(05).

二、人才

人才是智库最重要的资源，是决定智库生存发展的关键性要素。一个成功的智库并不一定是拥有大量资金且规模庞大的智库，但一定是拥有大批高素质的智库型研究人才的智库。所谓智库型研究人才，是指那些能够通过自身的潜心研究为政府决策提供专业咨询服务的人才。智库的研究其实就是知识的再生产，无论是这一生产过程本身，还是知识成果的推广转化，都离不开人这一重要主体，人才素质的高低决定着知识生产和知识应用的最终水平。从某个层面来说，智库就是人才之库。正因为智库的人才对于智库的发展起着至关重要的作用，各个智库都特别重视人才的发掘工作。很多智库的高级研究员待遇丰厚，一般可与大学的终身教授相当。

从选拔机制来看，智库的人才往往都是百里挑一选出来的。智库选择人才的主要渠道包括名牌大学刚刚毕业的研究生、大学里的相关专家、刚刚卸任的政府官员、其他智库中的现有人才。录取的标准也是以学术水平为重，同时也兼顾实践经验。需要提及的是，智库除了对智库研究员的素养有高素质的要求以外，还极为注重配备各类专门型人才。作为美国著名的智库，兰德公司在这方面的经验很值得称道，他们的经验之谈是"两个研究员不如一个研究员加半个秘书的效率高"。可见，智库人员的构成对智库运行的效率有着相当重要的影响。

研究人员是智库人才构成的主体。从现有智库的运行来看，中高级研究人员在智库中所占的比例往往都超过三分之二。研究员又可以分为高级研究员、研究员、助理研究员等不同的层次。由于智库研究工作的复杂性需要具备充沛的精力，智库研究人员在年龄构成上也是多趋向年轻化。世界上的一些著名智库，如兰德公司、国际应用系统分析研究所以及日本的一些重要智库等，研究人员的平均年龄都没有超过 40 岁。尽管有些智库有些研究人员年龄较大，但这类人群所占的比例却很低。

各类专门型人才是研究员的有益补充。很多智库都吸收了兰德公司的有益经验，讲究专职研究员与各类专门型人才的合理配置。比如在布鲁金斯学会，专职研究人员和专门型人才（包括秘书和研究助手等）的比例是 1:2。在胡佛研究院，这一比例更是达到了 1:2.5。[1] 这些担任秘书和助手的专门型人才，也大多具有较高

---

[1] 金芳等：《西方学者论智库》，上海社会科学院出版社 2010 年版，第 110 页。

学历，同时须有丰富的行政管理经验。从不少国家智库的运行现状来看，高素质的专门型辅助人才是智库得以高效运转的重要保障。同时，专职研究员与辅助人员之间并没有天然的鸿沟，现实中有很多智库的研究辅助人员经过自己的努力成了专业的智库研究者。

人才的选拔固然重要，但研究人员的培养同样不可忽视。很多卓有成效的智库都十分重视人才的培养工作，如兰德公司早在 1970 年就成立了兰德研究院，专门培养政策研究人才。兰德研究院采用的不是书院式的教学方法，而是在实践中培养和锻炼研究人才。为了给研究人员创造历练机会，他们采取多元化的举措进行人员培训与交流，如派遣研究人员到行政产业部门去锻炼，到其他智库访问交流等。兰德公司和伦敦国际战略研究所、野村综合研究所和斯坦福研究所都有定期互派访问学者的相关机制。这种培养人才的方式使得研究人员能够更快地适应智库研究工作，人才的不断流动也使得智库更具生命力。

纵览世界各国智库，真正发展起来的智库都拥有一批专业的研究队伍，这些一流的智库，不仅有一流的科研环境，而且有一流的待遇。当然，研究人员的职业发展前景也非常重要。在那些规模相对较大且资金充裕的智库里，研究人员的薪金未必就比其他智库更多。研究人员之所以更愿意到那里工作是因为他们在这样的智库有更多机会参与政府政策的制定，有着相对更好的职业发展前景。因此，在人才不断流动的环境中，智库一方面要不断培养自身的研究人员，同时也可以借助自身的影响力和公信力吸收其他智库的优秀人才。就某一个智库来说，这种人才流动可能会带来损失，但从整个智库环境来看，合理的人才流动可以促进知识的交流和互动，提高整个智库的研究水平。

三、智库网络

智库研究的一个重要特征就是现实性，不仅它研究的问题是现实的，它还要把它的研究成果应用到现实中，去影响政府的公共决策，这就需要智库网络。成功的智库通常拥有多元化的合作网络，包括政府相关部门、学术研究机构、大众传媒等。这一网络是否强大顺畅决定了智库所具有的社会影响力。罗得斯把这一网络定位为一种基于资源相互依赖而形成彼此联系的组织复合体。[1]这一网络中，智库既是建构者，也是重要组成部分。

智库作为政策网络的一个重要表现就是与政府之间的关系。在美国被称为"旋转门"现象的智库研究人员与政府官员的相互流动就是这一网络最重要的外化表现。一方面，智库研究人员在成名之后，有机会被吸收到政府决策部门，直接对政府的公共决策发挥影响，智库的政策专家摇身一变成为政府官员。另一方面，原先政府决策部门的官员在退出政坛后，往往会到与他们政治取向相近的智库从事政策研究工作，在智库组织继续发挥对政府决策的影响。基辛格和尼克松就是现实中较为著名的例子。基辛格在对外关系委员会工作多年后，在尼克松时代出任了总统国家安全特别事务助理。而美国前总统尼克松在"水门事件"下台后，创立了智库"尼克松基金会"，继续对政府公共决策施加其影响。再比如，布鲁金斯学会现有研究人员中，一半以上具有政府工作背景，担任过驻外大使的就有6人之多，加入过奥巴马政府的更多达36人。无疑，这样的人际关系网络使得布鲁金斯学会的政策研究成果可以更加便捷地传达到白宫以及政府各相关部门，对政策制定产生直接而迅速的影响。除此以外，其他美国智库如美国对外关系委员会、美国进步政策研究所等很多智库都通过"旋转门"与政府构建了密切的网络关系。智库本来是独立在政府之外，但通过旋转门机制，智库研究人员与政府官员之间相互流动，搭建起了沟通知识与权力的桥梁，不仅增强了政治的活力，也使得智库的影响力直接进入到政府的内部，成为政府决策过程中的一个重要环节。

大众传媒也在这一网络中发挥着重要的媒介作用。智库通常是通过出版专著、期刊以及简讯来发布政策信息和政策建议。兰德公司每年平均发布三四百份研究报告以及大量的专著和论文，对外关系委员会有自己主办的定期刊物《外交》，卡内基国际和平基金会有《外交政策》，战略与国际研究中心有《华盛顿季刊》，布鲁金斯学会有《布鲁金斯评论》等等。而在这些出版物影响社会舆论和公共决策的过程中，媒体的功能是不可或缺的。不少学者都认为，智库引导社会思潮最重要的方式

---

[1] Donald E. Abelson, Do Think Tanks Matters? Assessing the Impact of Public Policy Institutes, Montreal:McGill-Queen's University Press.2002.

是借助媒体来进行推广。在这个过程中，智库与媒体是一种相互促进的关系。一方面，智库为媒体提供了大量新颖的观点和主张；另一方面，媒体成为智库传播自己政策主张的重要载体和推动者。还有学者提出，智库借助媒体进行推广并不是为了直接提出政策目标，而是为了营造一种影响决策选择的社会氛围，而这些并不纯粹的学术研究正是形成政策决策的基础。[1]

第三节　智库的类型

当今世界，智库数量的增长是如此迅猛，以至于对智库进行适当的分类不仅是必要的，而且是有益的，它有助于我们更好地辨识不同类型的智库。早期的智库分类研究多在西方学者中展开，如美国智库研究专家麦甘就将智库分为四类：学术型智库、合同型智库、倡导型智库、政党型智库。学术型智库类似大学中的研究机构，强调客观中立的科学分析，比较注重智库的独立性，通常并不直接影响政府公共政策的制定。合同型智库是指那些研究议题多由政府决定，智库通过与政府相关机构签订研究合同关系，接受政府资助并着力研究政府认为需解决的重要问题的一类智库。[2] 他们的研究成果基本不对大众开放，而是直接提交给政府相关部门。倡导型智库一般具有强烈的价值导向，其研究成果多是通过在媒体报刊上发表政策短评或建议来加以呈现，其主要受众不仅包括官员，更涉及广大民众以及草根组织。[3] 对这类智库而言，关键不在于政策研究本身，而是借助研究倡导自己的政策取向。政党型智库，顾名思义与政党有着千丝万缕的联系，其研究目的主要是为了帮助相关政党谋求政治目标，意识形态色彩十分浓厚。相对而言，这一分类是基于西方智库的众多形态而划分出来的，随着现实中众多发展中国家智库的发展以及智库本身的演变，这四种分类并不能完全囊括现实中的各种智库，需要我们从多个角度对智库作进一步的梳理。

---

[1] 北京太平洋国际战略研究所课题组：《领袖的外脑——世界著名思想库》，中国社会科学出版社 2000 年版，第 131 页。

[2] 沈开举、余艳敏：《美国智库发展现状与评价》，《人民论坛》2014 年第 5 期。

[3] 余章宝：《作为非政府组织的美国智库与公共政策》，《厦门大学学报（哲学社会科学版）》2007 年第 3 期。

一、隶属角度的分类

很多国家的智库隶属于政府或政党，比如英国的智库就多为政党智库。但也有相当多的智库是独立于政党和政府之外的，这一点在美国智库中体现得尤为明显，并且由于独立智库的认同度越来越高，独立型智库的数量在全球范围内不断增长。根据智库不同的隶属，全球智库大致可分为官方智库、民间智库、半官方智库、高校智库。

官方智库直接从属于政府，不仅经费来源主要是政府，领导层也多由政府直接任命，其研究目的主要是为政府公共政策的制定出谋划策，诠释解读政府各项政策并促进其落实。[1] 这类智库可以直接对国家元首负责，也可以隶属政府某个具体的职能部门，这些机构中比较著名的有美国的国家安全委员会、亚太安全研究中心等。这类智库的优势是与政府关系密切，因而可以迅速地将智库研究成果传递到政府决策者手中，对政府决策的影响力远超其他智库。劣势同样是因为其浓厚的官方背景，其研究成果往往过于关注当下，缺乏对长远问题的考量，科学性和客观性相对弱于其他类型智库。

民间智库是相对官方智库而言的，是政府系统之外提供决策咨询的政策研究机构，其运营经费通常也不是来自政府财政拨款，而是来及项目研究、课题研究、社会捐赠、企业资助等等。[2] 此类智库比较著名的有伦敦国家战略研究所、日本亚洲经济研究所、中国天则经济研究所以及安邦咨询公司等。

半官方智库介于官方智库与民间智库之间。这类智库并不直接从属于政府，但并不排斥政府的经费资助。他们会经常与政府部门进行沟通交流，有时也会与政府签订各种合同进行合作，但他们依然是独立的智库。其中比较出名的智库有美国的斯坦福国际咨询研究所、英国的查塔姆学会等。

高校智库是由大学主导创立的，其经费来源主要是校方拨款，此外还接受一些基金会和企业的资助。研究人员以高校自身的各学科学者为主，有时也会吸收一些其他大学和研究机构的研究员作为补充，研究范围极为广泛。高校智库的优势在

---

[1] 韩未名：《全球背景的官方智库特点、效用与发展前瞻》，《重庆社会科学》2013 年第 9 期。

[2] 金家厚：《民间智库发展：现状、逻辑与机制》，《行政论坛》2014 年第 1 期。

于拥有大批高素质的研究人才，学科基础扎实，无论是研究广度还是深度都超过其他类型智库。斯坦福大学的胡佛研究中心、哈佛大学的俄罗斯研究中心、耶鲁大学的经济发展中心、北京大学的国家发展研究院等，都属于这一类型的智库。

二、研究取向的分类

根据智库的不同研究取向，智库又可分为综合型智库和专业型智库。综合型智库的研究包含政治、经济、军事、外交等各个层面。一般来说，此类智库的资金来源都比较充足，研究人员的素质也比较高，因而整个智库的综合研究实力也比较强大。代表性的智库有美国的传统基金会、俄罗斯的俄罗斯科学院以及英国的欧洲改革中心等。就欧洲改革中心来说，其研究范围就包括欧盟机构改革、欧盟经济、欧盟外交与防务、欧盟与亚洲关系等内政外交的各个方面。

相比综合型智库专业型智库研究范围要窄一点，但也更加集中，大多只是研究政治、军事、外交、科技等领域的某一方面。比如，从事国际关系研究的智库有美国的胡佛研究所、欧盟的欧洲外交事务委员会、中国的国际公共关系协会、太平洋国际战略研究所等，从事军事战略研究的智库有斯德哥尔摩国际和平研究所、伦敦国际战略研究所、波恩国际军工转产中心等，从事国内公共政策研究的智库有传统基金会、巴黎政治学院等，从事经济策略研究的智库有美国国际经济研究所、日本亚洲开发银行研究所等。此外还有专门从事科技创新研究等更加具体层面研究的智库，不一而足。

三、规模大小的分类

从智库的规模来看，世界各国的智库又可分为小型智库、中型智库和大型智库。不同的智库规模在一定程度上也决定了智库本身的影响力。小型智库拥有的专职研究人员一般在二三十人左右，年度科研经费则维持在 100 万美元左右。小型智库虽然从规模上看不如中大型智库，但也同样追求自身在某个重点领域的影响力。如加拿大的贺维学会就是一家比较著名的小型智库，尽管其员工总数只有 20 余人，但在相关领域的影响力不可小觑。

中型智库拥有的专职研究人员一般维持在 50 到 100 人之间，年度科研经费一般不超过 1000 万美元，研究范围较小型智库更加宽泛，法国的国际和战略关系研究所就是此类智库。

大型智库的专职研究人员一般都超过百人，年度科研经费也超过 1000 万美元，无论是拥有的人员和经费，还是其研究涉及的具体领域，都是中小型智库无法比拟的。

四、政治倾向的分类

根据不同的政治倾向，智库可分为保守派、自由派以及中间派。保守型智库一般都强调自由市场经济政策，崇尚自由市场，在外交政策上提倡单边主义和实用主义。世界上比较著名的保守派智库有美国的传统基金会、英国的政策研究中心等。

自由派智库也强调自由放任的经济是主体，但同时认为政府在社会政策制定方面表现欠佳，主张实施福利政策，注重维护社会公平正义和可持续发展。这类智库有深受自由主义传统影响的美国卡托研究所、瑞森基金会等等。

中间派智库介于保守派和自由派之间，秉持独立的无党派的立场，没有明确的意识形态标签。大部分此一类型的智库都强调国际合作和有限的国际干预，其观点受到的关注也越来越多。此类代表性智库有美国外交政策委员会、南方国际研究中心等。需要提及的是，智库的政治倾向并不是一成不变的，它会随着时间的推移而不断产生变化。

第四节 智库及其利益相关组织

智库为某个复杂政策问题提供的解决方案不是偶然之间找到的，而是经过数年时间的不断研究提炼出来的，同时这一研究成果还要以易于被决策者和公众接受的形式呈现出来。因此，政策研究本身只是一种前提和基础，如何提供及时有效的信息也十分重要。为了提升自身的影响力，智库就不可避免要与政策制定者、大众、媒体、慈善基金、学界等利益相关组织产生关系。对于一个成功的高质量的智库而言，自我推广的重要性丝毫不亚于政策研究本身。

一、决策部门

对于绝大多数的智库来说，向政府决策部门提供专业的政策建议都是首要任务。研究公共政策的智库必须密切关注政府相关部门的决策者们在思考什么，决策者所关心的议题必须引起智库的同等关切。否则，即便一个智库能始终站在时事前沿，但智库所关心的议题却不能与决策者引起某种共鸣，智库的研究成果再好也未必能在现实决策中发挥什么影响。因此，智库必须与政府政策制定部门建立广泛的联系。

从现实中众多智库的实际运作来看，很多知名智库每年都会投入大量资金用于维系与政府之间的关系。传统基金会在这方面就是一个非常典型的例子。传统基金会的触角延伸到国会山、行政部门、官僚机构的走廊和会议室当中，不仅为政府决策部门提供其全套研究成果，也借助联络部门与国会两院保持沟通，从而更准确地理解列入立法议程的议题。他们还会为新入选的国会议员举办研讨会、工作坊，邀请资深政治家参与会议等。[1] 传统基金会的做法不仅被美加两国的智库所采取，对于全球智库的运作都有重要影响。

同时，政府政策制定部门的决策者们也同样十分关注智库。不论是在竞选的时候，还是在当选以后，智库的政策研究专家都会对他们有莫大帮助。这种互动对智库和决策者双方都是有益的。相比具体的政策建议，智库还可以为决策者带来更有价值的公信力和声誉。尽管公信力有所下降，智库还是在公众心目中保存了相当的可信度和良好的声誉。但政府决策部门大力倡导某项公共政策时，往往不能被民众轻易接受，而如果换成由智库提出议题并大力倡导时，效果往往要好得多。

二、公众

在很多国家的民主选举中，很多选民并无意行使这一民主权利，有时这种比例甚至高达一半。公众对于政治的冷漠一直以来都是广泛存在的现象，那么智库持续不断地与公众进行沟通并引导其参与各种政策对话的动力来源于何处？原因就在

---

[1] [加]唐纳德·E. 埃布尔尔森：《北部之光：加拿大智库概览》，复旦发展研究院译，上海社会科学院出版社2017年版，第102页。

于，对于智库而言，它真正关心的并不是那些有时甚至高达一半的对时事毫无兴趣的公众，而是为了和另一半关心时事的人进行对话。如果能够触动这群关心时政的公众，智库所获得的回报将十分丰厚。有时，为了改变政治氛围，使之更切合智库本身的利益和意识形态倾向，智库需要从公众那里获得源源不断的支持。相当多智库都已经意识到，观点的提出固然重要，但同时还需借助公众的支持来推进它想要倡导的提案。

为了实现这个目标，智库构建了多种多样的渠道来与公众进行沟通。对智库而言，关键不是要让公众知道它们是谁，而是要用自己的观点尽可能地影响公众。除了通过网站向公众展示研究项目的相关信息，智库还会利用宣传会议、工作坊和演讲来引发公众的兴趣。智库也越来越多地利用社交媒体、印刷品、广播等多种媒介与公众分享自己的观点，激发公众对相关议题进行评论的动力。总之，既然智库的研究动机是为了产出影响公众舆论和公共政策的思想，就必须认识到让公众了解其工作的重要性。

三、媒体

突发性新闻可能出现在任何时候，这时往往就需要智库研究专家对其进行解读和评论，而这些专家往往也是积极参与其中，这是智库塑造良好媒体形象的重要契机。一方面，智库通过媒体推广其研究成果，另一方面，媒体曝光率对于智库吸引投资至关重要。为了说明自身的影响力，智库需要借助各种指标，比如引发的媒体热点、网站出版物的下载量、学术研究成果的被引用频次等。英国的查塔姆研究所就曾通过追踪自己在190多个国家新闻报纸中的曝光度来提醒投资者，研究所的影响力达到了一种什么程度。[1] 虽然媒体曝光度并不能准确反映智库究竟有多大的影响力，但智库并不想去深入探究这其中的真相，而只是尽力传达出这样一种信息，那就是曝光度越高，越有可能赢得公众和政府部门的关注和支持。智库固然需要媒体这一媒介，媒体同样需要智库对时事的分析和评论，二者之间之所以能建立起某种关系，正是因为它满足了双方的共同需求。

---

[1] [加] 唐纳德·E. 埃布尔森：《北部之光：加拿大智库概览》，复旦发展研究院译，上海社会科学院出版社 2017 年版，第 109 页。

四、资助组织

很多世界著名智库如布鲁金斯学会等，仅仅依靠一些资助机构的捐赠就足以支撑智库的运转。然而这样的智库总体上来说还是比较少，绝大多数智库为了维持智库的运营，都必须想方设法去拓展资金来源。幸运的是，只要智库有一定的影响力，就能够吸取到一定的资金。问题在于，资助机构明明有着多样化的选择，为什么要对智库这样的公共政策研究机构进行丰厚的捐赠呢？资助机构并不是不图回报的，那么智库可以提供何种回报呢？不少研究者发现，这些资助机构希望获得的是比金钱更重要的政治影响力，他们力图借助智库的力量构建一个更符合他们希望的世界，而这个世界将让他们获得丰厚的政治经济回报。而对于破坏他们这一希望的智库，他们不会进行资助和投资，美国企业研究所就是一个典型的例子，因为保守派基金会的撤资濒临破产。随着智库对资金竞争的日益激烈，我们可以想见，尽管有少部分智库可以通过其高质量的独立研究来实现目的，但会有更多的智库为了获得资金资助，会对资助者有所妥协。

五、学术界

智库的绝大多数研究人员都有着世界知名大学的学位，并且其中有不少还在大学兼任教职。但智库和大学的联系远不止于此。在开展具体的政策研究时，智库的政策专家经常需要大学里的专家学者来帮助他们完成研究。有的智库甚至直接将自己的研究项目外包给大学，大学里的学者们可能会应邀参与撰写研究报告的一部分，也可能应邀参加智库的研讨会和工作坊。智库这样做有效地整合了学术资源，但更重要的还是为了在决策群体中提高声望。反过来，大学为了证明自身工作和公共政策的相关性，也对智库的各项研究抱有兴趣，并希望借此获得政府更多的投资。

第二章 智库的兴起、发展与研究趋势

智库是在特定的时代背景下产生的，尽管关于智库的起源，学术界有着不同的看法，但讨论智库起源时，最重要的不是其产生的时间，而是其运行机制等智库的一些核心要素。从智库产生以来，智库已经经历了近百年的发展，并因智库专家在政策制定过程中角色的差异呈现出不同的智库特征。在其发展历史中，学术界关于智库研究的主题也在不断向前拓展。

第一节 智库的兴起

由于对智库概念的理解不尽相同，学术界对于智库的起源也存在不少争议。有的学者认为古代的谋士、幕僚就是智库的雏形，有的学者则完全不同意这样的看法。现在学术界比较有代表性的看法主要有三种：19 世纪初期说、19 世纪中后期说以及 20 世纪初期说。[1]

一、19 世纪初期说

19 世纪初期说主要来自美国著名的智库研究专家保罗·迪克森（Paul Dickson）在 1971 年出版的专著《智库》。在该书中，迪克森提出，早在 1832 年，美国财政部为了解决汽船上的蒸汽锅炉问题，与费城富兰克林研究所签订了委托研究合同。这一事件表明政府从那时起就开始利用研究机构解决公共问题，也就意味着智库的诞生。[2] 在此之后，政府求助于研究机构的情况也越来越多。但是，迪克森关于 19 世纪 30 年代是智库起源的说法并未被学界广泛接受。很多学者认为，如果按照

---

[1] 袁鹏：《美国思想库：概念及起源》，《国际资料信息》2002 年第 10 期。

[2] Paul Dickson,Think Tanks,New York: Atheneum,1971,p.9.

迪克森关于智库的看法，富兰克林研究所并不是第一个帮助政府解决公共问题的机构，此前早已存在的哈佛大学、耶鲁大学、普林斯顿大学都曾经发挥过类似的功用。学者与政府官员围绕公共政策的交流早已存在，但这种交流只是为了与别人分享其观点，并不能看成为现代意义上的智库研究。

二、19世纪中后期说

19世纪中后期说是美国学者詹姆斯·史密斯（James Smith）提出的。与迪克森看法相类似的是，史密斯也认为智库的起源可上溯到19世纪，但不是30年代，而是60年代。经过详细的实证研究，史密斯认为智库起源于美国内战结束的6个月后。当时，100名左右的作家、记者、教育工作者、科学家在美国社会科学促进协会的赞助下，汇集在马萨诸塞州议会大厦，共同商讨如何尽快恢复马萨诸塞州的经济和社会秩序。史密斯提出，此次商讨让知识界意识到了共享知识所带来的益处。于是在紧接着的1866年，这批代表就成立了专门组织，思考如何推进社会改革，同时不断扩大自身的影响。这些宗旨与今天智库的某些功能已经相当接近。

三、20世纪初期说

20世纪初期说是相当多智库研究者的共识，其中代表性的专家有美国的著名智库专家威廉·多姆霍夫（William Domhoff）和詹姆斯·G.麦甘（James G. McGann）。多姆霍夫通过自己的研究提出，1900年成立的全国市民联盟才真正称得上是现代意义的智库，该联盟不仅与政府决策体系有正式的联系，而且可以对政府决策施加影响。该联盟有几个常设委员会，成员来自金融界、劳工界以及学术界，经常就市民最关心的市政腐败、竞选欺骗等政治问题进行调查研究，并在此基础之上撰写研究报告，提出有针对性且操作性强的政策建议，运作方式与今天的智库已无太大差别。对于史密斯的19世纪中后期说，多姆霍夫也持反对意见。他认为专业化机构包括专业协会的成立确实加强了社会科学家与政府官员之间的联系，但这种关系还不足以与现代意义上的智库相提并论。尽管都认为智库起源于20世纪初，但另一位美国智库专家麦甘认为1916年成立的政治研究所才是现代智库的起源。

在麦甘看来，这才是第一个专门从事公共政策研究的独立组织。[1]

上述关于智库起源的不同看法之所以存在，说到底还是不同的研究者对于智库本身抱有不同的看法。讨论智库起源时，最重要的不是其产生的实践，而是其机构的特点、功能以及运行机制等智库的一些核心构件。相对而言，在当下的学术界，20 世纪初期说被更多人所认可，原因就在于这一时期应运而生的一些组织，不仅其组织结构，而且其运作模式和研究领域，都与今天人们所理解的智库最为相似。

第二节 智库的发展

智库的发展与智库研究专家在参与公共政策制定过程中所发挥的角色和功用密不可分。加拿大的著名智库专家唐纳德·E. 埃布尔森（Donald E. Abelson）将 20 世纪以来的智库发展分为四波浪潮，并相应产生了四代智库：政策研究机构、政府合同型智库、倡导型智库、名流型智库。[2] 埃布尔森关于四代智库的划分现已被国内外学界广泛认可。结合其看法，我们可将智库的发展大致分为四个阶段：从 20 世纪初到第二次世界大战为第一阶段，从二战结束到 20 世纪 60 年代为第二阶段，20 世纪 70 年代到 80 年代为第三阶段，20 世纪 90 年代至今为第四阶段。

第一阶段：20 世纪初到第二次世界大战

此一阶段的智库从数量来看还比较有限，比较有代表性的主要有美国卡内基国际和平基金会（成立于 1910 年）、胡佛研究所（成立于 1919 年）、对外关系委员会（成立于 1921 年）、布鲁金斯学会（成立于 1927 年）、英国国防事务研究所（成立于 1920 年）。此一时期的智库都呼吁要保持与政治辩论的距离，不主张直接参与政治，追求客观独立的研究，带有理想主义成分。

---

[1] 袁鹏：《美国思想库：概念及起源》，《国际资料信息》2002 年第 10 期。

[2] Donald E. Abelson,"Think Tanks and U.S. Foreign Policy: an Historical Perspective,"U.S. Foreign Policy Agenda,Volume 7,Number 3,pp.9-12.

第二阶段：二战结束到 20 世纪 60 年代

二战结束以后，世界各国都面临着重建政治、经济、军事、社会的问题。从国内方面看，各国都要清理战争所带来的后遗症，重整经济，恢复国内社会的稳定和发展。从国际方面看，二战打破了原先的世界格局，各国都力求在重构世界新秩序的过程中占据有利的国际位置。在解决这些问题的过程中，智库的力量越来越被政策制定者所重视。兰德公司就是这一时期出现的最大智库，也是引起最广泛关注的智库。兰德公司起先只是为道格拉斯飞机公司提供研究成果的附属公司，在二战以后发展成为一个著名的独立智库。这一时期其他的著名智库还有曾在兰德公司工作十几年的赫尔曼·卡恩创办的哈德森研究所、伦敦国际战略研究所、剑桥大学国际问题研究中心、法国国际研究中心、德国国际政治与安全研究所等。这一阶段，政府成为很多智库在资金来源上的直接赞助者，这一点充分反映了政府为解决自身决策问题不断介入智库研究的普遍趋势。因此，这一阶段智库的客观性和专家价值都受到了质疑。

第三阶段：20 世纪 70 年代到 80 年代

这一时期的智库数量由于受到国际形势的影响，都带有浓厚的意识形态倾向，保守型的智库开始大量出现。与早期智库尽量避免公开辩论不同，此阶段的智库将政策研究与营销技术结合起来，致力于向政策制定者灌输智库的研究成果。比如这一时期建立的传统基金会就是这种类型的智库，它将政策倡导提高到了一个新的水平，为了影响国会议员的注意力，该智库关于政策问题的出版物刻意追求简短精练、清楚明了。其他比较著名的智库还有成立于 1977 年的卡托研究所、美国企业研究所、威尔逊研究中心、英国的经济事务研究所、政策研究中心、亚当·斯密研究所等。这一时期的大部分智库都意识到捕捉政策制定者心思的重要性，因而十分重视大众传媒的传播渠道，大多都会借助大众传媒的舆论影响力来影响和引导公众舆论。

第四阶段：20 世纪 90 年代至今

20 世纪 90 年代以来，随着全球化的快速发展，世界格局多极化趋势日益明显，各国之间形成了既竞争又合作的格局，谋求共同发展成了世界各国的共识。与之相应，各国智库的研究视野也不断拓展，形成了面向国际事务、区域事务、国内事务的多层次体系。[1] 首先,各智库之间的国际交流日益增多。尤其是进入 21 世纪以后,一些高端智库越来越重视国际问题研究,这就要求各国智库必须不断加强学术联系,拓展自身的研究领域。其次,区域性智库不断出现。其中比较典型的有欧洲政策中心、欧洲政策研究中心、欧洲外交关系委员会、东盟智库论坛、中亚智库论坛等等。这些智库的研究目标是通过建立区域性智库网络,为解决区域性问题出谋划策。最后,各国智库的内部交流也不断加强。目前各国智库都十分重视与国内同行以及高校之间的交流学习。智库与智库之间通过互派学者交流、定期举办研讨会等方式形成了常态化的交流机制。

第三节 智库研究的主题

在智库近百年的发展历史中,学术界关于智库研究的主题在不断发生变化。在智库发展的初期,智库研究很少有人关注,无论是专门的学术性著作,还是专门的学术期刊,都很少关注到智库研究这一领域。但最近二三十年随着全球化的发展,全球范围内兴起了智库研究的热潮,从最早期仅仅是智库的历史背景研究,扩展到了智库战略、智库发展趋势等更深更广的领域。概括来说,智库研究的主题主要包括六个方面:对智库产生背景的研究、对智库分类的研究、对智库组织和智库战略的研究、对智库作用的研究、对智库影响力的研究、对智库发展趋势的研究。

一、对智库产生背景的研究

早期的智库研究者大多从历史角度分析智库形成发展的政治和社会背景。[2] 如美国学者史密斯就将美国智库的发展归结为三个方面的因素。一是美国拥有发达的基金会,相比其他国家,美国拥有来自慈善基金会资助的大量资金。二是美国特色的三权分立制度和联邦制带来了权力的分散和决策机制的公开性、开放性,这种制度必然对智库有极大需求。三是美国政党的分散和虚弱为智库发展提供了巨大空间。

---

[1] 李建军、崔树义:《世界各国智库研究》,人民出版社 2010 年版,第 19 页。
[2] 朱旭峰:《"思想库"研究:西方研究综述》,《国外社会科学》2007 年第 1 期。

迪克森则对智库的发展变迁进行了分析，他认为 20 世纪初的智库都崇尚追求客观中立的专业知识，并且相信这些知识会给公共问题的解决提供妥善方案。虽然智库的资助来源在不断变化，但人们对社会科学提供的专业知识还是充满信任，资助者本身也非常欣赏这一点。这种情形一直延续到 20 世纪 60 年代末才有所改变。由于政治环境不断变化，保守型智库的数量大幅增长，也越来越多地致力于影响政府部门的具体决策。捐助人来源的变化也影响了智库的思想观念和行为方式，智库越来越注重市场营销技能，使其报告日益适应市场需求并更具影响力。

二、对智库分类的研究

通过对智库的分类来研究各类智库的发展特征和影响因素是智库研究中的一个较为普遍的主题。著名美国智库专家麦甘就根据智库扮演角色的不同，将全球智库区分为八种类型：政策制定者、政党代言人、政府代理人、学者型、行动者、转型者、混合体、跨国智库。约瑟夫·布雷姆（Josef Braml）在麦甘观点的基础上，以政治派别和意识形态为标准，将智库分为两大类型。一种是不能确认政治派别和意识形态的智库，一种是可以分辨政治派别和意识形态的智库。前者又可分为学术研究型和合同研究型，后者又可分为倡导型和政党代表型。20 世纪七八十年代以来，带有意识形态倾向的智库日益增多。还有学者按专业化程度将智库分为综合型和专业型两类智库。前者以布鲁金斯学会和兰德公司为代表，研究领域极为广泛；后者则专门从事某一具体领域的研究，如专门研究国际经济问题的国际经济研究所、专门研究资源和环境问题的未来资源研究所等。

三、对智库组织和智库战略的研究

由于各国的政治体制以及智库本身组织结构、资金来源以及智库规模的不同，世界各国的智库其实差别很大。20 世纪 90 年代以来，不少学者开始从组织学角度出发，将智库看作一个思想产业，对智库开展组织结构、营销策略以及智库战略等方面的研究。其中，约瑟夫·布雷姆的《美德智库比较》一文比较具有代表性。布雷姆运用组织学方法，从制度、法律、资金、技术、劳动力、媒体等多个层面进行实证分析和比较研究，探讨了美德两国智库之间在组织结构和战略方向上的差异。

在该文中，布雷姆提出两个假设：一是尽管国际化的趋势日益增强，智库还是主要活动在国内的制度、法律、资金、媒体、文化的环境中。二是一国之内的不同类型智库也主要活动在自己的特定市场之中。不同的环境带来了不同的智库组织机构和行为方式。为了搜集数据，布雷姆采用实地观察、问卷调查以及深度访谈等多种形式。在问卷中，他将智库的角色分成三类：研究角色、解释与宣传角色、人才交流角色。研究结果显示：美国智库更关注媒体曝光度，更愿意交流人才，更愿意为利益集团辩护，对于第二、第三类的角色打分较高；德国智库则在第一类角色上给分较高。他认为，正是智库所处的不同制度、法律等具体环境的差异导致了美德智库在组织结构、行为模式以及战略方向的差别。

四、对智库作用的研究

从具体案例探究智库在政策形成过程中的作用是分析智库作用的基本方法。2002年11月的《美国对外政策议程》就曾专门刊载了一组专辑文章，专门探讨智库在美国外交政策中的作用。其中，政府前官员理查德·哈斯（Richard N. Haass）阐述了智库对美国政策制定的作用，两个智库专家埃布尔森和麦甘回顾了智库参与美国外交政策的历史与演变，两个智库总裁分析了顶级智库的具体运作，还有关于北约导弹防卫争议的具体案例分析。此外，学者罗伯特·朗奎特（Robert Ranquet）还通过美法两国国家安全战略的比较，分析了两国智库对于政府决策的影响力。经过比较，朗奎特认为美国智库可以在政府决策中发挥更大的作用，在这一过程中，智库的作用体现在三个方面：思想的推广、头脑的交流、关系网络的运作。思想的推广是指智库通过开展研讨会、座谈会和公开演讲向政府官员宣传智库的思想观点。头脑的交流是指智库研究人员和政府官员之间的相互流动是频繁的。关系网络的运作是指智库成为政府、军队、学界等不同集团之间的关系纽带。与美国不同，法国政府在政策制定中很少受到外界干预，因此在政策产生过程中很少听到智库的发声。

五、对智库影响力的研究

尽管大多数人都承认智库对政府的公共决策具有影响力，但这种影响究竟有多大，却没有一个具体的衡量标准。有智库研究人员认为，智库对决策的影响到底有多大，谁也说不准。还有的认为，智库为政策制定者撰写的书籍只在大学生中流传阅读。[1]21 世纪以来，智库研究者开始借助现代统计分析方法和数据库技术来分析智库的公共影响力，其中最重要的依据就是智库研究成果的被引用率及曝光度。2000 年，尼古拉斯·拉勃（Nicolas Ruble）在《国际经济》上发表了一项研究成果，分析了 12 家智库和 171 名学者的曝光度。这一研究开创了定量研究智库影响力的先河，引起了学界的广泛关注。在这一研究成果中，布鲁金斯学会、国际经济研究所、美国企业研究所名列前三名。2002 年，亚当·普森（Adam Posen）将研究对象扩展到了 16 个智库和 276 名经济学家。结果显示，排名前三的依然是布鲁金斯学会等三家智库。2005 年，苏珊娜·特里姆里斯（Susanne Trembath）将研究的时间跨度扩展到从 1997 年到 2005 年的 8 年时间。除了一些小变化，研究结果与此前并无太大差异。

六、对智库发展趋势的研究

通过采集全球智库信息和数据追踪智库发展新动态，分析智库未来发展新趋势，是近些年来智库研究中的一个新热点。日本智库综合开发研究机构（NIRA），早从 1993 年起就开始编制《世界智库名录》，并每隔 3 年就更新一次，目的在于营造政策研究机构的全球网络。著名智库学者麦甘领衔的宾夕法尼亚"智库和公民社会项目"被称为"智库的智库"。其出版的《全球智库报告》是全球最大的智库数据库，它通过系统跟踪分析全球智库的动态信息和发展趋势，考察比较全球智库的质量和表现。该报告认为，虽然智库依然集中在美国和西欧地区，但其他地区的智库也在快速发展，其主要影响因素包括民主化的发展、对独立信息和分析的需求、国际活动的发展、科技的进步、非政府组织经费的全球化、政府决策辩论的公开化、现实问题的复杂化以及世界的全球化趋势。同时，经过对全球智库发展中的一些倾向进行归纳分析，该报告提出相对其他非政府组织，智库发展必须重视如下问题，具体包括智库的产出与影响力、智库的独立性与影响力、非政府机构的倒退、智库的幻象、智库的一般化与专业化、智库的功能综合化、智库的可持续性、智库的党派性、智库的实用性和严谨性、智库的网络、智库的需求与供给等。

---

[1] Andrew Rich, Think Tanks, Public Policy, and the Politics of Expertise, Cambridge University Press, 2004, p.7.

第三章　智库的功能与影响力

关于智库应该承担何种功能，学术界的探讨是一直存在的，然而想要彻底阐述清楚智库所具有的功能也并非易事，它背后所反映的实际上是思想世界与政策世界的内在关系。而一个智库的影响力当然与功能是联系在一起的。随着智库在公共决策中的重要性日益凸显，智库的影响力已经成为衡量一个国家软实力的重要标志，有关智库影响力的研究也成为智库研究的一个重要领域。

第一节　智库的功能

智库的功能与智库的目标、组织构成是一脉相承的，然而智库所进行的活动本身就处于不断变迁的过程中，因此关于智库功能的探讨也是一直存在的。不仅是关注智库的普通民众，即便是在智库机构工作多年的政策专家，想要彻底阐述清楚智库所具有的功能也不是一件轻而易举的事。在竞争日益激烈的思想市场，智库更加趋向选择那些能够胜任多项工作的复合型人才。对于一个智库而言，在某个具体的政策领域具有深厚的专业积累固然是关键，但这早已不再是智库的唯一功能，甚至不是最重要的功能。换言之，今天智库的功能不再仅仅是公共政策研究，还包括沟通交流和参与倡导等多项功能。

一、政策研究与建议

智库的起源就是为了给政府部门提供政策建议，因此开展政策研究、提供政策建议是智库最基本的功能之一。美国学者韦弗就认为，提出政策理念是智库的基本任务。在智库发展的早期，政府决策部门为了解决自身问题向智库寻求帮助。随着智库的发展，世界上的绝大多数智库都开始利用自身的影响力及关系网络，加强与政府的联系，通过各种渠道向政府决策部门传递智库的研究成果，试图影响政策的制定。在美国，每当新总统上台时，绝大部分智库都会通过自身的关系网络向总统提出自己的政策建议以影响总统的决策。此外，智库还会直接参与国会议员相关议案的撰写工作，借机传达智库的思想观点，扩大智库的影响。

二、政策沟通与协调

在智库的发展过程中，不仅政府，包括企业、学界、商界等机构的领导人都被智库通过某种方式连在了一起。一方面，像美国智库和政府、大学等机构的交叉任职情况很普遍。另一方面，智库有机会与这些机构部门的领导人通过参加共同的社交活动，比如共同参加一些高尔夫球俱乐部等，进行各领域政策方面的沟通协调。[1] 比如，卡内基国际和平基金会就通过设立特殊的项目构建了一个共同探讨全球性或区域性政策问题的沟通交流平台，参加者不仅有企业领袖，也有政府官员，还有智库和大学中的专家学者，有的项目甚至延续到今天。[2] 这种方式不仅实现了智库与其他相关利益组织的沟通交流，也巩固了智库本身的地位。所以，政策沟通与协调是智库的一个重要功能。

三、政策评议

智库对政府的政策制定还可以发挥政策评议功能。在制定具体政策时，政府的主要精力都集中在了当下最迫切需要解决的问题上，但对未来的发展趋势却缺乏足够的考量，这时往往就需要第三方机构对其政策进行评估，智库因其独立性和专业性成了政府部门的最佳选择，如美国国防部就曾委托美国战略与国际研究中心对一些军事战略进行评估。[3] 同时，智库还会积极参加各种由政府部门组织的听证会，积极发挥其政策评议功能。

---

[1] [美]托马斯·戴伊：《谁掌管美国——里根年代》，张维等译，世界知识出版社1985年版，第139—148页。

[2] [加]唐纳德·E.埃布尔森：《国会的理念：智库和美国外交政策》，李刚等译，南京大学出版社2017年版，第61—62页。

[3] 苏江丽：《美国思想库的功能探讨》，《理论探索》2013年第5期。

四、舆论引导与控制

随着智库角色的不断演化，很多智库都把扩大影响力、提高知名度当作智库的重要目标。为了实现这一目标，很多智库采用多样化的方式来引导舆论进而控制舆论。因此，舆论引导与控制是当下智库的重要功能之一。这种影响舆论的功能突出表现在政府选举的时候。每到这个时候，智库就会通过出版书籍、举办研讨会等多种渠道来宣传他们的思想观点，而这些观点在相当程度上代表着智库背后的政府或者某个利益集团的诉求。相对政府来说，智库更容易得到公众的认同，所以美国历届总统都十分看重智库的这一功能。智库在向公众传播思想观点时，也会将某些政策的基本情况和存在的问题向社会传递，这样做既有利于提高自身的知名度，也会给政府带来一定的社会舆论压力，从而让智库更好地参与到政府的政策制定过程。

五、人才培养

人才是智库的核心要素，是智库存在和发展的基本前提。为了自身的发展，智库十分注重高层次人才的培养和选拔。由于智库独特的影响力，智库吸引了相当多的社会精英人才，其中不乏前政府要员。同时，智库也会聘用一些知名大学的研究生，并给他们创造各种锻炼机会，提高他们参与公共政策研究的能力。由于智库经常借助媒体和网站传播自己的思想观点，智库还具有教育社会大众的功能。更重要的是，智库还可以为社会输送人才，尤其是为政界输送人才。政府官员离任后可以进入智库工作，同样，智库研究专家成名后也可以进入政府部门工作并担任要职。

六、直接参与政府决策

20世纪70年代以后，倡导型智库大量出现，开始积极介入政府的政策决策。比如"9·11事件"后，克林顿政府和小布什政府的政策决策都有智库的深度参与。[1]这些智库大多都是政策倡导型智库，他们通过多种渠道积极介入政府决策，以符合

---

[1] [德]库必来·亚多·阿林：《新保守主义智库与美国外交政策》，王成至译，上海社会科学院出版社2017年版，第87页。

支持他们的企业或政策客户的利益。政策倡导型智库不仅仅是为政府提供政策建议，而是借助政府机构、国会和大众媒体等构成的关系网络深度参与政府决策，智库的工作重心也逐渐转移到政策制定中的国会辩论、政治协调等环节。

第二节　智库的影响力

一般意义上的影响力强调的是一种行动者之间的关系，是一个人的愿望、偏好、意向影响到另外一个人的行动或行动的倾向。[1]所谓智库的影响力，是指智库在其社会交往中影响改变其他主体的能力。影响力是一种权力，但与控制力截然不同。影响力的实质是借助具有说服力的文字和行为来达到影响他人思考、决策的目的。随着智库在公共决策中的重要性日益凸显，智库的影响力已经成为衡量一个国家软实力的重要标志。

一、智库影响力的特点

影响力又可分为显性影响力和隐性影响力。所谓显性影响力，是指行为人通过自身的积极行为而产生的影响改变他人的能力。所谓隐性影响力是指依靠自身拥有的魅力或者威信而产生的影响他人心理或行为的能力，行为人自身未必非要有积极的作为。根据这一区分，智库的影响力很显然是显性的，因为智库对政策决策的影响是通过智库自身的积极游说才得以形成的。当然,对一些老牌的著名智库而言，他们也会产生一定的隐性影响力，但从总体上看，智库的影响力仍属于显性影响力。

智库的影响力具有因果性。影响力所反映的是行为者与被影响者之间的一种关系，那么具体到智库影响力，反映的就是智库与政策出台过程中其他行为主体之间的关系。智库影响力的发挥只能产生在智库与政策决策过程中的其他行为主体的互动条件下。离开了互动这样一个基本的前提，智库影响力也将无从谈起。从这个意义上，智库影响力不仅仅表现为智库与其他主体之间的一种静态属性，更是两者

---

[1] 朱旭峰、苏钰：《西方思想库对公共政策的影响力——基于社会结构的影响力分析框架构建》，《世界经济与政治》2004 年第 12 期。

之间关系的动态呈现。没有政府相关部门决策者的响应行为，智库的影响力根本不可能产生，它是智库意愿影响到决策者行为的结果，两者之间存在明显的因果关系。

智库的影响力还具有灵活性，且主要表现在智库影响政府决策的具体方式和方法上。智库说到底并不能直接决定政府政策的制定，而只能通过宣传自己的思想观点尽可能地影响决策者，进而实现影响政府决策的目标。因此，智库在影响决策者时可以采用各种各样的方法，利用各种可以利用的渠道。从现实中的智库运作来看，不少智库会采用出版研究报告、召开研讨会、发表时评、参与大众媒体等多种手段加强智库与决策者之间的联系。无论智库大小，也无论兴趣何在，智库总是在寻求各式各样的机会向决策者宣传自己的思想观点，或直接或间接地谋求最大限度地发挥自身的影响力。

二、智库影响力的层次

智库影响力的最终目标是政府部门的决策者，但这并非是制约智库影响力的唯一因素。智库影响力的发挥不仅受制于智库对决策者的直接影响，也受到其他政策决策参与者的影响。因此，智库要充分发挥自身的影响力，既要关注决策者的需求，也要关注其他政策决策参与者的需求。从这个角度来说，智库影响力又可细分为决策影响力、精英影响力、大众影响力。

决策影响力是智库影响力的最核心构成，是智库对决策者所发挥的直接影响。智库的所有行为都是为了影响政策产出而展开的，判断一个智库是否有影响力，就是要看智库的政策建议是否被决策者所采纳。因此，为了发挥智库的决策影响力，智库都会直接与政府决策机构建立正规或非正规的沟通渠道，比如进行委托研究、参与国会活动等等。智库的决策影响力主要就表现在政府决策部门愿意关注智库的研究成果并最终采纳智库的建议方面。

精英影响力是指智库通过发表研究报告、学术论著或者召开研讨会等形式，尽可能去影响同行和其他社会精英以获得其对智库研究成果的认可和支持。影响政府决策固然是发挥智库影响力的最直接方式，但在这一方式不易实现的情况下，通过间接的方式即尽可能说服其他社会精英赞同本智库的思想观点，那么智库的思想也相对更容易成为中间阶层的主流看法，相对也就更容易影响政府的决策。因此，发挥精英影响力也是各国智库发挥影响力的一个重要方面。

大众影响力是指智库通过影响公众来增强其影响力。在现代社会，任何政府决策都不可能脱离民众的理解支持，都需要一定的民众基础。就此而言，普通大众也是政府决策过程中不可忽视的一支重要力量。智库要想发挥自身的影响力，同样需要重视并不断强化其在普通大众中的影响力。当然，相对决策者与精英阶层，民众对政策决策的影响是间接的，因此智库通过民众来影响决策也是最间接的。从影响渠道来说，智库大多是借助大众媒体的宣传平台，在电视、报纸或者网络上发表看法来影响普通大众。智库的知名度越高，大众媒体也就越倾向于引用其观点，而大众也就更容易相信并接受这些政策观点，也就意味着这个智库的大众影响力越强。

三、智库影响力发挥的途径

概括地讲，智库发挥其影响力的途径主要有两条：公共途径和私人途径。

第一，公共途径。虽然各个智库受限于自身的资源和构成，采用的战略并不完全相似，但在通过公共途径来发挥其对政策制定的影响时也存在不少的共性。具体来说，大多智库都采用如下的一些战略来影响决策者和公众，包括组织各种讨论国际国内问题的公共论坛和研讨会、鼓励学者发表公开演讲、参与国会各委员会的听证会、广泛出版书籍杂志和政策通讯简报、建立网站宣传智库的政策观点、吸引媒体曝光等。

组织公共论坛、研讨会以及各种会议是最通行最常见的做法。政府官员、媒体记者、大学研究人员、私营企业负责人等都可能是受邀请对象，会议讨论的议题一般都是有争议的且能引起广泛关注的问题，这种时候非常有利于智库向与会者宣传智库的思想观点。比如，在"9·11事件"后，美国很多研究对外政策和国防事务的智库组织了大量论坛和会议探讨影响美国未来的重要问题。为了吸引更多的听众，智库鼓励其学者围绕智库的思想在大学等机构发表演讲。还有的智库认为用更正式的方式传播思想更有效，因此会选择在国会的各个委员会作证。

许多智库尤其是有长期规划的知名智库还通过定期出版期刊和简讯向目标人群推广其思想。比如，传统基金会就出版有《政策评论》、布鲁金斯学会有《布鲁金斯评论》、美国企业研究所有《美国企业》、哈德森研究所有《美国观点》等，这些出版物都是类似的杂志，致力于为政策制定者提供最及时有效的政策意见。更重要的是，这些杂志只需很短时间就能通读完，对于时间紧张的政府官员来说非常有针对性。

除了文字出版物，有的智库还发行音像出版物来扩大自身的影响力，如卡托研究所的《卡托音像》和传统基金会的《每月简报》就是这样一种类型的出版物，内容主要是政策专家的访谈演讲。不少智库还提供相关网络资讯并可以下载。募捐也是智库向公众推销自己的一个重要手段。当然，在所有这些智库用来影响政策的方法中，没有一个比媒体推广来得更醒目。相当多的智库将自身影响力与媒体曝光度联系起来，投入大量的资金用于提升智库的媒体曝光率。尽管二者并不是等同的，但媒体曝光率确实有助于智库影响力的发挥。通过媒体制造关注，智库可以在公众和政策决策者心目中播下思想的种子，这使得媒体曝光成为智库采用最多的影响政策的渠道。

第二，私人途径。智库通过公共途径发挥影响力是很容易观察到的，但智库私下里寻求影响政策决策者的方式就不易被察觉，这些渠道包括接受来自政府部门的任职、在政府部门设立联络办公室、召集有政策决策者参加的秘密会议、接受离任官员到智库任职等等。

对智库来说，影响政府决策的最直接方式就是让智库研究人员成为政策的直接制定者。在一些总统班子里，确实有许多高级职员来自智库研究人员。对智库来说，自己的研究人员被任命为政府官员好处很多。传统基金会就非常关注政府中的职位空缺，并希望这些职位能够被基金会的内部研究人员所获得，说到底就是为了更有效更直接地影响政府决策。

由于总统是决策系统的重要一员，不少智库都希望在总统竞选时期与其发生某种联系，不少总统候选人也希望获得智库在国内外事务方面的帮助，很多专家会受邀加入过渡团队来帮助总统候选人。此外，由于美国特殊的三权分立制度，智库也会刻意加强与国会议员之间的联系。比如传统基金会就在参众两院设立联络办公室，负责与立法委员们保持随时紧密的接触，随时就共同关心的议题进行讨论。

很多政策决策者会在离任后加入智库，原因并不是他们有做研究的潜质，而是因为他们能够为智库带来资金支持。有时，智库还会召开一些相对封闭的秘密会议，这些非正式的会议很少对外公开，但它们无疑都加强了智库与决策者之间的联系，对政府决策的影响也是毋庸置疑的。事实上，这种私下会议有时恰恰是智库影响政府决策的最有效的途径。总的来说，不同智库由于拥有资源和所处环境的不同，总是选择与其自身最吻合的途径来作为其发展战略。

第四章 智库研究的理论与方法

伴随着智库影响力的提升，学术界关于智库本身的研究论著逐渐成为热门议题，并且形成了一系列比较成熟的理论，形成了一些立场鲜明的智库流派，也形成了一套系统的研究方法，这些理论和方法为推动和提升智库研究发挥了重要作用。

第一节 智库研究的理论

自迪克逊在 1971 年发表第一本介绍美国智库的专著后，学术界开始关注智库本身的研究，但直到 20 世纪 90 年代，学界关于智库研究的论著还是偏少。随着各国政府对智库的需求日益增加以及智库影响力的提升，对智库参与决策过程的研究开始引起了各国学者的重视，并且形成了一系列比较成熟的理论来解释智库的角色定位及其在政策决策中的功能和作用。具体来说，学界主要运用四种不同的理论框架来阐述智库是如何发挥作用的：精英主义、多元主义、国家主义、制度主义。精英主义认为智库是精英集团，依靠专门知识及其与政府决策者的关系来实现其资助者的政治经济目标。多元主义把智库看成是政治领域的一个群体，同其他群体一样，智库通过思想世界的竞争影响公众舆论，进而达成自身的目标。国家主义认为，智库的作用相对官方来说是有限的，国家有其自主性，决定国家命运的还是政府，而不是来自外部的力量推动。制度主义将重点放在智库的资源以及影响战略决策的其他因素上。

一、精英主义

对于很多学者来说，智库不仅仅是和精英进行互动进而影响精英阶层，而是智库本身就是精英集团。在精英主义理论看来，智库作为精英阶层直接参与国家权力构成。这一点在美国表现得尤为明显，很多参与竞选的总统候选人都会从智库选择人才作为其班底，而离任的前高级官员往往也会在退出政府后进入智库集团。智库被认为是有能力并且愿意去影响公共政策制定的精英集团。像布鲁金斯学会这样的少数智库，不仅有充足的预算，而且董事会成员也有很多前政府官员和商界领袖，这种现象更加剧了人们对智库就是精英集团的印象。很多公司和慈善基金向智库投入大量资金并不完全是看重智库与政府上层的紧密联系，而是为了智库的公信力和名望，希望通过智库进入媒体、大学以及其他权力中心，利用智库作为中立性学术组织的名望去影响公共舆论和公共政策。

精英主义理论也有其局限性，因为像布鲁金斯学会、传统基金会这样的智库毕竟是少数，在众多智库中只占到很小的比例，把所有智库都看成参与国家权力构成的精英组织是不恰当的。这种方法虽有其局限，但运用这一理论来研究智库也有其明显的吸引力，它虽然无法告诉我们智库究竟是在政策制定的哪个具体环节发挥作用，也无法表明智库对政策作用是如何产生的，但它可以明确地告诉我们究竟是谁在掌控公共政策的制定。

二、多元主义

多元主义把智库看成是政治领域中的一个集团，它需要与其他利益集团和行业协会一起竞争有限的资源，政府被看成是竞争中的裁判。多元主义不太关注政府在政策制定中的作用，更多将公共政策的产出看作各个相关集团的竞争性结果，而不是政府权力的反映。多元主义理论的优点是显而易见的，智库确实在公共政策的制定中发挥着重要作用，但也只是众多影响公共政策产出的机构之一。但为什么众多智库中的少部分智库会更有影响力，人员和预算更多就意味着影响力更大吗？多元主义显然无法解释这些问题。多元主义假定包括智库在内的众多集团都能影响公共决策并没有太大问题，问题只是在于它不能充分解释某些智库能够对公共决策发挥很大的影响力。智库确实只是政策制定领域的众多影响因素之一，但有时智库要比其他集团更有影响力，所有的集团并不处于同一竞争水平。

很多时候，智库并不用与其他政策制定领域内的集团进行竞争，而只是要在智库内部进行声望和形象上的竞争以争取更大的影响力。相对来说，在某些具体的政策领域，智库很少面临来自其他集团的竞争。相比其他集团，代表众多政府机构的决策者们更依赖那些能帮助他们达成既定目标的组织,也就是说他们更依赖智库,而不是其他的相关集团。在某些具体政策制定的关键环节,政府官员常常会向智库寻求帮助,有时也会借助不同的智库来帮助自己重构政策框架。

三、国家主义

无论是精英主义,还是多元主义,都强调智库在公共政策中的影响力,分歧只是在于这种影响力的大小以及发挥的具体方式。国家主义理论对这一点表示质疑。国家主义者认为,是总统和总统班子在保护国家利益,而不是那些以国家利益为名却为利益说话的蓝筹公司总裁们。一些学者比如希打·斯可布(Theda Skocpol)和斯蒂芬·克拉思纳(Stephen Krasner)都是国家主义的拥护者,相对精英主义和多元主义,他们都更强调国家的相对自主性。斯蒂芬·克拉思纳在其专著《保卫国家利益》中详细阐释了国家主义理论,他认为国家会自动制定目标,并在执行时排除来自国内外的阻力。在他看来,总统和国务卿才是首要的国家问题参与者,白宫和国务院才是最重要的政府机构。[1] 按照这一理论,有的智库研究人员在进入政府后会改变其政策观点,原因就在于这些人被政治系统同化了,这一现象也更能说明政府确实是政策制定中的重要角色。

国家主义可以解释智库是如何影响政府决策的。在国家主义理论中,智库能否发挥其影响力就取决于智库成员能否直接进入政府决策部门。如果智库研究人员被召入政府并被决策者所倚重,那么就可以认为智库是能够影响决策的。反之,如果没有证据显示智库人员进入政府的决策层,那么智库就被认为对政府决策没有什么影响。但是,国家主义也有其局限性,它无法解释为什么总统在决策前尽可能去咨询公众、议员以及其他非决策机构的意见,并且其最终决策的作出也跟他们接受顾问意见的程度密切相关。换言之,国家主义理论的解释力也是有限的。

四、制度主义

最常见的制度主义研究多出现在对智库历史及其演变的研究上,比如布鲁金

---

[1] 金芳等:《西方学者论智库》,上海社会科学院出版社 2010 年版,第 70 页。

斯学会、传统基金会都有学者对智库的制度历史进行了专门探讨。还有的学者对发展中国家的智库发展进行了详细研究。这些对智库历史及其发展演变的研究提供了关于智库性质、智库研究主题以及制度变迁等方面的信息，但不能充分证明智库是否在某些具体政策上起到主要作用。制度主义认识到不同的智库在资源、委托权等方面存在巨大的差异，故此有持制度主义观点的学者主张，不必太过执着对智库在政策制定上所起的作用作一判断，而应去研究智库是如何在政策制定的不同环节发挥作用的。有的智库想影响政策讨论，有的更愿意参与到政策的制定，还有的可能对公众传播更有兴趣。在制度主义的框架下，智库的多样性决定了其任务目标的差异性，学者没有必要对智库作一全面系统的判断。

　　总体来看，每一种理论都有其适用范围，也各有其优势和不足。很多时候，选择一种理论去解释智库行为往往是徒劳的，公共政策制定的决策过程是复杂的，这就需要我们采用综合的方法，使用多种理论来同时理解智库的特性及其行为。在利用这些理论开展智库研究的过程中，由于各智库不同的政策偏好，智库研究发展出了不同的派别，从各智库的不同政治主张来看，大致可分为三个派别：右派、左派和中间派。

　　右派一般又可称为保守派，特别重视意识形态作用，认为西方模式是理想模式，主张向非西方国家输出意识形态，在经济体制上倡导自由市场经济，认为最好的社会模式就是使社会像市场那样运作，能引进市场的地方就尽量引进。[1]代表性智库有美国的传统基金会、哈德森研究所、战略与国际研究中心、英国的政策研究中心与亚当·斯密研究所等。

　　左派又可称为自由派，政治立场相对比较开放。左派比右派更加重视国家间的相互关系，对国际合作和国际机制非常重视，认为国家是建立在自身利益基础上的理性行为体，但即便有着限制条件，为了达到国家目标，人们也需要建立国际合作。[2]左派认为，和平、正义、经济繁荣比霸权和战争更重要，一个民主自由的国

---

[1]　[英]安东尼·吉登斯：《第三条道路的政治》，郭中华译，《中山大学学报（社会科学版）》2009年第2期。

[2]　[美]罗伯特·基欧汉：《霸权之后——世界政治经济中的合作与纷争》，苏长和等译，上海人民出版社2001年版，第291页。

内政治制度比现实主义的行为方式能够更有效地处理国家安全和利益争端。左派认为，西方国家应该大规模削减军事费用，不搞军备竞赛，只在国家利益明显受到威胁时才可对其他地方进行武装干预。同时，西方国家应该增加对第三世界国家的经济援助，减小国家间的贫富差距，赞同世界经济一体化，西方国家应在国际事务中发挥积极作用，要通过联合国加强国与国之间的合作，减少国家之间的冲突。左派的代表性智库有美国政策研究所与国际情报中心、英国政策研究所等。

中间派的主张介于左派和右派之间，政治立场相对更趋温和，其决策建议也相对更加务实。比较典型的代表人物是安东尼·吉登斯，比较典型的代表和机构是卡内基国际和平基金会、布鲁金斯学会等。中间派以自由、公正、团结为基本价值理念，主张在国家与市场的关系上，多些治理，少些统治，允许市场在监管的前提下自由追逐利润。[1] 在经济体制上，中间派既重视市场机制作用，又强调政府对经济的宏观调控；在社会政策方面，主张将再分配的重点放在人力资源的投资上；在政治体制上，主张民主制度的民主化，[2] 建立政府与市场社会的合作伙伴关系；在环保政策上，强调生态平衡和经济增长的协调发展。相对过于保守的右派以及过于激进的左派，中间派对解决现实的经济社会问题的针对性更强也更有成效，因而得到很多民众的认可支持。有学者评论道，无论是更右倾的组织，还是更左倾的组织，他们对新闻塑造者的影响力都远低于共和中间派群体。[3] 这一评论从侧面反映了中间派智库对社会的影响力之广。

第二节 智库研究的方法

在现有关于智库研究的文献中，学者采用的研究方法主要有四种：实证分析、历史分析、比较研究以及跨学科分析，这些方法的运用为智库研究走向深入奠定了

---

[1] 陶正付：《"21 世纪的挑战与第三条道路"国际研讨会综述》，《国外社会科学》2001 年第 1 期。

[2] [英] 安东尼·吉登斯：《第三条道路——社会民主主义的复兴》，郑戈译，北京大学出版社、生活·读书·新知三联书店 2000 年版，第 77 页。

[3] 朱旭峰：《美国思想库对社会思潮的影响》，《现代国际关系》2002 年第 8 期。

必备的工具基础。

一、实证分析法

实证分析又可以分为定量分析和定性分析两种，是学者们在智库研究中经常采用的一种研究方法。美国著名智库专家麦甘于 1995 年发表了专著《公共政策研究产业中经费、学者和影响力的竞争》，通过问卷调查搜集了美国 7 个智库的相关数据，开创了智库研究中定量分析的先河。当然，麦甘只是将 7 个智库的数据进行了简单的罗列比较，并没有进行深入的理论阐释，但是他通过问卷调查搜集第一手数据的方法还是值得后人借鉴的。其后不久，加拿大著名智库研究专家埃布尔森于 1996 年出版了《智库与他们在美国外交政策中的作用》一书，详细分析了美国外交政策决策过程中智库参与的机理。2002 年，他又发表了《智库能发挥作用吗？公共政策研究机构影响力之评估》一书，在自己构建的概念框架基础上，讨论了智库影响力的评价方法。在该书中，他创新了研究方法，通过智库观点媒体引用率和出席国会听证会的次数进行定量研究，分析了不同智库的影响力。相对麦甘来说，埃布尔森在定量研究和定性研究两种方法上都作了有益的尝试。

除了这两位卓有成就的学者外，还有不少学者进行实证研究。斯通在 1996 年发表了《俘获政治意象：智库与政策过程》一书，从中观层面分析了智库实现影响力的原因，为实证型的智库研究奠定了理论基础。多尔尼从 20 世纪 90 年代中期开始，每年都会对不同智库的媒体引用情况进行统计排名，借此分析不同意识形态智库之间的力量对比。里奇则在其博士论文的基础上于 2004 年出版了《智库、公共政策和专家治策的政治学》一书，将回归分析的定量研究方法应用于智库研究之中。

二、历史分析法

历史分析法是早期智库研究者采用较多的一种研究方法，多是用来分析智库兴起的社会和政治背景以及智库的发展演变。除了较早的迪克逊发表于 1971 年的著作，20 世纪 90 年代也出现了从历史路径着手的智库研究专著。如史密斯于 1991 年出版了专著《思想掮客：智库与新政策精英的崛起》，分析了智库专家作为新政策精英在美国政治中发展壮大的历史。他在书中将智库专家称为思想掮客，指出智库专家在20世纪70年代前后发生的重大变化即自由派与保守派的分化。[1]1994年，英国学者考科特出版了专著《思考那些不能思考的》，从历史的视角分析了英国的经典自由派智库从形成、发展到最后衰落的过程。1998年，邓海姆和加梅特撰写了《英国智库与舆论环境》一书，从历史角度分析了费边社成立以来英国智库发展的三个阶段。

三、比较分析法

随着智库影响力的提升，学者不仅关注本国智库，也关注他国智库，并经常对本国及他国的智库进行对比、分类，比较分析方法在这一研究过程中被大量采用。目前的智库比较研究除了大量发表在相关学术期刊上的论文以外，还形成了几部比较有影响的文集，包括《民主社会中的智库：另一种声音》《智库与公民社会：思想与行动的催化剂》《各国智库：一个比较的路径》《智库传统：政策研究和思想的政治学》《信赖知识：全球发展网络的起源》《比较智库：政治与公共政策》。从这些研究成果中可以发现，智库比较研究涉及的范围很广，包括各国的学理分类、咨询决策模式、历史发展、政治地位、影响力等各个层面。尽管智库比较研究已有不少成果，但与实证研究相比还有广阔的提升空间。

四、跨学科分析

跨学科分析的方法应用与智库本身的特质有着密切的关系，诚如智库研究专家詹姆士所说，智库本身所从事的就是力图影响公共政策的多学科研究。[2]这一定义不仅标明了智库的性质，也标明了多学科研究作为智库研究基本方法的重要地位。现实中的智库研究成果充分说明了，推动跨学科研究对于达成高质量的研究成果至关重要。[3]不仅如此，随着社会问题的日趋复杂化，决策者本身所需解决的问题也不再局限于某一个领域，其影响的范围往往波及众多领域。以经济决策为例，当代

---

[1] 朱旭峰：《"思想库"研究：西方研究综述》，《国外社会科学》2007年第1期。

[2] James Simon,The Idea Brokers: The Impact of Think Tanks on British Government,Public Administration, 1993,vol.71,p.492.

[3] [以色列] Y. 德鲁奥：《智囊团的研究方法需要突破》，子华译，《国外社会科学》1984年第12期。

社会的经济政策所产生的社会效应早已不再是仅仅与 GDP 增长相关，而是涉及就业、医疗、社会稳定、大众文化等众多领域。显然，如果制定经济政策时只吸收经济学家的意见是不够的。从这个例子中可以看出，单纯拘泥于某一个传统学科进行决策咨询越来越无法满足决策者的需求，采用多学科手段进行综合研究成为智库发展的迫切需要。于是，一系列跨学科分析法应运而生，成为智库研究的一种重要方法。集成政策分析就是其中一种，具体是将一些具体方法如监测法、评估法、预测法等多种方法加以综合，包括在政策采用及执行前后的研究、分析与倡导。由于其多学科集成的特点，它更多用于全球性复杂公共问题的研究与公共政策的制定。

智库建设

中 篇

智库的实践：世界重要智库的案例分析

○　　○　　○

第五章　美洲重要智库的案例分析

美洲智库尤其是美国智库在世界上处于领先地位，无论从数量层面还是质量层面来看，美国的智库在世界范围内都是出类拔萃的，其完善的运作机制，包括资金来源、管理体制、人才机制、影响力的发挥机制等各方面的经验都值得其他国家智库从中学习。除了美国智库，本章还选取了加拿大和巴西的重要智库作了分析。

第一节　美国智库

一、美国智库的发展现状

美国是世界上公共政策研究与咨询最发达的国家。从数量上来看，美国拥有两千余家智库，是世界上拥有智库最多的国家，比智库十强国家中其余九国的总和还要多；从质量上来看，在全球排名前十的智库当中，美国占了一半，在全球排名前三十的智库中，美国智库也占到了 11 家。近年来，美国智库在美国内外政策的制定上发挥着重要作用，它在相当程度上影响着美国政治、经济、军事、外交等重要领域的重要决策，以至于有学者将其称为美国立法、行政、司法之外的第四部门。同时，美国智库在世界舞台的影响力也在不断增强。

美国智库的规模有大有小，小的智库只有不足 10 人，经费可能只有几万美元，大的智库可能超过百人，少部分的大型智库还有可能超过千人，经费也要比小型智库充足得多，多在数百万美元以上。当然，智库的影响力与其规模并不构成必然联系。相对来说，美国智库主要分布在像华盛顿特区这样的政治中心，比如布鲁金斯学会等著名智库就位于这里。根据统计，美国有超过五分之一的智库位于华盛顿特区，加上周边的纽约地区等，该区域拥有美国一半以上的智库。布鲁金斯学会研究员史尼格就曾评论过，匹兹堡因钢铁而闻名，底特律因汽车而闻名，洛杉矶因电影而闻名，硅谷因科技而闻名，而华盛顿从未出产过任何实体商品，现在也有了自己的思想制造产业。[1]

数量众多的美国智库大致可分为四类:一是官方智库,主要是由政府资助设立的公共政策研究机构,典型的有白宫的总统经济顾问委员会。二是政府合同型智库,这类智库接受政府的委托和研究资助,为政府的相关政策制定提供决策咨询,典型的有著名的兰德公司、城市研究所等。三是独立型智库。这类智库强调自身的独立性,主要是由独立的公益团体捐助设立,围绕公共政策制定发表独立性强的研究报告,典型的有布鲁金斯学会和卡内基国际和平基金会等。四是政府鼓吹型智库,多由特定的利益团体捐赠设立,其政策研究很大程度上代表着特定群体的利益。这类智库热衷通过政治营销的方式来影响政府的决策,研究成果多呈现为简明扼要的政策简讯,典型的有传统基金会等。近些年来,美国智库的意识形态色彩渐趋浓厚,尤其是保守型智库的数量不断有所增长。保守派智库更倾向于共和党和保守主义,在对内政策方面更强调自由市场体系,对外政策上倾向单边主义,主张对潜在的竞争对手进行防范遏制并保持适当的军备优势。[2]胡佛研究所和传统基金会一般就被认为是保守派智库。

无论是保守派智库,还是自由派智库,其政策研究的目标都是为了影响政府决策部门对公共政策的制定并在其中发挥重要作用,这也是美国智库赖以生存发展的前提和基础。为了提升影响力,美国智库会通过多种渠道影响政府和公众舆论。借助出版物和研讨会以及到国会作证是智库最一般也是最经常采用的手段,所有的智库都出版有自己的相关政策报告,也常常会举办某一个具体问题的研讨会并邀请官员参与讨论。同时,智库的专家也乐于在国会听证,因为这是传递自身观点给政府的便捷方式。不少智库还在网站上将所属智库专家的证词放到网上供浏览及下载,说到底都是为了显示自己的影响力。[3]智库还会通过加强与政府决策部门的人员互动以及网络媒体的力量来推广智库的思想观点。美国的智库认为,政府没有时间去考虑那些长远的战略性问题,通过说服一些有资历的人组成一个群体,然后把他们

[1] 杜骏飞:《全球智库指南》,江苏人民出版社 2018 年版,第 72 页。

[2] 张文宗:《美国保守派思想库崛起的原因探析》,《历史教学(高校版)》2007 年第 6 期。

[3] 陶文钊:《美国思想库与冷战后美国对华政策》,中国社会科学出版社 2014 年版,第 23 页。

召集起来确定那些影响世界的重要问题并给出解决方案，这才是最重要的事情。[1]
从这个意义上说，美国智库不仅可以为美国政府的政策制定和决策提供专门型人才，
更是沟通学术界与政界的桥梁。

二、美国重要智库的案例分析

（一）布鲁金斯学会

1. 发展历程

布鲁金斯学会的产生和 20 世纪初的美国进步主义运动是分不开的。当时在美
国风起云涌的进步主义运动十分强调谨慎地使用政府力量来控制市场。作为一名企
业家，罗伯特·布鲁金斯就积极拥护这场运动，在他力倡之下，美国历史上第一个
进行公共政策研究的机构——政府研究所于 1916 年正式成立，其目标是为了促进
政府提高效率和管理水平，与政府官员展开合作并围绕公共政策进行科学的研究。
为了保证这一研究宗旨真正落地，政府研究所聘请了至少 6 位大学校长组成了理事
会。1922 年，布鲁金斯又创建了经济研究所，主要是想通过经济数据的科学编制
来开展经济活动的分析，进而试图改善资本与劳动的关系。1924 年，布鲁金斯又
创建了罗伯特·布鲁金斯经济和政治研究院，这是一所专门为在公共部门工作的人
设立的研究机构。1927 年，这三个研究机构进行了合并，正式命名为布鲁金斯学会，
这是美国历史上第一个现代意义的智库。

以研究战争债务闻名的芝加哥大学教授哈罗德·莫尔顿是布鲁金斯学会的第一
任主席，它的任期是从 1927 年到 1952 年。学会的第二任主席是罗伯特·凯尔金斯，
它的任期是从 1952 年到 1967 年，在他任职期间，布鲁金斯学会的政策研究不断拓
展。1959 年，布鲁金斯学会的一名政策研究专家劳林·亨利出版了《总统的转型》
一书，意在帮助总统候选人在当选后如何能够更快更稳地开展工作。1966 年 9 月
29 日，当时的美国总统约翰逊在布鲁金斯学会 50 周年庆典上发表了关于公共服务
的重要演讲。布鲁金斯学会的第三任主席是克米特·戈登，他的任期是从 1967 年

---

[1] 王莉丽：《旋转门：美国思想库研究》，国家行政学院出版社 2010 年版，第 51 页。

到 1977 年,在他任职期间,布鲁金斯学会作为公共政策研究机构的重要性愈加凸显。从 1971 年开始,学会开始研究联邦预算及各种项目,并于三年后促成了国会预算办公室的成立,该办公室的首任主任即由学会的经济学家艾丽斯·里夫林所担任。布鲁金斯学会的总部设在华盛顿,但目前正在向全球范围内扩展,比如 2006 年在北京建立了布鲁金斯—清华中心,2008 年又在卡塔尔建立了多哈中心。[1]

在数量众多的美国智库中,布鲁金斯学会更接近学术性智库,研究范围极为广泛。根据著名智库研究专家麦甘的排名,布鲁金斯学会在国际发展、医疗政策、社会政策等众多领域的排名均位列世界第一,在研究美国经济政策等领域则位居美国国内第一,在影响力和引用率上也是位于世界智库的榜首。与近年来声名日显的一些保守派智库如传统基金会、卡托研究所等相比,布鲁金斯学会也有着自己的重要特色,主要体现在其深厚的研究功底、独立自由的学风、内外兼备的研究领域上。具体而言,布鲁金斯学会非常注重参与政府的决策,长期关注公共政策领域的重要问题并把政策研究与决策作为主要研究方向。学会通过与政府官员构建深厚关系来影响政府部门决策者的决策。尽管与政府官员关系密切,但这并不意味着学会的研究会盲从当权者。相反,学会十分坚持研究的科学性和中立性。在很多时期,政府决策部门都把布鲁金斯学会视为持不同政见者。比如,罗斯福在实行他的新政时就遭到了学会的反对,因为他认为学会过于保守。尼克松则认为学会太过激进,因为学会收拢了太多的自由派分子。不难看出,布鲁金斯学会在面对当权者时敢于坚持自身观点,保持立场的中立。而为了保持这种中立,学会对政府的资助进行了限制,规定其接受政府的资助总额不能超过 20%,同时也不接受秘密的研究,免得沦为政府的附属。也正因如此,布鲁金斯学会把高质量的研究成果作为学会生存和发展的前提和保障,十分强调通过科学的研究方法,注重通过实证调查来保证研究的可信性和准确性,通过不断提高研究质量来提升学会的影响力。

2. 组织构成和经费来源

布鲁金斯学会通过设立董事会来进行商业和学术管理。学会的董事会一般由

---

[1] 金彩红等:《欧美大国智库研究》,上海社会科学院出版社 2015 年版,第 108 页。

45 人组成，成员包括各行各业，既有商界精英和政府官员，又有学界名家和社区领袖。董事会三年为一届任期。学会还有荣誉董事 55 人，比如世界银行前总裁沃尔芬森、卡内基基金会总裁马修斯等。学会主席负责日常行政工作，另外各有一个副主席负责经济研究、外交政策、都市政策、治理研究、世界经济与发展五个领域的研究工作，还有一些副主席负责出版、宣传、财务、后勤等事务。

在布鲁金斯学会近 300 人的研究团队中，只有十余人担任行政领导职务，绝大多数为专门研究人员。具体来说，学会现有智库研究人员 200 多名，其中高级研究员达 95 人，从事着近 85 项研究项目。布鲁金斯学会的研究人员除少量的访问学者外，又可分为驻会学者和非驻会学者，且两者的人数也很相近。无论是驻会的学者，还是非驻会的学者，都有着深厚的学术背景，其思想观点在学界都有着相当的影响力，学会主席斯特罗布·塔博特就是个典型的例子。塔博特毕业于耶鲁大学，曾经担任过耶鲁大学的全球化中心主任，也担任过国务院的特别顾问和克林顿政府的副国务卿，在学界和政界都有着很大的影响力。他的研究范围涉及欧洲、北约、国家安全、美国外交等众多领域，并先后发表了《俄罗斯之手：总统外交备忘录》《恐怖时代：美国与世界》等专著数十本，著述颇丰。

布鲁金斯学会的经费来源十分广泛。除了学会创始人布鲁金斯创设的专项基金外，还有一些基金会和大公司以及个人的捐助、来自政府部门的资助、出版物收入和其他的一些投资性收入。每年的经费总额大致在 4000 万美元左右。大公司的赞助占到了全部经费的近一半，包括贝尔大西洋公司、摩根公司、壳牌石油、微软、惠普、丰田、杜邦、美孚、时代华纳、《华盛顿邮报》《纽约时报》《时代周刊》等公司。在学会 1997 年 2100 万美元的预算中，这些公司捐助了 330 万美元。从个人来说，董事会主席吉姆斯·约翰逊就是最大的投资者之一。[1] 学会为政府官员提供政策咨询时也会收取高额费用，此外图书销售也是重要的经费来源渠道。到 2004 年底，布鲁金斯学会拥有的资产已达到 2.58 亿美元，这年的总支出则为 3970 万美元，根据这一年的年报，最大的赞助方除了皮尤公益信托基金、卡耐基基金会这样的基金组织，也有美国政府、日本政府这样的政府机构。布鲁金斯学会还下设有布鲁金

---

[1] 李轶海主编：《国际著名智库研究》，上海社会科学出版社 2010 年版，第 10 页。

斯委员会,主要由商界精英、社区领袖等组成,这些捐助者可以参加学会组织的活动。充足的经费支持为布鲁金斯学会雇佣一些高级政策研究专家开展科学的研究奠定了坚实的物质基础。

3. 研究领域和影响力

布鲁金斯学会开展公共政策研究主要通过三种形式:研究领域、研究中心、研究课题。目前,布鲁金斯学会主要有十二个研究中心、五大研究领域以及众多的研究课题。研究课题多是暂时的,课题开展时将专家聚集起来一起研究,课题完成时专家就被解散投入新的研究项目。研究中心主要包括布朗教育政策中心、21 世纪安全和情报中心、东亚政策研究中心、技术创新中心、社会动力和政策中心、萨班中东政策中心等。五个具体的研究领域是指经济研究、外交政策、都市政策、治理研究、世界经济与发展。经济研究主要是通过分析美国以及其他发展中国家的经济政策来促进经济理论和实践水平的提升,研究的侧重点是商业与经济、社会政策、医疗改革、税收和财政政策四方面,并围绕这四个侧重点设立了相关研究中心和研究课题。外交政策研究主要是通过一些研究中心如萨班中东政策中心、东北亚政策研究中心开展一些研究项目,比如国内流离失所问题项目、美国和伊斯兰世界关系项目、21 世纪防卫计划项目等等。都市政策研究关注的主要是政府和私人组织在都市发展中的功能定位以及相互间的平衡。治理研究主要关注治理与政府机构改革、领导力和凝聚力的建设等,目前学会正在大力开展相关的教育政策、电子政务以及新媒体研究。世界经济与发展主要是围绕经济全球化的深入,重点探究新经济的动力、脱贫之路以及新兴经济大国的崛起等三个领域。

在众多的研究项目中,布鲁金斯学会对中国问题非常关注,聚集了一批著名的中国问题专家,具体则是通过东北亚政策研究中心、约翰·桑顿中国中心、清华—布鲁金斯中心开展具体的中国研究。东北亚政策研究中心主要是研究关于东北亚的政治、经济政策和现实安全问题,该中心成立于 1998 年。东北亚政策研究中心每年都会邀请 8 名左右来自东北亚的专家学者进行 4 个月的访问研究,这些学者来自不同的领域,包括政府、智库、大学、媒体等多个层面。这些访问学者可以通过东北亚政策研究中心的工作报告发表研究成果,还可以通过一些出版物比如《布鲁金斯东北亚评论》等将成果发布出来，目前涉及的中国研究范围主要有中美战略关系、台海两岸动态、中国如何融入世界政治经济体系等。约翰·桑顿中国中心主要关心中国的崛起及其对周边各国乃至整个世界的影响。该中心通过广泛的传媒手段向中国的决策层与公众展示中心的研究成果。无论是各大报刊的社论、在线的时事述评，还是各类鸿篇巨制与学术专论，都可以发现该中心研究人员的见解。此外，约翰·桑顿中心还不定期召开各种圆桌会议和学术研究会。清华—布鲁金斯中心位于中国的清华大学公共管理学院，这是第一个在中国建立学术中心的美国智库。清华—布鲁金斯中心主要致力于中国的公共政策研究，目前已经举办了多次学术会议、相关讲座和论坛等多层次的学术活动，研究成果极为丰硕。目前该中心正努力构建一个国际化的交流平台，力图为中国的改革发展提供独立、高质量的决策咨询建议。布鲁金斯学会的中国问题研究团队有很多人本身就来自于中国，这一点充分体现了该中心的全球性，同时它与美国政府的关系也是十分密切，布鲁金斯学会的不少研究人员都成为美国驻华大使的候选人，这从另一个侧面也反映了布鲁金斯学会对政府决策尤其是对华政策的影响力。

为了使研究更具科学性和中立性，布鲁金斯学会对自身的研究成果有着严格的质量评估和控制机制。布鲁金斯学会并不排斥学会研究人员外出工作，但为了避免研究人员在外讲学研究或者担任管理职位与其在学会内部的研究工作产生冲突，学会规定每个研究人员都要在年终总结中公布自己的外部活动。一般而言，年收入5000美元就有可能被认定为外部利益重大、具有利益冲突的可能性，当然更小金额产生利益冲突的可能性也是存在的。尽管必须公布研究人员的外部活动，但整个过程是保密的，只有少部分必须掌握情况的人才能知道具体情形。学会还组建有一个评审委员会，成员主要包括学会主席、各研究项目负责人、主管财务的副主席等。评审委员会主要是在研究主管不能直接解决相关利益冲突时才会进行干预，判断是否存在利益冲突并尽力解决这一冲突。为了应对抄袭等学术不端行为，学会规定任何人都可以向学会主席检举学会专家的学术不端行为，由主席决定是否进行调查。如果主席决定开展调查，调查将在30日内完成。被检举的学会专家可以查阅检举报告并进行抗辩。如果检举的学术不端行为最终不成立，这个结果会立即告知检举人。反之，如果检举的学术不端行为最终成立，那么主席会制定一个委员会进行全面的调查并将调查结果及时告知检举人。学会保证任何一个检举人都不会遭到打击报复。

布鲁金斯学会广泛的研究范围、多层次的资金来源以及众多的分支机构都表明了该学会是一个高度国际化的智库，无论是其研究成员的构成，还是其日益扩展的研究范围，都显示该智库的影响力早已不仅仅局限于美国国内，而是具有世界性的影响力。早在 20 世纪 20 年代，布鲁金斯学会就开始帮助联邦政府拟定预算草案。胡佛政府时期，布鲁金斯学会认为建设圣劳伦斯航道的计划耗资巨大，帮助政府取消了该计划。到了罗斯福推广新政的那一阶段，学会也对新政抱有诸多批评，是当时反对新政的堡垒之一。在参与政府政策决策的过程中，布鲁金斯学会的影响力不断壮大。二战期间，学会根据对战时环境的具体分析，提出了很多具体建议，帮助政府建立了各种战时机构。肯尼迪当选后，学会研究人员又参加了制定"新边疆"构想的工作小组，从空间研究计划到制定经济政策，学会为肯尼迪政府提供了大量的政策建议。其后在 20 世纪 70 年代早期，学会主席戈登领导学会协助约翰逊政府拟定"伟大社会"计划，支持凯恩斯经济学，反对越战，与民主党关系密切，被称为"民主党思想库"。2009 年奥巴马当选后，先后有 32 位学会的研究人员进入政府，很多还是核心成员，比如曾担任美国驻联合国大使的苏珊·赖斯。不管是直接参与政策的制定，还是直接进入政府内阁，都可以看出布鲁金斯学会在政府决策中的影响力。

除了直接与政府进行最直接的沟通，布鲁金斯学会很重视与媒体之间的关系，学会一直都是美国主流媒体的信息库。海湾战争期间，仅仅 1990 年 8 月一个月期间，布鲁金斯学会的研究人员就在美国晚间电视节目露面 14 次之多，此外还有午夜热线等电视新闻综合节目等有学会学者的参与。根据调查，美国 6 家国家级报纸中，布鲁金斯学会被引用次数高达 440 次，是其他 7 家重要思想库的总和。除 1995 年被传统基金会超过一次，布鲁金斯学会多年来一直高居智库榜首，被引用率一般都比第二名高出一倍，学会也因此被称为美国最有影响力的智库。出版物也是学会发挥影响力的重要渠道。布鲁金斯学会每年都会定期出版《布鲁金斯学会出版物》，向政府决策者、大众媒体以及民众介绍自己最新的研究成果。学会每年会出版大约

50 本新书，绝大部分是就经济政策、政府和国际事务等公共政策问题提供决策建议。学会还会定期出版学术期刊，如《布鲁金斯评论》为季刊，主要刊登美国经济、政治以及外交政策方面的论文；《布鲁金斯教育活动论文》为年刊，主要围绕教育话题进行探讨；《布鲁金斯贸易论坛》为年刊，主要围绕国际贸易中出现的问题进行探讨和分析；《布鲁金斯—沙顿金融服务论文》为年刊，主要围绕金融服务问题进行探讨；另外还有年刊《国防预算》等。学会的研究成果基本上都是公开发表的，每年学会会召开 100 多次研讨会，加强与各领域相关专家的联系，每月也会召开一次形势分析会，邀请政府首脑参加，通过共同探讨国际国内问题进而影响政府政策的制定。

高质量、独立性、影响力是布鲁金斯学会的追求。相关研究表明，在华盛顿地区讨论的美国内外政策的关键议题，布鲁金斯学会不是倡议者，就是讨论的中心。布鲁金斯学会拥有美国乃至世界一流的专业研究人员，这些功底深厚的研究人员保证了学会研究成果的高质量和权威性。尽管布鲁金斯学会所占地不过是一栋普通 8 层楼房，但其影响力却是其建筑体量的几何级数。进入 21 世纪以来，布鲁金斯学会在坚持原有高标准的原则下也呈现出一些新的特点。一是把信息技术作为实现社会化的重要手段。随着全美推行信息高速公路建设，布鲁金斯学会也借助信息技术的日益成熟将自己的高质量研究成果传播到更广阔的范围，使得布鲁金斯的智库研究能够充分发挥影响公众舆论的作用，学会的高质量研究成果被直接呈现到社会。布鲁金斯学会之所以在不同的排名中都位居前列，固然跟其政策研究的高质量有关，同时也和其社会化的影响分不开。二是布鲁金斯学会的国际化水平不断提高。一方面，布鲁金斯学会的研究领域日益广泛，越来越将其研究目光辐射到全球范围。另一方面，研究人员的构成也越来越趋向国际化，来自不同国家的学者以及前政府官员都在这里从事相关问题的研究。布鲁金斯学会在发展中国家分支机构的建立也表明了学会对发展中国家崛起所带来的世界影响极为关注。

（二）卡内基国际和平基金会

1. 发展沿革

卡内基国际和平基金会是美国历史最悠久的智库，成立于 1910 年，其总部位于华盛顿特区。[1] 作为一家非营利公共政策研究机构，卡内基国际和平基金会的研究重点是外交和国防问题，同时致力于推动国际合作，推动美国参与国际事务。

20世纪初，美国钢铁大王安德鲁·卡内基为了促进慈善与和平事业，于1910年捐资1000万美元创办了卡内基国际和平基金会。他提名了美国总统威廉·霍华德·塔夫脱任基金会荣誉总裁，另从美国企业界和公共领域挑选了28位领袖人物担任理事，其中既有名牌大学校长，也有前任政府官员，如卸任国务卿、大使等。卡内基国际和平基金会的首任总裁由伊利胡·如特担任，如特曾长期担任卡内基的顾问，并曾担任过纽约州参议员和国务卿。如特一直任职到1925年。起初，卡内基国际和平基金会主要设有三个部门。一个部门负责国际法的相关研究工作，一个部门负责研究战争的起因和影响，还有一个部门负责促进国际的理解和合作。一战之后，卡内基国际和平基金会仍然坚持促进国际和解，并且资助了欧洲的重建，在海牙建立了国际法学院，出版了22卷的《国际法经典》以及150卷的《世界大战经济和社会史》。二战之后，卡内基国际和平基金会进一步巩固了原先的三个部门，围绕更广泛的领域尤其是战后国际法体系进行了研究和公共教育，同时在冷战的背景下启动了对苏联的研究。

到了20世纪七八十年代，卡内基国际和平基金会加强了对美国政策相关问题的研究，创设了"面对面"论坛，对重大的国际问题进行深入探讨。同时随着国际问题领域其他智库的兴起，组织开展国际关系领域的相关合作。20世纪90年代，随着冷战的结束，卡内基国际和平基金会开始组织力量围绕民主促进、经济改革、武力使用等重大现实问题进行研究，并且基于外交政策新的形势，推出了《改变我们的作风：美国和新世界》一书。1993年，还在莫斯科设立了"卡内基莫斯科中心"。该中心拥有员工40余人，主任由一美国人担任。此外，基金会于2004年在北京设立了办公室，于2006年在贝鲁特设立了办公室，于2007年在布鲁塞尔设立了办公室，但这些办公室的规模都相对较小。近些年随着外部资助的增加，卡内基国际和平基金会越来越关注全球化政策的演变，其所有的《外交政策》也从季刊改为双月刊，这些都与基金会向全球化智库的转向密切相关。

---

[1] 杜骏飞：《全球智库指南》，江苏人民出版社2018年版，第92页。

2. 机构和经费

同绝大多数智库相类似，卡内基国际和平基金会的最高决策机构也是理事会，主要由23位成员构成。基金会的执行机构主要由一名总裁和几名副总裁组成，总裁负责统揽基金会的事务，副总裁则各有不同的分工，有的负责全球安全与经济发展研究，有的负责国家政治与治国研究，有的负责俄罗斯、中国和欧亚研究，有的负责咨询沟通，有的负责对外关系等。包括这些行政管理人员在内，卡内基国际和平基金会共有员工一百多人。其中，研究人员来自不同的领域，主要有政府、学界、商界、新闻界等，学科背景也具有广泛的代表性。行政管理机构主要有行政办公室、人事部、财务部等。

卡内基国际和平基金会的研究经费一部分来自本身的基金，一部分来自外界捐助。基金会现有的董事会成员都是在政界、商界、学界以及新闻界中有影响的人士，在外部筹款中更容易获得支持，如2007年基金会获得的资助就来自76家机构或个人，还获得了谷歌等3家机构的实物捐助。具体分析其资金来源可以看到，相当大部分的资金来自其他基金会，如福特、通用电气、麦克阿瑟、洛克菲勒、斯特劳斯等共约30多家基金会。此外，有的来自企业，如卡内基纽约、英国石油北美、埃克森美孚、通用汽车等公司；有的来自美国政府，如国务院、能源部、国防部等；有的来自外国政府或国际组织，比如瑞典、荷兰、法国的外交部和联合国开发署等；还有的来自个人。这些不同来源的经费支撑起了基金会的各个研究项目。

3. 研究项目和影响力

卡内基国际和平基金会的研究领域主要集中在国际事务和美国外交政策，覆盖范围遍及世界各大洲主要地区。在美洲，研究对象主要是美国和拉美；在亚洲，研究对象主要是东亚、中亚、东南亚以及中东；在非洲，研究对象主要是北非和南部非洲；在欧洲，研究对象包括西欧和东欧。从专业研究领域看，研究对象涉及经济、能源和气候、政治改革、安全、美俄外交政策等诸多领域。具体细分下来，经济方面的议题又包括中国经济、发展政策、全球贸易、全球化、国际金融体制、全球金融危机、移民以及中东经济等；能源和气候方面的议题又包括能源政策及中美能源和气候合作；政治改革方面的议题包括阿拉伯政治改革、伊朗国内政治、中国国内政治、伊斯兰主义运动、美俄国内政治等；核政策方面的议题包括核试验与禁止试验条约、核不扩散体制、核材料与核燃料循环等；与安全相关的议题包括台海两岸关系、巴以危机、恐怖主义、中国的军事发展以及美国的国防等。

围绕上述相关议题，基金会开展的研究项目有能源和气候项目、国际经济项目、贸易公平与发展项目、核政策项目、民主与法治项目、俄罗斯和欧亚项目、南亚项目、中东项目、中国项目。能源和气候项目旨在研究能源技术和环境科学以及与其相关的政治经济学，为各国政府的决策者提供解决方案，缓解各国针对稀缺资源的恶性竞争，降低全球气候变化有可能带来的风险。国际经济项目目的是通过监控分析全球经济的长短期趋势并从中得出政策启示。目前的重点研究范围主要是全球金融危机及其相关政策、发展中国家在全球经济分量的提升及其意义。贸易公平与发展项目旨在通过推出相关战略政策，使经济全球化有益于更多的国家。核政策项目主要是围绕核产业、安全、裁军等相关问题组织专家展开研究，为美俄、中国、东北亚等涉及核问题的国家提供专业见解。民主与法治项目主要是通过考察全球民主状况探究欧美及多边组织如何更有效地促进世界民主进程。俄罗斯和欧亚项目主要关心的是欧亚大陆的安全问题。南亚项目主要是围绕该地区的政治经济发展以及国际安全进行深入探讨，为政府决策提供可资参考的建议。中东项目主要是通过国别研究和比较研究，深入分析阿拉伯世界的政治、经济、社会、宗教等诸多问题。中国项目的研究重点是中国的民主法制建设以及经济改革，目的是为中美两国决策者更好了解各自内部及影响双边关系发展的因素。中国项目还办有"卡内基中文网"，向学者和公众提供基金会的各种信息资源以及对中国问题的研究成果。[1]

相对于其他智库，卡内基国际和平基金会的一个重要特点就是研究领域相对集中，尽管其成立时间并不算短，但多年来基金会都将其主要的精力集中于国际事务及美国外交政策。基金会出版的《外交政策》在国际问题期刊中享有较高的学术声誉，同时还以西班牙语、意大利语等多个语种在世界上广泛发行。基金会会定期出版由本智库专家撰写的专著、政策简报、研究报告等，也会通过电视访谈和网上评论等多种形式就国际关系问题发表意见。冷战以后，基金会相对更关注全球化影

[1] 李轶海主编：《国际著名智库研究》，上海社会科学出版社2010年版，第16—18页。

响下的政治经济及技术变迁，但这并不是基金会的研究初衷有所改变，相反是一种新的延续，只是随着全球形势的变化而有所调整。卡内基国际和平基金会希望通过自身研究将全球化的益处更广泛地分配于各国，能够通过创造一些国际合作的新方法、新手段并与世界面临的政治安全威胁相匹配。与此相应，基金会注重从其他国家的角度出发来研究国际问题，因为他们相信单一存在于某个国家必然会导致视野的狭窄，因此提出要成为第一个真正跨国的全球智库。总的来说，卡内基国际和平基金会在国际事务中更倾向国际主义、多边主义，其立场相对来说是超越党派、开放兼容的，因此基金会是一个相对典型的中间派智库。

（三）国际战略研究中心

被称为"强硬路线者之家"和"冷战思想库"的国际战略研究中心是美国带有保守色彩的重要战略研究机构，与石油财阀的关系十分密切。中心建立40多年来，聚集了一大批国际关系领域的学界精英，在美国的战略政策研究机构中处于龙头的地位。近年来，国际战略研究中心加强了对亚太地区的研究，是对共和党具有重大影响力的智库之一。

1. 发展历程

1962年，美国前海军作战部长阿利·伯克上将、乔治敦大学牧师詹姆斯·霍里根、保守派学者戴维·阿尔希尔在乔治敦大学共同创立了国际战略研究中心，力图使美国拥有能够与伦敦国际战略研究所相媲美的战略研究机构。[1] 阿利·伯克出任第一任总裁，中心得到企业研究所等保守型智库以及一些石油财阀的资助，是美国保守主义的一个重要基地。中心自成立之日起就具有浓厚的石油背景，创始人之一的戴维·阿尔希尔分别是东部财团筹建的对外关系委员会以及中心与洛克菲勒组建的三边委员会的成员。中心创立后，在相对棘手的外交政策和国家安全问题的解决方案上发挥着积极而重要的作用。1966年，国际战略研究中心引发了众议院关于中苏分裂转折点的听证会。1978年，美国国会山第一次召开了有关柬埔寨种族灭绝罪行的听证会，国会和行政部门对这一事件的看法也发生了重大变化，这一公开的听

---

[1] 杜骏飞：《全球智库指南》，江苏人民出版社2018年版，第93页。

证会也是由国际战略研究中心所主导。1998 年，国际战略研究中心下属的一个退休委员会围绕社会保障制度作了一份研究报告，这个报告成为后来两党围绕社会保障制度改革进行辩论的基准报告。2007 年，国际战略研究中心下属的"聪明实力"委员会经过研究得出了美国国际地位下降的论断，并基于此给美国的相关部门提供了系列聪明实力办法的政策建议。今天的国际战略研究中心已经成为世界上最杰出的国际政策研究机构之一。

2. 组织构成和经费来源

国际战略研究中心现有 200 多名全职的工作人员。董事会是决定中心战略发展方向的最高领导层，现共有 36 名董事成员以及 4 名退休的董事。至于中心的具体运作和管理，则由 12 名行政管理人员负责。除总裁和首席执行官外，还设有分工不同的副主席，分别负责业务运营、开发事务、全球健康政策中心、全球战略研究协会、能源和国家安全计划、人力资源、研究和计划中心、财务、战略计划部以及成员制度和公司秘书处等不同领域。国际战略研究中心还有 100 多名的助理人员，具体负责中心的日常运作，其中计划和项目部的助理最多，占总数的一半以上，主要是项目助理和研究助理。

除行政管理人员之外，国际战略研究中心拥有许多高素质的专业研究人员。研究人员又可分成五级：高级研究员、研究员、副研究员、助理研究员、见习生。研究人员平时的绝大部分时间都投入在阅读文件报刊和书籍、采访政府官员、开展实地调查以及参加各种会议讲座等。研究人员的晋级也没有具体的标准，主要是根据研究人员的研究成果，根据专题主任的提名，最后由执委会批准。国际战略研究中心在人才管理上非常灵活，通常是根据研究项目确定研究人员，研究专题的主任根据项目情况酌情吸收相关学者。专题完成之后，研究组就自行解散了，研究人员要么离开要么参加新的研究专题。此外，国际战略研究中心还非常善于利用外部研究人员的力量，相当多的研究成果是由校外学者作出的。研究中心经常组织学者参加各种类型的研究活动，而这些学者很多都是外来的。国际战略研究中心有一个"院校联系计划"，可以让研究中心内外部的学者开展经常性的人才交流。

国际战略研究中心有三种比较成熟的成员制度：国际议员、咨询委员会以及圆桌会议。[1] 每个小组都会定期开会讨论中心正在进行研究分析的重要问题。国际议员小组是中心最有名的成员组，这个小组的成员主要由世界各地的商界领袖和经验丰富的市政领导人所组成，他们通过每年一次的非正式的对话讨论全球正在关注的最新问题。咨询委员会主要由公共和私营机构的决策者、前政府官员以及商界精英构成。咨询委员会通过每年的两次会议讨论相关政策议题。圆桌会议则每年召开两到三次。

国际战略研究中心在成立之初就规定不接手中央情报局和国防部的资助，也反对任何涉密研究，其主要的经费来源是捐助资金，其中以洛克菲勒为首的40多个石油财阀是研究中心较固定的资助者。从最开始年度预算只有12万美元，目前战略研究中心的经费预算已经增至几千万美元。以2008年为例，国际战略研究中心的运营收入是2920万美元，支出则为2900万美元。在收入中，企业捐助占到了43%，创始资金占到了27%，两项占到了70%。而支出中，项目研究的支出正好占到了70%。为了吸引个人捐助，国际战略研究中心近年来不断推陈出新，比如以捐助者名字来命名具体的研究计划或研究项目。

作为保守色彩浓厚的重要战略研究机构，国际战略研究中心多年来都以强硬的保守路线著称，如支持美国在拉美地区的干预，在波斯湾保持军事压力等。从20世纪70年代开始，国际战略研究中心加强了对中国问题的研究，对卡特政府的对外政策持批评态度。20世纪80年代共和党人里根当选后，国际战略研究中心积极为政府的对外政策出谋划策，但主要侧重美苏战略关系研究。进入20世纪90年代以后，国际战略研究中心加强了对全球化问题的研究，并且随着美国政治的保守，影响力也日趋增加。

3. 研究领域与影响力

由于国际战略研究中心并不是依靠政府或者政党的支持而生存，所以在研究的选题上，中心具有很强的灵活性，它既可以接受政府部门或私人部门的委托或者招标，研究这些机构需要中心研究的一些项目，也可以根据中心研究人员的专长，

---

[1] 李轶海主编：《国际著名智库研究》，上海社会科学出版社2010年版，第52页。

提出自己认为需要研究的课题。这些课题也可以向政府部门或某些基金会申请项目资助，如果双方的研究宗旨一致，就有可能被批准，进而获得研究所需的经费资助。在国际战略研究中心的网站上，中心明确表示要通过前瞻性、预测性的研究和政策创新使战略研究中心成为政府决策咨询的重要伙伴，同时给自己制定了原则性的目标，那即是战略研究中心的对外政策研究要走在形势发展之前。[1] 因此，国际战略研究中心不仅关注当下的一些重要问题，也特别重视对一些潜在问题进行分析并提出预测性的研究结论。总的说来，国际战略研究中心对三个领域的问题尤为关注：一是对国内和国际安全面临挑战的研究；二是对世界主要地区状况的研究；三是对全球化时代新型管理方法的研究。当然，在三个重点领域之外，中心也关注能源贸易、国际金融等领域的研究，并且提出了一些重要的主张以及预见，如在美国众多研究机构中率先提出"70 年代将发生能源危机""中苏分歧对美国的重要性"等重要预见。这些领域的研究大多是战略研究中心通过自主选题的方式开展的，并没有受到政府或其他外界机构的影响。

正是因为对于课题选择拥有极大的自主权，国家战略研究中心十分注重对研究项目的管理。一旦某个项目规划失误，研究中心将会面临严重的财务问题。为此，国际战略研究中心在管理研究方面制定了一些原则性要求，包括遵循现有的学科标准、研究要有长远的预见性、研究要以科学性为基础、研究成果的标准衡量要向正式学术机构看齐。研究中心还建立了三个由知名人士组成的小组来保证研究的权威性和影响力，分别是由多名国会议员参加的顾问董事会、由多名国际问题专家组成的国际研究理事会、由多个高级官员组成的国际事务顾问团。在这些专家小组的正式评估之外，中心还通过举办学术研讨会，邀请各方面相关研究者进行交流，对研究成果进行非正式评估。在每年召开大量研讨会的基础上，研究中心还举办各种讲座以及其他研究活动，[2] 极大地提高了研究成果的影响力和合规性。

国际战略研究中心通过举办各种各样的学术活动以及各种宣传联谊活动构建了广泛的对外联络网。它最主要的活动就是组织会议，包括华盛顿圆桌会议、休斯

---

[1] 张焱宇：《国际战略研究中心》，《国际资料信息》2003 年第 7 期。

[2] 于恩光：《乔治敦大学的"战略和国际研究中心"》，《环球经纬》1994 年第 5 期。

敦和达拉斯圆桌会议、各种咨询会议等。这些会议的参加者都是国际关系学界的著名学者和政府高官，他们的参会既扩大了中心政策的影响力，也提升了中心的知名度。据不完全统计，每年在华盛顿等地举办各种大型会议有七八百场之多。这些会议加强了与世界范围内相关研究机构的联系，受到全世界国际关系学界的极大关注。比如1999年，国际战略研究中心就举办了"21世纪前夕的美中关系研讨会"，当时的中国驻美大使李肇星以及时任美国政府亚太助理国务卿帮办的谢淑丽都曾受邀出席，并同台发表演讲。

国际战略研究中心的影响力突出表现在它与政府、企业以及媒体等机构的密切关系之上。中心对美国国会有着自身独特的影响力，中心不仅可以在第一时间内向美国国会各专门委员会的议员们提供中心的全部研究报告，还可以主动组织中心的相关专家定期向这些议员汇报智库的研究成果，同时借机宣传研究中心的思想主张。就智库专家本身而言，研究中心积极鼓励他们参与国会的听证会，并借此契机影响国会议员们的立法倾向。根据统计，国际战略研究中心在1997年仅仅只有9人次向国会听证会提供专家证词，但短短4年之后，到2001年就增加到了37人次。国际战略研究中心还注重吸纳国会议员们直接参与各种工作小组、研究小组、政策小组等中心的常设项目。有时，这种参与范围还会扩展到议员的助手一级，目的都是为了让议员及其助手能够在直接的政策讨论分析中得出结论。在有的研究项目中，国会议员甚至会占据主导地位，比如第44届总统任期内的网络安全委员会等。

在与企业的关系上，国际战略研究中心也有着花样翻新的手段，特别是在做大企业领导人的工作层面。像"华盛顿圆桌会议""休斯敦圆桌会议"这样的定期会议就是为这些大企业的董事长和总裁所组织的，让这些企业的领导人有机会围绕国内外形势互相交换意见，互相影响。类似的会议还有"四方会议""国际顾问会议"等等，不一而足。这些会议的召开不仅可能影响美国国内政策的制定，对其他国家也有不小影响。

从中心与媒体的关系来看，国际战略研究中心的专家经常在电视或电台出镜，既提升了专家和智库的知名度，也有助于吸引赞助商和扩大政策影响力，而这些都与中心积极鼓励学者参与访谈及记者会等公开出镜是分不开的。根据统计，国际战略研究中心的专家在ABC等9个电视台出现的频率是每个月75—120次，研究成

果被 *New York Times* 等 6 家报纸引用的频率是每个月 80—100 次。[1] 为了给政府、商界、学术界对中心研究感兴趣的读者提供及时的材料，国际战略研究中心还定期出版中心专家的研究报告、相关专著以及各种通讯简报。中心的旗舰出版物是《国际问题》杂志和《华盛顿季刊》，这些都可以在中心网站上查到并在线阅读。此外，中心还出版有专题性的《华盛顿文件》，每年大约出版数十册，由不同的国际问题专家撰写，是当前研究国际关系问题的重要参考材料。在定期出版物之外，国际战略研究中心还不定期发表一些课题组的研究报告、一些专门讨论会的报告以及各种新闻简报、非定期出版的期刊等，比如非洲记录、伊斯兰社会和政治简报、欧洲聚焦、国际政治经济问题、当今土耳其等。近些年研究中心出版的有影响力的专著主要有《因应全球化时代的挑战》《美俄关系》《阿富汗的教训》等等，尤其备受学界关注的是其两年出版一次的《世界各国实力评估》。

在信息化高度发展的今天，国际战略研究中心还建立了大型网站，借助网络将智库的研究成果传递至全社会各个基层，这一点与中心重视自身肩负的教育社会和公众的责任是分不开的。在中心的网站上，每个月都有几十万的访问量。国际战略研究中心将很多事件制成了音频和视频并可以从网站上下载观看。

自 1962 年国际战略研究中心成立以来，迄今已有五十余年，中心一直都以国际战略为研究重点，并极力宣扬自己的研究特色：全球范围、战略展望、政策产出等。它致力于为世界各国的政府领导人提供战略性建议，为各国应对全球性问题提供解决方案，并在此基础上谋求提升自身的政策影响力。走在形势发展之前的前瞻性和预测性研究一直都是国际战略研究中心的研究宗旨，这也充分展示了中心参与政策决策的独特性。在全球化的时代背景下，国际战略研究中心为美国的国际战略研究以及对外政策的决策都做出了重要贡献。

---

[1] 李轶海主编：《国际著名智库研究》，上海社会科学出版社 2010 年版，第 56 页。

（四）传统基金会

1. 发展历程

在美国的各类智库中，无论是资金人员的配置还是智库的影响力发挥，独立性智库都是处于核心地位。同布鲁金斯学会等著名智库一样，传统基金会也是一个独立智库，同时它的意识形态倾向比较保守，代表着美国西南部财阀的利益，是美国新右翼分子的主要政策研究机构。

1973 年，传统基金会由约瑟夫·库尔斯和保罗·韦里奇在华盛顿哥伦比亚特区所建立，基金会的首笔资金就来自于约瑟夫·库尔斯。约瑟夫·库尔斯是科罗拉多州大啤酒制造商库尔斯公司的总经理，也是美国极右派组织约翰·伯奇协会的创始人，也曾经是里根政府"厨房内阁"的重要成员之一。保罗·韦里奇也是右翼政客，还是争取自由国会生存委员会的责任人。他虽然没有受过高等教育，但却成了传统基金会的第一任会长。[1] 两位创始人的政治倾向决定了传统基金会的保守主义特性。传统基金会在建立之初只有 9 个成员，经过多年发展，已经发展到两百多位工作人员的规模，是保守主义最强有力的智囊团。在过去这些年的发展中，传统基金会取得了相当多的进步，如在 1980 年出版了长达 1077 页的公共政策蓝皮书——《领导者的使命》，在 1982 年第一次出版了一份详细的导弹防御计划书，在 1994 年提出"美利坚契约"并促使共和党人在选举中赢得胜利，在 2008 年还启动了"领导美国"运动，而这些只是传统基金会所完成事业中的一小部分。

传统基金会现共有 10 个部门，拥有决策权的是 24 名董事和 14 名高级管理人员，主要部门包括负责人事工作的行政办公室，负责编辑服务广播服务以及媒体中心的交流部，负责执行特别活动的开发部，下设德沃斯宗教和民间社会研究中心、数据分析中心、医疗卫生政策中心以及国内政策研究中心的国内政策部，下设联盟关系资源银行等部门的对外关系部，下设会计、行政、内部事务部的金融和交易部，下设国会听证等部门的政府关系部等等。

---

[1] 金彩红等：《欧美大国智库研究》，上海社会科学院出版社 2015 年版，第 174 页。

与自由主义智库倡导社会福利和多边主义不同，作为保守主义智库的传统基金会更强调市场主导和单边主义。作为政治倡导类型的智库，传统基金会的意识形态色彩十分浓厚，十分注重向政府决策部门推销基金会的政治主张，灌输本智库的思想观点。传统基金会的基本论调就是保守派的言论，它开宗明义地表明其政治主张是将美国建设成一个自由、民主、繁荣、文明的社会，要求限制政府的开支和规模，主张小政府，倡导积极的不干预经济政策，强调个人自由和传统美国价值。传统基金会认为，过去几十年的美国内外政策使美国陷入了一种危险的困境，要应对这种挑战仅凭无限扩大政府是无济于事的，而是需要重申自由和真正自决的价值并尽力维护他们。传统基金会就是这场静悄悄革命的急先锋。

2. 人员和经费

传统基金会的 14 人理事会决定着所有的大政方针。这些理事基本上都是由商界领袖和前政府高官构成，比如理事中有投资银行公司合伙人、人寿保险公司的董事长、美国驻瑞士前大使、前任财政部部长等。传统基金会每年都会公开招聘工作人员，只要和基金会抱有共同的理想追求都可以加入传统基金会。对于智库的核心专业研究人员，传统基金会不吝给予高薪，当然专家本身必须有相关的工作经历或者是某一具体领域的专家。传统基金会研究人员的平均年收入在 9 万美元左右，超过美国公务员人均收入的一倍，也略高于大学教授的平均水平。[1] 更重要的是，基金会的研究人员使用资金时没有太多限制，可以自由灵活地运用这些资金，不用接受基金会经常的评估审查。这种资助方式既给研究人员提供了最基本的保障，也能够让研究人员不必为生计发愁，从而专心致力于前沿问题的研究。对于这些研究人员，基金会有一套严格的考核制度，考核的结果决定了研究人员是晋升、续聘还是解聘。通常，没有研究项目的研究人员很快就会流动出基金会，这也在一定程度上保证了基金会人员的精干和工作的高效。

传统基金会是一家非营利不纳税的智库，它不接受政府的拨款。基金会的主要经费来源是每年的募捐所得，包括大型企业、家族基金会以及个人的捐助。为了

---

[1] 曾毅:《美国智库观察》,《决策》2008 年第 5 期。

尽可能多地筹集资金，传统基金会一方面严格遵守捐款者的意愿，另一方面也采取一些鼓励捐款的举措，比如根据捐款的多少给捐款人享有不同的待遇。基金会规定捐款的最低起点是 25 美元，低于 25 美元的捐款不收；在最低点的基础上，捐款 100 美元以上的捐款人每年可获赠基金会定期、不定期出版的刊物和报告；捐款 1000 美元以上的除获得上述待遇外，还可作为基金会会员俱乐部的成员参加活动；捐款 1 万美元以上的捐款人每年都有资格免费参加一到两次基金会邀请名人参加的大型宴会，获得与名流共进晚餐及交流的机会；捐款 10 万美元以上的捐款人则有机会获得以个人名字命名的牌匾以作纪念。此外，一个非政府基金给传统基金会提供了 1 亿美元作为不动基金，该笔基金每年有利息四五百万美元，给传统基金会提供了一笔稳定的财务收入。传统基金会每年出版销售一些刊物来获得部分收入，比如基金会每月出版一本的《活动与新闻》杂志和每年一本的《世界各国经济分类报告》，发行量高达 40 万份，其中一半是赠阅的，一半则是用来销售的，两者核算下来，传统基金会仍有盈余。

尽管基金会有着稳定的资金来源，但其每年的经费支出数额也不低，主要是用在了研究和教育上。以 2008 年为例，基金会经费总额达到 6400 美元，研究和教育开支占到了一半以上，其中研究开支占到了 37%，教育开支占到了 20%，其他还有疏通媒体和政府关系开支占到了 22%，用于资金筹措的占到了 18%，经营和管理开支占到了 2.5%。[1] 根据研究项目来配置资源是美国智库普遍采用的方式，这些资源既包括人力资源，也包括研究经费。通常研究人员在申请项目时都会将课题组人员的工资计算在内，因此项目经费中有很大一部分都是研究人员的工资。由于传统基金会的资金来源比较稳定，每年都会有一定盈余。从统计学的角度来说，小额捐款者更能保证基金会未来收入的持续性和稳定性，因此传统基金会为了保持自身的独立性，避免对少数资金雄厚者的依赖，仍然在不断通过增强自身的影响力来扩大捐款的群体。

---

[1] 王春法、张国春:《美国思想库的运行机制及其启示》,《环球观察》2004 年第 3 期。

3. 研究项目和公共影响

虽然短期和即时的公共政策议题也为基金会所关注，但基础研究仍然是传统基金会的研究重点，占用了大量的人力资源和财务经费。传统基金会的研究范围十分广泛，涉及政治、经济、外交、文化等多个领域，并且通过大部头的书籍将研究成果展现出来。基金会相信观念的战争是永恒的，虽然自由市场观念战胜了极权主义观念，但也随时防止后者卷土重来。2008年金融危机之后，传统基金会开始全面思考自己的立场和需求。在会长福伊尔纳的带领下，传统基金会开始重新反思开国元勋提出过的十大核心政治领域，启动了"领导美国"运动，试图通过重塑开国元勋们的理念来让美国变得更富强。十大核心领域是指重塑开国元勋们的政治理想、维护法制与公民社会、改善家庭与宗教领域的基本制度、为后人提供更多选择的教育途径、用责任代替权利、让每一个美国人都有选择医疗保健的权利、为能源和环境问题提供解决办法、让美国成为经济最自由的国家、保护美国的安全、重塑美国的世界领导者地位。

与其他智库类似，传统基金会尽管研究范围广泛，但意识形态色彩也比较浓厚，其研究建议直接向国会和总统提供服务。在有事件发生时基金会可以立即进行讨论，并向国会和国会工作人员的助理提交及时可信的信息。在这方面，福伊尔纳为基金会创造了高效率的信息传递系统，极大地缩短了研究报告递交到政策制定人手中的时间。在传统基金会，研究项目的组织和研究的开展是领导层的职责。传统基金会亚洲研究中心分析师叶望辉就曾经讲过，我们的老板经常与国会议员聚会，经常到国外参加各种学术交流，这样他就可以很敏锐地了解到世界上什么问题值得研究，什么问题最需要国会议员们了解，之后他会找研究人员一起确定研究课题，课题一旦确定，老板就会放手，很少干预具体的研究。[1] 具体而言，传统基金会的课题可分为这样几类：对当前特殊政策问题的简要分析；对国会即将进行辩论的某个具体问题发表看法并提出建议；对某些自由派政策研究机构的活动进行调查和评论；对长远的政策问题进行系统研究，这主要体现在传统基金会的《背景家》期刊中。[2]

---

[1] 王晓民、蔡晨风：《美国研究机构及其取得成功的原因》，《北京大学学报》2001年第1期。

[2] 张焱宇：《美国思想库介绍》，《国际资料信息》2001年第11期。

为了让这些研究课题能达到基金会设定的研究标准，传统基金会对课题的研究管理十分重视，通常的做法是在一般性课题管理的基本程序之上，既重视课题进展中的监督，也重视课题结束时的评审。从课题研究的一般程序来看，主要包括对相关事情进行事前的调查、制定研究计划书、选择研究人员组成研究小组、撰写中期报告、修改调整后写出最终报告等几个阶段。在传统基金会，每一项的研究计划都有中期检查和期末审查。具体来说，传统基金会每一位研究人员写出的报告都需要先提交给部门主任，根据主任意见进行修改；修改通过后，专业编辑再进行文字层面的修改，最后还要由主管的副会长再进行审核，重要的研究报告甚至还要经过会长以及总编辑的审查。正是这些严格的课题管理制度，使得传统基金会的政策建议都具有广阔的视野和深度。

传统基金会的影响力突出表现在它与政府、企业以及媒体的关系之上。传统基金会非常善于通过国会推销其政治理念，这和美国国会的特性也有着密切的关系。传统基金会的研究专家有时也会被称为准官员，因为智库的专家有很大的机会进入政府任职。里根总统时期的智囊团成员有不少都来自传统基金会的智库专家。布什政府时期就有 3 位研究人员进入政府任职，分别是亚洲研究中心顾问委员会的主席赵小兰、资深教育分析研究专家尼娜·里斯、亚洲研究中心资深分析员叶望辉。此外，基金会研究员乔治·艾伦也曾当选为国会参议员，还有的智库研究专家成为国会议员的政策顾问。一直以来，传统基金会都支持和自己政治立场相一致的总统候选人，并寄希望于在候选人当选后获得倚重，进而增强对美国政策制定的影响力，这也是基金会推进智库发展的一条重要路径。保守主义思潮与共和党之间的密切联系是双向选择的结果，它既意味着共和党的保守主义化，也意味着保守主义的共和党化。一方面，传统基金会的专家入阁将智库的思想观念直接转化为政府决策；另一方面，共和党在国会的优势也便于传统基金会扩大影响。

政府之外，传统基金会与企业的关系也十分密切，它的建立与发展过程中充满了大企业大财团的影子。在创建传统基金会的 22 名董事中，有相当多都是来自大企业的董事长，但这种背景并没有影响到传统基金会的研究重点，从"领导美国"计划的十个领域来看，这十个方面并不指向特定的利益集团。传统基金会的政治理念是保守主义的，但其仍然是独立性的智库，因为基金会十分清楚地知道，只有站在客观中立的立场上进行独立的研究，才可能被民众认可并获得他们的支持。在2008年基金会募集的资金中，只有8%来自大企业，92%的捐款都来自个人，这一点也从另一个侧面证明了智库研究独立性和影响力的关系。

大众传媒也是传统基金会传播其思想观点的重要渠道。在传统基金会的网站上，基金会表示，尽管他们相信观念会产生结果，但是只有积极倡导智库要表达的观念并采取创新方法去推销它，这种观念才会真正深入人心。传统媒体方面，基金会每年都有几百人次接受电视台和电台的采访。通过电视台和电台这样的大众传媒，传统基金会得以将自身的思想观念传播给美国成千上万个家庭。媒体本身对重大政策并没有独立分析的能力，因而对智库的研究成果有很强的依赖，在进行新闻报道和进行评论时需要智库的思想观点和智库专家的直接参与。在这个过程中，媒体成了智库传播其思想的载体。为了让媒体能够清晰准确地获得基金会的信息，传统基金会专门设有交流部和信息部和媒体进行沟通。

在传统媒体之外，传统基金会充分利用基于网络的新媒体传播其保守主义理念。为了提高网络知名度，传统基金会制作了一系列精致的图表、音频和视频产品置于网络平台之上，使得基金会在通信科技竞争日趋激烈的今天仍然能够保持领先地位。[1] 传统基金会的第一任网络市场经理托德认为，应该充分利用谷歌等搜索引擎，将传统基金会的各项研究成果推荐给广大用户。基金会有一个"The Foundry"的在线栏目，每天对传统基金会的研究进行在线编辑，帮助读者了解发生在华盛顿及其他地区的重大事件。基金会的媒体与公共政策研究中心还创办了一个名为"晨钟"的栏目，将一些晨报新闻通过电子邮箱自动发送。在文字出版领域，传统基金会也有着很大的影响力。传统基金会定期和不定期出版的书籍杂志有很多，不仅有范围广泛的学术专著和论文，还有各类研究报告和政策简讯。1980年传统基金会出版的《领导者的使命》一书在里根政府中影响很大，2000年出版的《一个成功总统的关键》一书也备受好评。其他主要的出版物还有《政策研究丛书》《国家安

---

[1] 任晓：《试论美国的保守主义运动——传统基金会之研究》，《世界经济与政治》2004年第2期。

全记录》《政策评论》《机构分析》《今日传统》《情况通报》《背景家》《美国面对不同核威胁的脆弱性》等等。从1995年开始，传统基金会还与《华尔街日报》联合编制了《全球经济自由度指数》，主要考察贸易政策、政府对经济的干预度、政府财政负担、货币政策、外国投资、资本流动、工资和物价、银行与金融状况、产权、行业监管等10个方面的指标。根据该报告，得分越高表示政府对经济干预越多，该经济体就越不自由，而自由的经济体将比不自由的经济体享有更长的经济增长和繁荣。在2010年的该指数报告中，中国香港为全球最自由的经济体系，这份报告在全球范围内都有很大的影响。

自1973年成立以来，传统基金会一直坚持"自由竞争、有限政府、个人自由、美国传统价值观、强大的国家防御"等原则，通过汇聚不同领域的专家学者对包括政治、经济、军事、社会、安全等多个领域的重要问题进行研究，并为政府部门的政策制定提供相关理论和政策建议。[1] 进入21世纪之后，人类社会发生了新的变化，被美国智库专家称为第三次工业革命的科技变迁正在如火如荼地进行。世界的扁平化和地球村化缩短了时空的距离，世界政治经济秩序的旧格局也在随之发生转变。如果说20世纪是美国世纪，毫无疑问在21世纪中国将会发挥更重要的作用。世界环境的变化必然会影响智库的发展和定位，因为智库说到底也是环境的产物。作为美国影响力强大的保守派智库，传统基金会曾在冷战后大力宣传"中国威胁论"。随着近年来中国国际地位的不断提升，传统基金会的对华态度也开始趋向温和，有关中国研究的项目也在传统基金会的研究日程表上日渐重要。为了帮助美国了解日益重要的亚太地区，传统基金会设立了专门的亚洲研究中心，专门研究与亚洲相关的政策事务。基金会还通过与观念相近的智库进行合作，试图使保守主义的理念得到更广泛的认同，在不断产出高质量研究成果的基础上，传统基金会已经成为美国最具影响力的保守派智库之一。

---

[1] 王春法：《美国思想库的运行机制研究》，《管理论坛》2004年第2期。

（五）兰德公司

1. 发展历程

兰德公司成立于 1948 年，是美国负有盛名且影响力很强的综合性智库之一。第二次世界大战结束后，美国军方意识到有必要建立一个研究机构将军事、科技、产业技术结合在一起。1945 年年底，美国空军与道格拉斯飞机公司签订了一份计划合同，即为"兰德计划"。该计划的主要目标就是在军方、情报部门、产业界以及大学之间建立联系，加强交流与合作并实现资源共享。[1] 到 1948 年初时，兰德已经拥有超过 200 人的研究团队，包括来自不同领域的数学家、物理学家、化学家、心理学家、空气动力学家等各方面的人才。这一年，兰德与道格拉斯公司正式脱离，成为一家独立和非营利的公共研究机构。1948 年 5 月 14 日，兰德公司正式成立，奉行的宗旨是通过促进科学、教育和慈善的发展维护美国的公共福利和国家安全。

兰德公司建立后，研究范围不断扩展。20 世纪 50 年代，兰德公司开始为美国国防部提供研究服务，范围扩展到国际关系、原子武器、卫星技术等方面。到了 60 年代，兰德参与了互联网开发所需的电信技术的研究。20 世纪 70 年代，兰德成立了研究生院，培养公共决策分析方面的博士，是世界上决策分析的最高学府。[2]1973 年，兰德公司还设立了兰德基金，鼓励新领域的研究和创新。20 世纪 80 年代，兰德公司欧洲分部科学技术研究所成立。20 世纪 90 年代，兰德公司又成立了匹兹堡分部、卡塔尔政策研究所、海湾国家政策研究所等政策研究机构。

2. 组织构成和经费来源

兰德公司在美国主要有 4 个办公场所，总部位于加利福利亚洲的圣莫尼卡，3 个分部分别是弗吉尼亚州的阿林顿分部、宾夕法尼亚州的匹兹堡分部、马萨诸塞州的波士顿办事处。美国以外，兰德公司在荷兰莱顿设有欧洲总部，德国柏林和英国剑桥也设有办事处。兰德公司的组织机构由独立的行政部门和科研部门所组成，统一由总裁办公室管理。行政部门包括总财务长办公室、外事办公室、职员培训发展处、

---

[1] 杜骏飞：《全球智库指南》，江苏人民出版社 2018 年版，第 63 页。

[2] 王佩亨、李国强等：《海外智库——世界主要国家智库考察报告》，中国财政经济出版社 2014 年版，第 10 页。

服务办公室，主要的责任是公司日常事务的管理并对研究部门提供支持。科研部门有兰德公司阿罗约中心、兰德教育、兰德健康、兰德基础设施、兰德司法研究所、兰德劳动力与人口研究所、兰德空军项目部等。从这些研究部门可以看到，兰德公司对基础学科有很深入的研究，涉及的范围包括数学、物理、计算机、行为科学、社会科学等众多学科。

兰德公司现有员工近 2000 人，其中一半左右为专业研究人员，来自世界上 40 多个国家和地区。尽管这些人员的政治背景、思想观念不尽相同，但他们都有着丰富的工作和研究经验，有着各自的学术专长。在兰德公司的研究人员中，88% 的人拥有高学历，拥有博士学位的研究人员超过一半以上，且这一比例还处于上升趋势。从 2009 年兰德公司研究人员的专业构成来看，包含众多的学科领域，主要有政治学与国际关系、经济学、行为科学、工程学、商业与法律、数学、统计学、社会科学、生命科学、政策分析、艺术与文学、物理学、计算机科学等。

对于公司数量众多的员工，兰德公司有一套严格的考核制度。考核分为内部考核和外部考核，每 4 到 5 年进行一次。内部考核是指各研究部门的管理团队对自己部门的研究质量进行内部评级。在内部考核的基础上还要进行外部考核。外部考核的人员有来自兰德内部的人，但更重要的是来自兰德公司外部的考核人员。为了保证研究的质量，兰德公司制定了一整套的高质量研究标准，主要包括以下几个方面：精确阐述要研究的问题和研究目的；精心设计的研究方法；阐明对相关研究的了解；研究数据和假设要合理可靠；研究成果应兼具实用性和超前性；语言表述准确易懂有说服力；通过人们熟知的理论来阐明研究成果；研究应对客户和决策者有用；研究应具有客观性、独立性和稳定性。根据这些标准，兰德公司会对研究团队及其研究成果进行客观的评价和考核。为了鼓励那些表现杰出的员工，兰德公司专门设立了兰德董事会奖。获奖的员工必须表现出兰德的核心价值观即高质量和客观性。

经费问题是兰德公司起步后首先要解决的问题。1948 年，兰德公司和福特基金会进行了非正式谈判，基金会和其担保下的一家银行同意向兰德提供一笔 100 万美元的无息贷款。1952 年，福特基金会又向兰德公司提供了一笔贷款以帮助建立"兰德公司资助研究计划"，用于资助兰德公司的非军事项目的研究，这也是兰德公司趋向多元化的重要标志。目前，兰德公司主要的经费来源是美国政府和军方，此外还有不少来自基金会、慈善机构以及私人企业的捐助。从 2008 年度兰德公司预算资金来源的构成来看，经费预算的 48% 来自美国军方，28% 来自美国各级政府，可见美国政府和军方仍然是兰德公司最重要的资金来源，两者相加已经占到了预算总收入的 76%。但从长远趋势来看，这部分所占的比重在下降，随着兰德公司的不断发展，公司的服务对象和研究领域都在不断增加，这一变化自然也带来了收入来源的多元化，越来越多的国际组织、外国政府以及私人组织成为兰德公司的重要资助者。兰德公司虽然名为"公司"，但不是真正意义上的法人公司，而是属于独立的非营利性研究机构，根据美国的相关税法，兰德公司可以免缴所得税。

3. 研究特色及其影响力

兰德公司的研究范围十分广泛，其核心研究领域主要包括艺术、儿童政策、教育、能源环境、民事司法、健康保健、国际政策、公共安全、国家安全、人口和老龄化、药物滥用、科学技术、恐怖主义与国土安全、劳动力及其工作场所、交通基础设施等等。艺术研究主要是为政策制定者和艺术工作者提供实用的数据分析，代表性的研究有改进匹兹堡公立学校学生艺术学习机遇等。儿童政策研究主要是给州和联邦政府的需求者提供最新的研究成果，超过 140 人的研究团队和顾问参与该研究，每季度都向国会职员提供业务通信，管理"希望工程网络平台"，为家庭和社区改善儿童生活提供帮助。民事司法研究是为了帮助建立更高效更公平的民事司法系统，研究成果有"9·11"事件后的损失补偿等。教育研究包括学校改革、教师和教学、军事教育和培训、防止学校滥用药物等，研究人员都有实际的教育培训经验。能源与环境研究是为了找到经济发展、社会需求与环境保护之间的平衡点，兰德公司在这一领域有很长的研究历史。健康与保健由"兰德健康"几个部门集中进行研究。国际事务重点研究美国和其他国家的军事安全政策以及社会经济政策，兰德公司在这一领域已有 50 年的研究历史。国家安全领域的研究主要是为国防部提供关于国土安全与防御以及恐怖主义的政策建议。人口和老龄化问题研究主要包括生育政策研究、弱势群体研究、人口变动与发展趋势研究、人口对环境的影响研究等。公共安全大部分是通过"兰德基础设施、安全与环境"项目进行研究，对犯罪、暴力以及药物滥用等公共安全问题提供客观的分析和建议。科学技术的服务对象主要是联邦政府、各州政府、其他政府机构以及一些企业基金会。药物滥用研究主要是和政府进行合作，共同制定防止药物滥用的解决方案。恐怖主义与国土安全也是兰德公司在世界上比较领先的一个研究领域。交通和基础设施研究包括电网、航道建设、运输系统、运输安全等，为世界各地决策者面临的基础设施方面的问题和挑战提供建议。劳动力与其工作场所的研究内容包括劳动力市场研究、经济发展研究、员工赔偿与伤残制度研究、职业安全研究、新技术对就业的影响、劳动力教育变化趋势研究等。[1]

在如此众多的研究领域中，兰德公司也形成了自身独具特色的研究特点，比如注重多学科交叉研究、注重宏观与微观研究结合、注重教育科研相结合等。首先，兰德公司特别注重多学科交叉合作研究。兰德公司研究部门众多，拥有大量来自不同学科领域的专业研究人员，这是兰德公司的优势，也是兰德公司把多样化作为公司发展原则的重要基石。兰德公司的研究项目通常不是只给出一种方案，而是会使用不同学科的理论和方法进行综合分析，制定出多套解决方案。对于需要多学科合力才能解决的研究课题，兰德公司会从不同的部门抽调研究人员，将不同学科的专家学者编入一个课题组，让他们进行优势互补。兰德公司能在多学科交叉领域占据优势，不仅在于他们注重发挥研究人员的个人能力，更在于他们注重发挥整个研究团队的合作精神。其次，在经济研究方面，兰德公司非常注重宏观与微观相结合。兰德公司有三个核心研究团队：兰德经济研究团队、兰德统计团队、兰德调查研究团队。这些团队都非常注重将理论研究与实证研究相结合，将调查研究和统计研究相结合，而这同时也就为研究结果的客观性和可信度提供了保证。最后，兰德公司非常注重教育与科研相结合。虽然兰德公司主要是作为一个科研机构而存在的，但兰德公司非常重视教育和人才的培养。兰德公司的帕蒂兰德研究生院是政策分析专业博士学位的主要授予点，其办院宗旨就是要培养高级政策决策者。到 2009 年为止，帕蒂兰德研究生院已经培养了 229 名专业博士，他们的就职去向也以政界和商界为主。该院还通过举办各种形式的进修班，为政府、军方以及私营企业提供高端人才的培训。在学习过程中，除了正规的课程，兰德公司有意识地安排学员从事实践研

---

[1] 李轶海主编：《国际著名智库研究》，上海社会科学出版社 2010 年版，第 25—27。

究，比如规定学员在校期间必须完成至少 400 天的政策项目研究，也就是要参与岗位实习。这样，学员们在毕业时大都积累了至少两年的政策咨询工作经历，为学员的未来发展奠定了基础。

兰德公司的影响力最突出地表现在它与美国政府和军方之间的密切联系。每当人们谈论兰德公司的影响力时，通常也会首先想到这一点。事实也确实如此，无论是兰德公司的发展起源，还是兰德公司的发展进程，都可以看到美国政府和军方在其中不可或缺的身影。根据相关数据的统计，兰德公司的一半收入都来自美国军方的委托课题，各级政府的委托课题也要占到近 30%，两项相加占到了兰德收入的近 80%。除了课题合作，二者之间还有其他一些层面的深度合作，比如军方和政府会为兰德公司提供一些内部情报信息，兰德公司也会向军方和政府输送培养一些技术人才。具体来看，与兰德公司有密切业务往来的军方部门主要有国防部下属空军、陆军、海军、联合参谋部、国防部部长办公室、联合作战司令部等。政府部门则主要包括农业部、教育部、健康和公共事业部、国土安全局、劳工部、司法部、能源部、财政部、社会保障局等。

研究报告以及各类书籍、杂志的出版是兰德公司向社会施加影响力的重要途径。兰德公司出版了相当多的书籍，其中最畅销的是《百万乱数表》。《兰德评论》则是公司的旗舰杂志，一年出 3 次，主要是报告兰德公司的最新研究以及符合公众利益的新闻。兰德公司的出版物种类繁多，涉及商业图书、年度报告、会议记录、研究生院学位论文、国会听证会证词等。随着互联网的发展，兰德公司也在网上免费为公众提供大量的研究成果。在《兰德公司的前身》一书中，历史学家大卫·亚尔迪尼详细阐述了兰德公司成立以来所取得的杰出研究成果：如兰德公司的太空系统研究为美国的太空计划奠定了基础；公司研究人员保罗·巴兰的技术创新为互联网技术奠定了基石；创建了不确定条件下的决策理论和技术；发现了线性和动态规划方法；等等。与其他美国智库相比，兰德公司的最大特点就是规模庞大。无论是其研究机构、团队及范围，还是预算资金的规模，都可以用庞大来形容。规模庞大的资金和人员使兰德公司得以在众多领域开展全方位的研究，也形成了兰德公司多学科交叉研究的特色。因其之大，在美国的智库中，能够为美国政府和军方提供全面的咨询服务和课题委托服务也只有兰德公司一家。但反方面看，这个好处在某种程度上也带来了一定的弊端。与军方和政府过于密切的关系也在一定层面上损害了兰德公司的独立性和客观性，如何摆脱对政府和军方的过度依赖正是兰德公司未来发展进程中不得不面对的重要挑战之一。

（六）卡托研究所

1. 发展概况

1977 年，卡托研究所由爱德华·克莱恩在加利福尼亚州旧金山市创立。1981年，卡托研究所的总部迁往华盛顿特区。1993 年，研究所又迁到马萨诸塞大道上。[1] 卡托研究所的名称来源于"卡托通信"，即 18 世纪初英国人约翰·特伦查德与托马斯·戈登以古罗马共和制度捍卫者小卡托之名撰写的一系列文章，这些文章是为了阐述约翰·洛克的政见而写的，也为美国的独立革命奠定了哲学基础。卡托研究所以超越党派利益作为自我定位，以有限政府、自由市场、个人自由、和平为其从事公共政策研究的基本原则。基于这一定位，卡托研究所的学者对美国两大政党的意见经常持有不同看法。比如卡托研究所的学者曾对小布什政府的各种政策有过严厉的批评，包括发动伊拉克战争、过高的政府开支以及公民自由、能源等领域的政策。当然，它不是无原则的反对，而是基于研究的客观性和中立性，在另外一些政策领域比如健康医疗、社会保障、税收、移民等问题上，卡托研究所又对布什政府的政策表示赞同。在 2008 年总统大选期间，卡托研究所对两党的候选人约翰·麦凯恩和奥巴马都进行了批评。有的评论指责研究所因接受企业界的赞助而和企业界的关系密切，比如在 20 世纪 90 年代就曾接受过菲利普·莫里斯公司和其他烟草商的捐助。但从实际来看，卡托研究所在政策研究时还是秉持着独立的立场。在 2004 年，卡托研究所的一份研究报告就和美国制药业的利益相冲突。2006 年时，研究所的一份报告又攻击了《数字千年版权法案》。卡托研究所还出版了很多研究报告抨击所谓的"公司福利"，认为这实际上是让纳税人的钱流入企业腰包，是变相的政商勾结。

作为美国的一所知名智库，卡托研究所的研究范围涉及教育政策、财政金融货币政策、政府与政治、国际经济与发展、政治哲学、税收和财政预算政策、贸易

---

[1] 杜骏飞：《全球智库指南》，江苏人民出版社 2018 年版，第 100 页。

与对外政策等众多领域。在教育及儿童政策领域，卡托研究所认为在照顾教育子女方面，家长是最适合作出重要决定的人选。因此，卡托研究所的教育研究致力于扭转相关领域的现有基调，强调父母在照顾教育子女问题上的基本权利，倡导建立独立于政府且更充满活力的教育体制。财政金融及货币政策研究主要是致力于探讨资本市场的运作、资本自由流动的价值以及政府调节给市场造成的负担等问题。政府与政治研究致力于推动个人自由、市民社会、有限政府以及公民立法者等理想，让其重新引领美国政治生活。卡托研究所认为，不断扩展的政府给个人自由及维护个人自由的美德带来了新的威胁。国际经济与发展问题研究致力于推动人们更好地认识到自由市场对于解决发展中国家所面临的问题的优势所在。研究所的专家认为，开放市场意味着更多的选择、更低的成本以及更强的竞争力，同时也就意味着更大的生产力。政治哲学研究根植于美国传统的个人自由和有限政府原则，推崇企业家精神、市场程序和低税政策。税收和财政预算政策研究主要从有限政府的视角探讨美国各级政府的财政开支和税收问题，重点是探讨低税的益处、减少政府对市场的干预等问题。

2. 研究团队和经费来源

卡托研究所的理事会共有 16 名成员，爱德华·克莱恩为总裁。克莱恩曾在1974—1977 年担任美国自由党主席，1983 年又脱离了自由党。除了支持卡托研究所的工作，他还在其他类似机构担任领导职务。研究所的主席是身为著名律师的企业家罗伯特·利维。研究所的其他领导成员也基本上都是大企业的高级主管或者基金会负责人。卡托研究所拥有百余名全职雇员、75 名助理学者、23 名研究员，此外还有一些实习人员。

研究员大多毕业于哈佛、耶鲁、普林斯顿、斯坦福、麻省理工、牛津等世界名校，都在自己的专业内享有很高声望，也都有在知名学府、世界 500 强企业或政府部门工作的经验，参与过一些政府决策部门重大政策的讨论和制定。如担任过研究所总裁的威廉就曾担任过福特公司经济学家部部长以及美国联邦预算管理局副局长。高级研究员帕特里克是著名环境问题专家，担任过全美气候学家学会主席，也是联合国政府间气候变化小组报告的撰稿人。高级研究员道格在里根政府中曾担任总统特别助理，经常在《华尔街日报》《华盛顿时报》等报纸上发表文章，并且是 ABC 等美国知名媒体的权威评论员。高级研究员普尔担任过美联储三个分行的办公室主任，还是联邦储备银行金融政策制定小组成员。高级研究员斯蒂夫曾在里根政府的经济顾问委员会任职，也先后担任过立陶宛、门的内哥罗的国务顾问。税收政策项目主任克里斯曾担任过美国国会联合经济委员会的高级经济专家。

在卡托研究所的专家队伍中，专业构成也十分多元化，既有经济学家、教育学家，又有政治学家和法学家。其中，从事国际经济与发展研究的专家有 12 人，从事货币金融政策研究的专家有 7 人，从事税收政策研究的专家有 6 人，从事国家安全与外交研究的专家有 7 人，从事政治与政府研究的专家有 7 人，从事政治哲学研究的专家有 6 人，从事法律与公民自由研究的专家有 7 人，从事贸易与移民研究的专家有 5 人，从事能源与环境研究的专家有 4 人，从事社会保障研究的专家有 4 人，从事儿童教育研究的专家有 3 人，从事互联网研究的专家有 2 人，其中有的专家同时会从事 2 个及以上专题的研究。[1]

卡托研究所的经费主要来自个人赞助者，占比达到 75%。此外基金会、企业以及出版物的销售所得也是研究所的重要来源。为了保持自身的独立性，研究所不接受政府部门的资助。在资助卡托研究所的基金会中，比较有名的有大西洋慈善基金会、查尔斯·科赫慈善基金、埃尔哈特基金会、约翰·奥林基金会、克洛德·兰姆慈善基金、林德与哈里·布拉德利基金会、福特基金会等。资助研究所的比较著名的企业则主要有阿尔特里亚服务公司、美国石油研究所、康佳公司、联邦快递公司、微软公司、沃尔玛超市等。总体来说，基金会和企业对卡托研究所的赞助机构虽多，但比重并不算大，在卡托研究所年度的总预算收入中只有百分之几的份额。

3. 研究项目和智库影响力

卡托研究所的研究项目是在客观中立的原则下展开的，有代表性的项目有社会保障民营化项目研究、外交政策和公民自由问题、环境问题研究等等。

社会保障民营化项目是卡托研究所在 1995 年设立的，2002 年后更名为社会保

---

[1] 李轶海主编：《国际著名智库研究》，上海社会科学出版社 2010 年版，第 80 页。

障选择计划。之所以更名，是为了要强调此计划允许美国人自由选择是否参加这个计划。卡托的社会保障方案主张工人将补助的一半投放到个人账户中，同时放弃任何由未来社会保障产生的福利。工人一旦做出选择，对已积累的社会保障福利的未来拥有权就将被当作债券出售，让工人对其他高收益债券进行再投资。卡托研究所的相关专家认为，当下的社会保障制度不可持续，会在将来导致税收增加、收益减少。目前的社会保障制度具有"工作就要支付保险"的特点，也即是说在职人员被征税来供养退休人员。那么随着在职人员和退休人员的比例趋向前者少后者多的情形时，在职人员的工资税将日益繁重。研究所的研究表明，如果消减用于公司福利的经费，政府的社会保障计划就可以有充裕的资金支持。

外交政策上，卡托研究所主张不干预的外交政策，并强烈支持公民自由观念。这一立场使卡托研究所的学者经常对当政者持批评态度。如卡托研究所的研究人员反对克林顿政府对海地和科索沃采取的干预措施，也反对老布什和小布什发动对伊拉克的战争。即便对于"9·11"恐怖主义袭击事件，卡托研究所的研究人员虽然支持把基地组织和塔利班政权赶下台，但也反对在阿富汗的无限期军事占领。作为伊拉克战争的最早批评者，卡托国防和外交政策研究部的副总裁泰德·卡彭特认为，赶走萨达姆会让华盛顿为伊拉克的政治前途负责，美国将在一个棘手问题成堆的国家承担起国家再造的任务。他还预见到了伊拉克地区分离主义运动会给重建工作带来巨大麻烦。卡托研究所的外交政策研究部主任克里斯多夫·普莱波在《权力问题：美国军事主导地位如何使我们更不安全、更欠繁荣、更缺自由》一书中提出，美国作为一个超级大国，这种地位会诱导政府决策者不断向外扩张，并把国家利益定位得非常宽泛。研究所的专家对于美国公民自由问题也十分关注，他们反对《美国爱国者法案》，也反对布什政府关于单方面行政权的主张。

能源与环境问题也是卡托研究所的主要议题。近年来，卡托研究所发表了24份关于能源和环境问题的研究报告，涉及全球变暖、环境调节以及能源政策等方面。在一些专题讨论中，卡托研究所的专家们认为，全球变暖在一定程度上与人为活动有关，但一些科学家和媒体夸大了全球变暖的危险。卡托研究所在一份报告中提到，没有一个已知的机制可以在短期内制止全球变暖，即便《京都议定书》这样的国际协定完全得到遵守，也难以在任何合理的政策时间内对平均温度产生可检测的效果。

研究所学者杰瑞·泰勒还认为气候变化与极端天气事件之间没有必然的联系。对于布什政府的能源政策，卡托研究所的研究人员也总是加以批评，认为共和党的能源法案是"数百页的企业福利、象征姿态、空洞的许诺、猪肉桶计划"。其实一些国内问题，卡托研究所也投入不少研究。比如在推动公平竞争方面，卡托研究所批评1998年美国许多州政府与烟草生产企业签订的安置协定。2006年，卡托研究所发表了一个研究报告，指责联邦婚姻法修正案是不必要的、反联邦反民主的，这个修正案会改变美国宪法，这个报告对于在国会挫败该修正案起了重要作用。

不难看出，卡托研究所的专家团队是由一批在不同专业领域享有很高声望并且实践经验丰富的人士所组成的。很多的专家都曾在政府机构或大型企业担任要职，这些资历非常有利于他们的理念和主张被政府和社会关注。正是基于研究团队的知识资源和社会资源，卡托研究所可以举办国际高层论坛炒热议题或塑造在特定议题中的话语权。与美国其他智库传播影响力的途径相似，卡托研究所也通过举办各种论坛、研讨会、政策会议及推出系列出版物等方式来传播自身的社会影响力。卡托研究所的出版物几乎涵盖公共政策的各个领域，通过书籍、简报、研究报告等形式反映公共政策领域几乎所有问题的探讨。卡托研究所出版的期刊有《探寻杂志》《卡托信函》《卡托期刊》《管制杂志》《卡托最高法院监督以及政策研究》《卡托政策报告》等。出版的书籍有《社会福利：内在的矛盾》《替全球资本主义辩护》《教育券战争》等。从2002年起，卡托研究所每隔两年为推进人类自由做出重大贡献的人颁发米儿顿·弗里德曼将，奖金为50万美元。

作为一所主要接受私人资助的智库，卡托研究所十分注重研究的独立性和客观性，经常在一些具体政策上与美国政府或一些大型财团发生理念的冲突。卡托研究所旗帜鲜明地维护美国的主流价值观，也即是说它的研究还是为美国的国家利益服务的，但它并不是将国家利益狭隘地理解为美国现任政府的利益，而是从更长远更客观的角度来审视国家利益。也正因如此，卡托研究所不是政府政策的诠释者，而往往是政府政策的批评监督者，它的角色定位让卡托研究所的研究工作能够超越某一特定利益集团的视野，而能够更具开创性地提出问题并给出解决方案，为研究所赢得享誉世界的国际声望。

（七）彼得森国际经济研究所

1. 发展概况

彼得森国际经济研究所成立于 1981 年，由彼得·乔治·彼得森和弗雷德·伯格斯滕共同建立，在美国众多智库中属于成立较晚的智库。[1] 彼得森曾在美国政界、金融界担任过要职，先后出任过美国商务部部长、雷曼兄弟董事长兼首席执行官、黑石集团董事会主席。伯格斯滕曾在卡特政府担任过财政部部长助理，同时他还是国际经济研究领域的著名专家。研究所成立之后的日常运作由担任所长的伯格斯滕负责。2012 年，所长由亚当·博森接任。成立之初，研究所的名称为国际经济研究所，在 2006 年研究所成立 25 周年时，为了纪念创始人彼得森，研究所被更名为彼得森国际经济研究所。

研究所的组织框架主要包括董事会、执委会、顾问委员会。董事会主席由创始人彼得森担任。董事会共有 50 多人，成员多是美国金融界、学术界有影响力的人物以及其他国家的部分企业家、银行家。执委会由 10 人组成，成员是董事会的部分成员，包括创始人兼董事会主席彼得森、创始人兼所长伯格斯滕。顾问委员会有 40 人，主席为巴里·艾肯格林，名誉主席为理查德·库珀。顾问委员会的成员也多是国际经济研究领域的领军学者，比如保罗·克鲁格曼、约瑟夫·斯蒂格利茨、肯尼斯·罗格夫等。

彼得森国际研究所的研究领域主要是国际经济政策研究，也有少量研究涉及国内经济问题，但总的都在经济领域范围之内。研究领域的高度专业化和对现实问题的高度关注是研究所的研究特点之一。从其具体研究领域来看，国别研究、区域经济研究与全球经济研究相结合是该所重要的研究特点。从其研究内容来看，该所研究主要集中在全球金融和贸易体系研究、世界主要经济大国的汇率与贸易政策研究、美国对外经济政策研究。在国家与地区研究项目中，研究所主要涉及非洲与中东、亚太地区、欧洲、南美、北美等地区。在债务与发展项目中，研究所主要关注腐败与治理、对外资金援助与技术援助、转轨经济等。在全球化项目中，研究所主

---

[1] 金彩红等：《欧美大国智库研究》，上海社会科学院出版社 2015 年版，第 238 页。

要关注全球化与劳工问题、全球化与环境问题、全球化与移民问题、全球化相关问题与影响等。在国际金融与宏观经济项目中，研究所主要关注汇率制度与货币政策、全球性金融危机、新经济与生产率等。在国际贸易与投资项目中，研究所更关注竞争政策、公司治理与透明度、经济制裁、知识产权、税收政策等。在美国经济政策项目中，研究所主要关注对外援助、贸易纠纷、美国贸易政策等。

相对美国其他主要智库，彼得森国际经济研究所的主要特点是"小而强"。"小"主要表现在机构规模小、研究团队规模小、研究领域和资金规模也相对较小。从规模层面而言，研究所最多只能算是一个小型智库。"强"主要是指研究所具有较强的社会影响力，在这方面甚至超过了许多大型综合智库。自 1981 年以来，国际经济研究所聚集了一批世界级的国际经济研究专家，发表了一大批有影响力的研究成果，也正因如此，彼得森国际经济研究所规模虽小，却得以跻身美国顶级智库之列。

2. 研究团队和经费来源

彼得森国际经济研究所的人员规模较小，只有 50 名左右的工作人员，其中高级研究员有 20 多人。研究所的人员数量虽少，但质量却很高。在美国 15 家顶级智库中，彼得森国际经济研究所的常规机构人员远低于其他大型智库，但还是得以跻身这 15 家智库中，原因就是十分重视选拔优秀人才。尽管彼得森国际经济研究所只有 20 多名高级研究员，但这些研究员的研究成果被引用率却很高，在全美智库中名列第二，仅次于布鲁金斯学会。如果单从人均引用率来看的话，研究所的排名更是超过布鲁金斯学会，位居榜首。从全美智库经济学家个人论文引用排名来看的话，引用率最高的前 10 名中有 3 名来自彼得森国际经济研究所，分别是第一名伯格斯滕、第五名尼古拉斯·拉迪、第六名莫里斯·戈德斯坦。这些排名非常直观地反映了研究所研究团队的综合实力。

彼得森国际经济研究所之所以能够招揽这些优秀人才，和其人才选拔机制有着重要关系。为了能够展开高度专业化的国际经济政策研究，研究所招收的专家基本上都满足以下三项条件：是国际经济问题的资深专家；擅长政策研究而不是基础理论研究；知名度较高。而符合这些条件的学者通常都已经就职于其他智库或者一些国际金融机构。因此，研究所的很多专家就是从这些机构被吸引而来的。比如伯格斯滕就曾任职于布鲁金斯学会、卡内基基金会等其他智库，尼古拉斯·拉迪也来自布鲁金斯学会，莫里斯·戈德斯坦、西蒙·约翰逊、迈克尔·穆萨都曾是国际货币基金组织的资深学者，亚当·波森则来自美联储。这些学者在加入彼得森国际经济研究所前就已经是国际经济研究领域的著名专家。为了增强研究团队的实力，研究所还设有访问学者接受机制。在其研究团队中，近三分之一的研究员属于访问学者，主要是来自美国及其他国家的大学或研究机构。研究所的国际声望为其招揽高质量学者提供了便利，反过来，对外部人才资源的有效利用又进一步增强了自身的研究实力。

彼得森国际经济研究所的创立和发展得益于美国德国马歇尔基金会的资助。该基金会成立于 1972 年，属于无党派背景的公共政策研究和募款团体。在彼得森国际经济研究所的建立初期，年度预算基金约为 300 万美元，其中 10% 就来自该基金会的赞助。其余的来自其他机构的赞助，其中国外的赞助约占 15%。进入 21世纪后，随着知名度和影响力的提高，彼得森国际经济研究所能够吸收的赞助日渐增多，资金规模从早期的 300 万美元增加到 950 万美元，赞助者主要是一些慈善基金、私人企业以及个人。研究所出版物的发行销售以及投资基金收益也是一部分经费的来源。在美国 15 个顶级智库中，研究所的预算基金是最少的，与最多的兰德公司相比，约为其 1/26。但是兰德公司的人员规模远远超过彼得森国际经济研究所，是其 32 倍。所以，如果从人均预算基金角度来看的话，彼得森国际经济研究所反而要高于兰德公司，前者是人均 19 万美元，后者则为 16 万美元。[1] 另外，在经费来源方面，彼得森国际经济研究所为避免资助者对研究取向的影响，不接受外界对具体研究项目的资助，只接受对研究所整体研究的资助，这一原则有益于彼得森国际经济研究所坚持其客观中立的研究原则。

3. 研究特色和影响力

作为一所拥有相当知名度的智库，彼得森国际经济研究所有着自身的研究特色。

第一，彼得森国际经济研究所高度关注重大国际经济前沿和热点问题。在理

---

[1] 李轶海主编：《国际著名智库研究》，上海社会科学出版社 2010 年版，第 90 页。

论研究还是政策研究的选择上，研究所更倾向于政策研究，这与美国经济学界注重计量模型的研究方法构成明显的差异。即便在政策研究领域，彼得森国际经济研究所也更偏重时事经济政策的研究。在 20 世纪 80 年代也即是研究所的起步阶段，研究所通过当时的热点问题债务危机的研究开始崭露头角。20 世纪 90 年代亚洲金融危机爆发后，彼得森国际经济研究所又展开了及时的跟踪研究，奠定了研究所在该研究领域的权威地位。进入 21 世纪以后，研究所又在中美经济关系、美国次贷危机、国际金融体系改革等方面取得了非凡的研究成绩。

第二，不断创新是研究所的灵魂。在判断时代变化和发展潮流方面，彼得森国际经济研究所表现出非凡的观察力。如在债务危机发生后，彼得森国际经济研究所的金融问题专家约翰·威廉森提出了"华盛顿共识"的概念，该概念成为 20 世纪 90 年代经济学界最流行的用语之一。美国次贷危机发生后，研究所的经济学家西蒙·约翰逊提出"银行太大不能破产"的问题，为美国政府后来制定金融改革方案提供了重要思路。随着中国经济的崛起，研究所所长伯格斯滕最先提出中美共同治理全球经济的 G2 概念，引起了学术界的广泛关注。伯格斯滕还认为美国应支持多元化国际货币的构想，美元作为国际主要货币无助于美国经济的繁荣，反而是美国经济的累赘。

第三，彼得森国际经济研究所注重通过互联网来传播智库观点、提升智库的国际影响力。经济学界影响力比较大的国际网站主要有美国国际经济研究局网站、国际货币基金组织网站以及彼得森国际经济研究所网站。这三个网站都会免费提供大量论文和研究报告的阅读与下载。然而与其他两个网站不同的是，彼得森国际经济研究所的网站不仅能提供反映最新学术动态的论文，还能提供有新意的观点和较高学术价值的研究文献。比如在次贷危机发生后，该网站就围绕次贷危机成因、金融监管体系以及国际货币体系改革推出了相关研究论文。而且在相关讨论中，该所专家库珀的论文《美元的未来》、威廉森的论文《为什么 SDRs 能够与美元竞争》、伯格斯滕的论文《美元与赤字：美国如何避免下一次危机》都引发了广泛关注。也正是因为这些高质量的研究论文，研究所网站成了全球利用率最高的研究型网站之一，每月平均有 40 万访客和超 100 万次的点击率。研究所的网上电子出版物主要有政策简述、工作论文、听证会陈述、报纸专栏文章、新闻稿、研究简讯、实时经济问题观察、彼得森展望等。政策简述主要是对现实的国际经济政策进行简要的分析和评述，有较强的时事性。工作论文主要是一些尚未正式发表的一些论文前期研究成果。听证会陈述主要是研究所研究人员在美国国会听证会上所作的陈述。报纸专栏文章是该所研究人员在《金融时报》《华尔街日报》《外交政策》《洛杉矶时报》等报纸杂志上发表的一些专栏文章。实时经济问题观察属于网络论坛，主要包括研究所研究人员围绕国际经济和金融发展问题展开的讨论。彼得森展望属于时事问题采访，由研究所的研究人员对时事经济和政治问题进行分析。

正是这些独具特色的研究特点奠定了彼得森国际经济研究所的全球顶端智库地位。在美国两千余家智库中，彼得森国际经济研究所排名第十二位，属于美国顶端智库。在全球5465家智库相关14个项目中的排名中，彼得森国际经济研究所有5个项目位居前列。除了国内经济政策排名第十，国际经济政策、公共政策导向性、创新意识与战略、最佳媒体利用率的排名不是第一就是第二。除了智库排名，研究成果引用率也是一个重要的量化指标。根据美国智库经济学家成果引用次数的相关统计，智库被引用次数最多的是布鲁金斯学会，彼得森国际经济研究所排名第二。但如果从人均角度来看，研究所的智库专家成果被引用次数远远超过布鲁金斯学会。

彼得森国际研究所的影响力主要表现在三个方面：一是对美国政府决策的影响力，该所的专家经常围绕一些重大经济问题为美国政府提供决策咨询服务；二是对媒体的影响力，研究所的智库专家是美国一些主流媒体的常客，在媒体的出镜率明显高于其他智库；三是对学界的影响力，彼得森国际经济研究所的论文人均引用率远超其他智库。研究所所具有的影响力与其办所宗旨有着密切的联系，比如研究所会充分利用董事会成员的人脉关系去筹集经费和扩大影响力，同时最大限度地降低政府、利益集团对研究内容的影响，维持研究的客观性和中立性。此外，研究所高度重视现实问题和热点问题，也高度重视互联网网站建设。更重要的是研究所特别注意招收高知名度和影响力的学者，研究所的骨干基本上都是国际经济研究领域的著名专家。现任所长亚当·博森用"两点坚持"和"三点变革"来形容研究所的未来规划。"两点坚持"分别是坚持任何观点都基于研究和论证、坚持立足美国本土，不派分支机构。"三点变革"分别是引进和培养青年人才，完善人才梯队；走出美国，扩展全球视野，将欧亚拉美都纳入重点研究区域；继续探索推广研究成果的路径，利用现代传媒手段不断革命。彼得森国际经济研究所被誉为美国智库中的"轻骑兵"，一个 50 人左右的研究团队却能跻身全球顶尖智库，给我们发展智库带来的重要启示就是：智库最重要的不是规模，而是人才。

（八）美国企业研究所

1. 发展历程

美国企业研究所，全称是美国企业公共政策研究所，起源于 1938 年由路易斯·布朗等一批纽约工商业巨子创建的企业协会，直到 1962 年才改成现名。企业协会组建的最初宗旨是让美国公众了解自由和有竞争力的企业制度的益处。直到今天，企业研究所的理事会还是多由工商业界的高管所组成。[1] 维护企业界的利益、强调自由市场和有限政府一直都是企业研究所的重要特点。与大致同时成立的兰德公司等智库相比，企业协会更注重经济问题研究，并以显而易见的古典自由主义立场独树一帜。早期企业协会主要是为国会立法活动提供分析支持，涉及社会保障改革、贸易对国内就业的影响等。此后企业协会又将工作重点拓展到为政府进行财政、货币、医疗等领域的政策研究。总体来看，在 20 世纪五六十年代，其工作相对集中，影响力也相当有限。

从 1954 年到 1978 年，企业研究所在威廉·布鲁迪的领导下，秉持着"思想能够推动政治"的理念，推动企业研究所不断向前发展。威廉·布鲁迪一方面注重筹资，一方面注重引入专业研究人员，支持原创性研究，从而扩大自身的影响力。布鲁迪上任不到一年，企业研究所的研究成果就被摘登于《华尔街日报》等媒体上。20 世纪 60 年代初，弥尔顿·弗里德曼、高特弗里德·哈伯勒等著名经济学家都被囊括到学术顾问团中。1977 年，离任总统福特也加入企业研究所，成为"杰出研究员"，同时还带来了 10 多名前政府官员。随着企业研究所的影响力日渐增强，一批美国各领域声望卓著的专家被吸引到研究所，如被称为新保守主义教父的欧文·克里斯陶，经济学家赫伯特·斯坦因和马文·考斯特思，社会学家罗伯特·尼斯贝特，政治学家罗伯特·戈德温、珍妮·科克帕特里克和沃尔特·本斯，神学家麦克

---

[1] 金彩红等：《欧美大国智库研究》，上海社会科学院出版社 2015 年版，第 79 页。

·诺瓦克，作家本·瓦滕博等。到 20 世纪 80 年代时，美国企业研究所已经发展成为华盛顿特区的智库重镇，无论是人员规模还是预算经费都比之前有了大的增长。与 20 世纪 70 年代比，工作人员从 10 名增加到了 125 名，年度经费也从 100 万美元增加到 800 万美元。更重要的是，美国企业研究所推崇的保守主义政策立场开始走到美国政治舞台的中央。里根当选总统后，数十位企业研究所的专家进入政府任职，协助里根在政治、经济、外交等方面取得了不俗的成就。然而由于不少专家进入政府，加上小威廉·布鲁迪管理的不善、研究所的过度扩张，企业研究所的发展受到很大的影响。雪上加霜的是，来自其他新兴智库的竞争以及原先捐助基金会的转向，企业研究所一度走到破产的边缘。

1986 年，克里斯托弗·德姆斯继任总裁，任期一直持续到 2008 年。德姆斯曾在尼克松政府和里根政府任职，他同时还是一位经济学家，曾在哈佛大学肯尼迪管理学院任职。德姆斯担任总裁后，对企业研究所的人员和议程都进行了精简。原先的外交国防研究被压缩，研究重点更集中于内政领域，如公共财政与税收政策、美国政治与政治制度、社会福利等问题。另一方面，对内部的管理和财务制度进行改革，同时加大出版宣传的力度。这些改革措施收到了积极的效果。到 20 世纪 90 年代初，企业研究所的财务状况就大为改善，不仅还清了债务，还招募了新一代的经济学家、社会科学家、外交和贸易专家等各方面的专家学者，这其中就包括有对房地美和房利美公司提出预警的彼德·沃里森、为美国外交和伊拉克战略提出重要支持的弗雷德里克·卡根等。从 1988 年到 2000 年，企业研究所的收益从 1000 万美元增至 1890 万美元。2008 年底，德姆斯的总裁职位由亚瑟·布鲁克斯担任。这时企业研究所的职员已经达到 185 人，其中专业研究人员有 70 名左右，全部收益也达到 3130 万美元。经过半个多世纪的发展，企业研究所通过自己的智库研究成果对美国政界及社会带来了重要影响。

2. 组织和经费

理事会是美国企业研究所的最高决策机构，主要职责包括选定研究所的总裁，制定研究所的各项方针和制度，确定年度预算，负责研究所的管理和财务，维护研究所的思想独立性等等。理事会每年通常会开会 4 次，在理事会的下面还设有几个专门委员会，包括执行委员会、审计委员会、财务委员会、投资委员会、开发委员会、提名与治理委员会等，主要功能是为理事会提供各种报告建议，提供给理事会会议作讨论。理事会共有24位理事，主要是一些大企业和金融机构的高管。

企业研究所的执行机构由5人组成，包括1名总裁和4名副总裁，共同处理日常事务。研究所总裁的职责主要是确定研究所的研究议程、选定研究和行政人员、审定研究出版物、管理所日常事务、代表研究所与外部外界洽谈。现任总裁是亚瑟·布鲁克斯。副总裁4人的分工各有不同，包括执行副总裁大卫·格森、负责营销的副总裁简森·博彻、负责内政研究的副总裁亨利·奥尔森、负责外交和国防政策研究的副总裁丹尼尔勒·普雷卡。

此外，美国企业研究所还设有专门的学术顾问团，专门就研究议程、出版、人员选聘、年度欧文·克里斯陶获奖人选等事项向总裁提出建议。顾问团的人选主要是各政策相关领域的所外著名专家，由詹姆斯·威尔逊担任顾问团主席，顾问团共有13位顾问，涉及的学科领域包括经济学、历史学、金融学以及法学、国际问题等。企业研究所现在共有正式员工185名，其中专门从事研究的专家学者约70名，其他为研究和行政的助理人员、编辑出版人员以及一些后勤人员。另外，研究所还有约50名的所外研究人员，他们大多在美国的各研究型大学工作，也会承担或参与相关课题研究，参加企业研究所举办的一些会议。行政人员的主要工作是内部的运转、外部关系、筹款以及成果推介等。

美国企业研究所的经费主要来源于基金会、公司以及个人的捐款，也有企业研究所内部专项资金的投资收益。从建立之日起，企业研究所就确定要按照独立非营利的原则进行经营。根据研究所的内部报告，美国企业研究所不从事合同委托研究，一般情况下也不接受政府捐助。根据企业研究所2009年的年报，企业研究所在2008年总共筹集到资金2020万美元，其中来自个人捐助的占到34%，为680万美元；来自基金会捐助的占到33%，为660万美元；来自公司捐助的占26%，为530万美元；其余的主要来自会议、书籍的销售，占7%，约150万美元。从支出来看，2008年总共支出3030万美元，其中用于经济政策研究的占到28%、用于外交国防政策研究的占到24%、用于社会政治研究的占到19%、用于管理和筹款的占到19%、《美国人》杂志占到10%。这其中的收益项没有把历年捐款中应分摊到本年的款项计算在内，如果加上这一项，该年总收益将达到 3130 万美元，算下来企业研究所的当年收支还是有所结余。[1]根据 2013 年企业研究所的年报，该年运营资金总共收入 4440 万美元，其中个人捐助为 2340 万美元、基金捐助 990 万美元、企业赞助 870 万美元、会议及书籍销售 240 万美元。此外，还有投资收入 1600 万美元。支出方面，全年共支出 3320 万美元，管理费用为 5%、校园推广费用为 5%、会议费用为 8%、募款费用为 9%、传播费用为 14%、经济政策研究支出为 23%、社会和政治研究支出为 17%、外交和国防研究支出为 19%。[2]两项比较，该年的财务状况也是出现了较大的盈余。

总体来看，美国企业研究所的资金规模是呈不断上升趋势的，这也是企业研究所不断发展的重要物质基础，充足的财力为研究所开展各项研究工作提供了保障。在企业协会时期，整个的资金规模都很小，也基本上没有专职的研究人员。20世纪 70 年代，预算规模增加到 100 万美元，到了 20 世纪 80 年代，资金规模又增至 800 万美元，专职人员也扩大到 125 名。除中间的一段波折以外，到 2008 年时，企业研究所人员已经达到近 200 人的规模，预算也增至 3130 万美元，研究能力也在不断上升之中。然而在企业研究所的运作过程中，其也曾因为接受企业捐款而使自身研究成果遭受到学术公正性和可信度的质疑。如在气候变化这一研究课题中，企业研究所曾接受埃克森美孚公司的捐款，于是捐款是否涉嫌行贿的问题就出现了。2007 年 2 月，英国《卫报》报道，企业研究所曾向有关科学家发信请他们批评联合国有关气候变化的第四份评估报告，并给每位科学家提供 1 万美元外加旅行费用及额外补贴等。《卫报》还披露，企业研究所曾从埃克森美孚公司接受过捐款 160万美元。后来，埃克森美孚公司出面澄清，它确实在 2006 年向企业研究所提供过一笔 24 万美元的经费，但是捐款分 10 年支付，总额还不到研究所总预算的 1%。最后《华尔街日报》的社论也确认，企业研究所没有向质疑全球变暖的科学家塞钱，它用于气候研究的钱也不是来自埃克森。尽管最后企业研究所洗清了相关嫌疑，但

---

[1] 李轶海主编：《国际著名智库研究》，上海社会科学出版社 2010 年版，第 69—70 页。

[2] 金彩红等：《欧美大国智库研究》，上海社会科学院出版社 2015 年版，第 80—81 页。

企业研究所的声誉还是受到了一定的损害，这也使得企业研究所在此后的捐款中特别注意防止引发利益冲突问题。

为了保持学术的独立性和公正性，美国企业研究所采用四种方式来防范因筹款而引发对其研究活动的质疑。第一是注重多元化。美国企业研究所的资助方有数百个源头，有公司、基金会以及个人，且每一方占总预算的比例都很小。同时，研究所资金的投资对象以及研究所的研究议题也是多元化的。第二是公开披露相关资助。在企业研究所的出版物上，研究所的专家会列明本研究所获得的各项资助，同时每年要向总裁汇报研究所以外的专业活动和商业活动。在此基础上，有关人员在有可能发生利益冲突时应遵循回避制度。第三，高度重视声誉。企业研究所强调所有的工作人员，不论是专家学者，还是管理人员，都应坚持清正廉洁。在聘用或晋升时，清廉的声誉与知识才干具有同等重要的地位。第四，坚持研究的自主性。美国企业研究所虽然有自己立场上的倾向性，但研究所并不接受带有附加条件的捐款，不从事已经规定了结论或限制研究者自主性和独立性的研究。企业研究所也期望外界在评判其研究成果时，更注重研究成果本身的价值所在。

3. 研究重点领域

美国企业研究所的主要研究领域包括经济政策研究、外交和国防政策研究、健康政策研究、政治和民意研究、社会和文化研究、法律和宪法研究、能源和环境政策研究。

经济政策研究原来即是美国企业研究所的研究出发点，至今也仍然是研究所的研究重点之一。根据美国企业研究所的年度报告，经济政策研究的目的是为了要更好地了解自由经济体，弄清它们是如何运作的，如何利用其优势保持私有企业的活力以及如何处理出现的新的问题。目前经济政策研究主要涉及联邦预算、货币政策、国际金融等问题。企业研究所的研究十分注重对具体问题的探讨，如金融方面的研究就涉及银行业、保险业、公司治理等具体问题。在税收和财政政策方面，企业研究所更倾向于供应学派经济学的观点，具体的研究议题包括税收与收入分派、税制改革、边际税率、对投资征税的效应、布什政府税收政策的教训等。

外交和国防政策研究有着明确的美国利益导向，集中于探讨如何更好地维护美国的利益以及政治经济自由。企业研究所内的新保守主义者也多集中于这一部门。对于美国所面临的危险或潜在威胁，美国企业研究所基本上都是坚持强硬立场。反过来，企业研究所主张与以色列、印度、澳大利亚、日本、英国等国家保持密切的关系，因为这些国家与美国利益和价值更相近。企业研究所的国防政策研究主要涉及美国军事的规模、结构及与盟国的军事双边、多边关系等。地区研究也是研究所外交国防研究中的一个重点，针对亚洲地区的研究主要涉及中国的崛起、中国台湾地区的安全和经济、日本的军事转型、朝鲜的威胁以及区域结盟对美国在亚洲军事和经济关系的影响等等。对于中国内部事务，企业研究所就曾经关注过中国的公民文化演变，目的是为了让决策者更好地了解中国未来走向的内部力量和压力。企业研究所的欧洲地区研究被纳入了一个"新大西洋倡议"的项目，主要是考察新形势下欧美的盟友关系。俄罗斯研究多从俄罗斯的战略挑战这个角度来展开。企业研究所也重视中东研究，在 2009 年专门启动了一个"巨大威胁项目"，研究美国在中东地区所面临的复杂挑战。国际组织方面，企业研究所开设了一个叫作"全球治理观察"的网上平台，专门关注联合国、其他非政府组织和国际组织。至于国际经济发展，企业研究所从建立初期就形成了研究传统，在 1959 年就曾出版过有关印度发展问题的专题报告。1970 年，研究所又出版了外援理论的书籍。从 2001 年以来，研究所专门设立了"亨利·温特国际发展讲座"，邀请相关专家来研究所作国际经济发展方面的报告。到今天，国际经济发展仍是美国企业研究所的一个核心研究区域。有关经济发展的研究还涉及一些社会问题，如人口与人力资本开发、假冒及不合格药品、洁净水等。

健康政策研究方面，美国企业研究所在 1974 年就成立了"健康政策研究中心"，20 世纪 80 年代中又改设"健康政策研究项目"，一直延续至今。企业研究所围绕这一领域开展的议题包括国民保险、医疗补助、药理创新、医疗竞争、成本控制、老年医保等方面。自 20 世纪 70 年代以来，企业研究所已经出版了数十种涉及健康政策方面的书籍。2003 年以来，研究所出版了《健康政策展望》系列，对美国以及国际健康政策领域的一些新进展作了跟踪和探讨。2009 年，企业研究所曾对奥巴马政府的医疗改革方案进行了评估，并围绕这一问题召开了讨论会。研究所的专家们反对为雇主支付的健康保险进行减税，认为这会扭曲保险市场并限制消费者的选择。国际健康政策也是研究所的研究重点，涉及药品质量、艾滋病、疟疾、器官移植、药物成瘾、免疫接种等。

政治和民意研究方面，美国企业研究所专门设立一个"政治角"，每两年举办一次"选举观察"活动，被称为华盛顿最持久的选举项目。20 世纪七八十年代，美国企业研究所出版了数十册的《在投票站》丛书，对国内外最新的总统及议会选举进行评估。研究所的专家门也经常因此受邀前往世界各地考察和评估各类选举。在 20 世纪 80 年代，美国政府就曾委托企业研究所的专家监督在帕劳、马绍尔群岛举行的全民投票。研究所还与布鲁金斯学会联合举办了涉及选举和治理问题的研究项目，前总统卡特还担任了有关项目的名誉主席。关于民意研究，企业研究所出版过杂志《公论》。所内刊物《美国企业》《美国人》也曾在此后发布过有关民意测验的研究。

社会和文化研究的项目可追溯到 20 世纪 70 年代。美国企业研究所很早就邀请社会和文化思想家来研究所作专门研究，因他们认为在经济学和政治学的背后存在着社会文化的支撑。如今企业研究所这方面的研究更加广泛，涉及宗教、教育、种族、社会福利等多个层面。当前研究所的总裁亚瑟·布鲁克斯就是因在慈善和幸福方面所作的调查分析而赢得声誉的。在布拉德利基金会的支持下，美国企业研究所从 1989 年以来一直举办"布拉德利讲座系列"，目的就是要挖掘现实争议背后的哲学和历史根源。该讲座曾邀请过李普塞特、亨廷顿、福山、弗格森等一些思想界名流发表演讲，比如亨廷顿的"文明冲突论"就是 1992 年最先在这里阐述的。教育研究也日益受到研究所的重视，其涉及的议题包括城市学校改革、择校、教育创业、大学毕业率等。

法律和宪法研究也一直是美国企业研究所关注的领域。研究所设有专门的"公共利益法学研究中心"，出版的《规范》杂志和相关专著也都走在 20 世纪七八十年代美国"法与经济运动"的前列。主要的研究议题有责任法与侵权改革、保护主义法律运动、宪法与联邦主义等多层面的问题。美国企业研究所举办的法学活动很有影响力，如 2005 年研究所曾召集一批自由市场活动分子，对上市公司设置会计监督部门的合法性表示质疑。会议结束后，参会者决定联合提起诉讼，后来最高法院也确实表示要受理相关案件。法学中心还专门设了年度"法律与公共政策高尔杰出讲座"，不少政界领袖如撒切尔夫人、里根、老布什、鲍威尔、赖斯等都曾在这一讲座中发表过讲演。

能源和环境研究是美国企业研究所紧张时代所进行的研究，涉及从气候变化到新能源等各种问题。在气候变化的研究中，美国企业研究所强调有必要设计恰当的环境政策，不仅要保护自然，也要保护民主机构和人类自由，对通行的关于气候变化的观点多持否定意见。企业研究所的前总裁德姆斯就指出，地球确实在最近几十年变暖了，但导致这种变化的机制尚不清楚。其他的专家或批评目前关于减少全球变暖的努力多是夸大其词，而不是立足科学；还有的专家对赞成征收碳税并认为这是比排放限额和交易体制更可取的制度安排持批评态度。另外，企业研究所的专家们认为，需要更广泛地去寻找创造性的方法来减少全球变暖的不良后果。

4. 影响力和总体特点

任何一个智库都注重自身的影响力发挥，美国企业研究所也不例外，自成立以来，研究所就通过各种途径来扩展自身的影响力。研究所的研究成果主要呈现为一些公开发表的专著、期刊论文、工作论文、内部咨询报告、各类会议发言、重要场合的作证等。企业研究所的出版物非常多，包括《美国人》《美国企业》《AEI 经济学家》《对外政策与防务评论》《规范》《亚洲展望》《宪政展望》《发展政策展望》《欧洲展望》《中东展望》《拉丁美洲展望》《俄罗斯展望》等等。为了将这些研究成果更好地传播推广出去，研究会采用了多样化的举措。

召开会议是美国企业研究所推出自身研究成果的重要形式。如沃里森早在2001 年就发出警告，指出房利美和房地美可能会给纳税人带来不断上升的风险。2006 年和 2007 年，沃里森就曾召开会议，邀请两个机构的主要监管者洛克哈特参会。2008 年，他又提出了出来 GSE 的集中办法，包括通过接盘而私有化等，后来财政部长保尔森提出的解决方案就借鉴了沃里森的建议。为国会立法起草法案更是参与政策决策。在 20 世纪 90 年代美国福利改革的辩论中，研究所的福利问题专家查尔斯就曾产生过很大影响，1996 年《福利改革法案》也是由企业研究所最终主持起草。美国 2002 年《两党竞选改革法》也是由企业研究所专家诺曼领导的一个研究团队所起草。向政府提交研究报告也是参与决策咨询的直接手段。2006 年底，在伊拉克形势持续恶化的背景下，企业研究所的"伊拉克研究小组"提出从伊拉克分阶段撤军的建议。在此基础之上，卡根推出了企业研究所的伊拉克问题报告《选择胜利：在伊拉克取得成功的计划》，提出将重点转向社区和居民安全维护及经济重建，并于 2007 年向布什总统、切尼副总统等政府高官作了通报，并获得了赞扬，直接影响了美国政府对此问题的相关决策。高级讲座制度也是企业研究所扩大自身影响的又一重要方式。研究所的经济政策研究部门专门设了"杰出人士讲座"，外交和国防政策部门专门设有"亨利·温特国际发展讲座"，社会和文化政策研究部门专门设有"布拉德利讲座系列"，法律和宪法研究部门专门设有"法律与公共政策高尔杰出讲座"。这些讲座通过邀请国内外思想界、政界、商界领袖来研究所发布其最新思想成果，极大地提升了企业研究所的知名度和影响力。

虽然新保守主义在现实中贬多于褒，但企业研究所深深地介入美国政府决策圈也是个不争的事实，这一事实凸显了美国企业研究所在美国政治中的重要地位和巨大的社会影响力。作为一家智库，美国企业研究所在建立之初就明确了自身的研究宗旨，即要捍卫美国自由和民主资本主义的原则并完善其相应机构制度，涉及有限政府、个体自由与责任等基本内容。保守主义作为企业研究所的总体定位首先就体现在理事会成员身上。成立之初，理事会就重点吸收那些重要工商企业和金融机构的高层精英，这就构成了研究所崇尚自由市场和有限政府的特质。在成立之后的很多年里，人们都将企业研究所看作资助它的东部财团的附属机构。不仅在理事会成员身上，而且在所招募的研究人员身上也多少体现出保守主义的特点。20 世纪六七十年代，总裁布鲁迪就曾招募了当时的新保守主义者，如欧文·克里斯陶和珍妮·柯克帕特里克等人。这些人先前都曾支持过罗斯福的新政以及约翰逊的伟大社会，但后来都认为这样的福利社会计划失败了并对此心怀不满。企业研究所的保守主义定位还体现在它支持那些能体现自身理念的政治家。企业研究所至今仍坚持保守主义的总体定位，在 2009 年的年度报告中，理事会主席和总裁都提到企业研究所立足于三条价值观，也即是扩大自由、增加个人机会及强化自由企业。

虽然在意识形态上更倾向保守主义，但美国企业研究所又特别强调，自己的研究工作不受意识形态和政党立场的左右，只以社会运行和政府治理的完善为准则，进而推动建立一个繁荣、安全、民主的国家和世界。在具体问题的研究上，美国企业研究所要求自己的研究人员必须注重实证分析，展现思想的深度和创新性。企业研究所强调，研究活动本质上是一个个体化的工作，不赞成以强制的方式来组织研究。因此，即使在同一课题项目中，研究所成员也可以不同意某一研究课题得出的结论。企业研究所特别强调自身不会在任何政策性问题上采取团体性立场，那样只会妨碍个体研究者的独立思想，同时也必然会损害研究所研究成果的可靠性和独立性。既保持保守主义的总体定位，又在具体研究中排斥任何先验的立场，这是美国企业研究所的一个重要特点。这一定位也给我们很多启示，那就是一个智库应当具有鲜明的特色，突出自己的差异化价值。但一旦进入具体的研究领域，研究人员还是应该尊重科研规律，保证其研究成果的独立性。当然，一个智库要想在当下的环境下更好地发展下去，也要注重筹款能力和培养人脉，从长远来看，这些方面对于智库的生存和发展都是具有重要意义的。

（九）约翰·霍普金斯大学国际问题研究院

1. 发展概况

约翰·霍普金斯大学国际问题研究院是隶属于约翰·霍普金斯大学，由美国著名外交家保罗·尼采和克里斯汀·赫特尔创立于二战结束后的冷战时期。研究院成立的初衷是为了培养国际关系方面的人才，迄今为止已有近万名获得硕士、博士学位的研究院毕业生在世界各地工作，遍布外交界、国际金融机构、研究咨询和新闻界，其中还有 150 多名各国驻外大使。为了培养人才的需要，研究院开设的外国语课程有 10 多门，涉及阿拉伯语、汉语、法语、德语、日语、俄语、越南语等。研究院还聘用了大量的兼职研究人员，这些人要么来自其他智库，要么是退休的外交官。比如美国前国家安全事务助理布热津斯基就是研究院的兼职教授，现在研究院的兼职人员约有 150 人。[1] 约翰·霍普金斯大学国际问题研究院的研究范围很广，包括国际经济研究、国际关系研究、社会变革和发展研究、美国对外政策研究、亚洲问题研究、非洲问题研究、欧洲问题研究、中东问题研究、俄罗斯和中欧问题研究等。以中国研究为例，著名中国问题专家鲍大可长期领衔研究院的中国问题研究

---

[1] 金彩红等:《欧美大国智库研究》，上海社会科学院出版社 2015 年版，第 203 页。

项目，为美国历届政府出谋划策，为中美关系解冻、尼克松访华以及中美建交做了积极贡献。鲍大可1999年去世后，前美中关系全国委员会会长戴维·兰普顿教授接任中国项目研究主任，继续保持研究院在中国研究中的学术地位。

约翰·霍普金斯大学国际问题研究院既重视基础研究，也注重现实的政策研究，所以其布局也可大致分为两类，一是教学研究合一的系，一是专门的研究中心。教学和研究合一的系同时又是研究项目，如中国研究系就是中国研究项目，既开展中国问题研究，又招收硕士生和博士生。专门的研究中心主要从事相关政策研究，研究院现有10多个研究中心，包括国际商务与公共政策研究中心、美韩研究所、跨大西洋关系研究中心等。研究中心通常都设有自己的理事会，拥有相对独立的管理权，虽然也接受院长的领导，但其主要的经费来源并不依赖研究院，而是由其自身解决。

2. 经费来源和研究团队

约翰·霍普金斯大学国际问题研究院的经费来源主要有两个渠道，一是约翰·霍普金斯大学的常规拨款，一是外界的资助及研究团队申请的各类基金。作为大学下属的研究院，每年大约有1000人左右的注册学生。常规拨款是为了解决教学所需，主要源自大学的学费收入以及校友和社会捐款。此外，研究中心也会接受一些基金会和个人的捐助。如美韩研究所的经费主要就是来自韩国国际经济政策研究所、卡内基公司、麦克阿瑟基金会以及美韩的一些私人捐助。除人员工资由学校常规拨款支付外，研究院的经费大多都是用来支持项目研究，包括聘用访问学者、主办各类会议、购买特种服务以及项目人员的差旅费用等。

研究院很注重知名学者的名人效应，对于新设立的研究项目更是如此。如美韩研究所由知名媒体人奥布多弗于2006年创立。2009年，研究院又聘请美国前朝鲜问题特使、塔夫茨大学费莱彻法律与外交学院前院长波茨沃斯继任理事会主席，大大提升了美韩研究所的知名度。研究院下属的各研究中心并不刻意追求人才结构的合理化，而是从研究项目的实际出发，以自己的研究人员为主导，再招聘合适的研究人才，有时也会与其他智库或大学的研究人员进行课题合作。以跨大西洋关系研究中心为例，中心一共有15位研究人员，在美国的欧洲研究智库中位居前列。

在 2011 年开展乌克兰研究时，跨大西洋关系研究中心就由其主任丹尼尔·汉密尔顿牵头，联合波兰东方研究所，还吸收了美国、波兰、德国、匈牙利及乌克兰的学者共同组成课题小组，专业涵盖政治、经济、外交政策、外交与反腐、国家安全、能源以及欧洲一体化。其最终的研究报告《开放乌克兰》推出后，受到美国政府的重视，报告中的不少政策建议被采纳，引起了很大反响。

研究院下属的各研究中心并不是行政机构，而是以服务研究团队为工作重心。中心的研究人员在选题方面也有很大的自主权。对于常设的研究项目来说，课题研究是连续性的，研究人员可以围绕研究项目并结合自己的研究兴趣开展课题研究。如跨大西洋关系研究中心下设近 20 个研究项目，包括亚洲与中国、环境与气候变化、国土安全与反恐、北约与跨大西洋安全等等。研究院对研究人员自主开展的研究课题并不进行质量控制。研究人员只要受聘，就意味着其具有相当的研究能力，其研究成果的发表或出版都需经过严格的匿名同行评审，所以研究成果的发表与出版就是最好的质量控制。

研究院的具体研究又可分为基础研究和政策研究两类。基础研究如中国研究项目主任大卫·兰普顿教授就以对中国的基础研究而闻名，其专著《中国力量的三面：军力、财力和智力》《同床异梦》《改革时代中国外交与安全政策的制订》在美国的中国研究中具有重要地位，是该学科领域的必读书目。前欧洲研究项目主任戴维教授先后出版专著《欧洲的未来》《愚蠢的力量：美国单极化的幻象》《欧洲未来再思考》等，是美国欧洲研究的大师级人物。知名学者弗朗西斯·福山先后出版了《历史的终结及最后之人》《信任：社会道义与繁荣的创造》《大分裂：人类本性与社会秩序的重建》《国家构建——21 世纪的国家治理与世界秩序》《金融危机后发展方面的新思想》《政治秩序的根源》等专著，在美国和全球都享有盛名，成果斐然。政策研究方面，美韩研究所理事会主席波茨沃斯就是一个典型代表。每逢朝鲜有导弹发射的迹象，波茨沃斯及美韩研究所的声音就会在美国媒体上出现，并被视为对此问题的权威解读。

3. 运作机制及其影响力

不少智库都通过国会来发挥其影响力，约翰·霍普金斯大学国际问题研究院也经常利用这样一种途径。除了邀请国会议员参加相关议题的讨论会，向国会议员寄送相关政策报告，鼓励研究院的专家学者去国会相关委员会作证这些常规方法之外，跨大西洋关系研究中心还帮助国会设立了"国会议员欧盟连线"，现已有32名国会议员加入。研究中心为该连线召集研讨会，进行欧盟相关政策的通报，为议员助理举办欧盟问题圆桌会议，在国会与议员中极大地提升了自己的影响力。跨大西洋关系研究中心不仅得到美国国会的支持，还通过与欧盟委员会的沟通将其影响力扩展到了大西洋彼岸。经过欧盟委员会的授权，研究中心成为美国为数不多的成果突出的欧盟研究中心之一。美韩研究所与跨大西洋关系研究中心有所不同，它主要通过每年发表年度《国会打分表》来关注本年度国会在美韩关系等问题上的相关立法，以此来对国会议员施加影响。

大众媒体也是智库传播其研究成果的重要途径。研究院对媒体也十分重视，其在媒体方面的工作可概括为两个方面。一是向媒体发放智库专家指南，向媒体提供专家的简历和研究成果，便于媒体同相关专家的互相沟通。该指南每隔两年修订一次，以确保其可靠性和即时性。二是于1998年创设了国际报道项目，主动进行媒体工作，加强同媒体的联系。该项目主要提供三项项目资助，分别针对美国中青年媒体记者、美国媒体资深编辑和制作人以及美国媒体的国际报道及相关业务研讨会。传统媒体之外，研究院十分重视利用网络等新媒体手段来拓展自身的影响力。如美韩研究所专门推出了"北纬38度"专题网站，专门报道和刊发朝鲜问题的动态、时间、访谈、统计数据、研究报告等，目标是将其建成关于朝鲜问题的一流网站，成为公众乃至研究人员获取朝鲜问题相关资讯的一个权威来源。

4.跨大西洋关系研究中心的具体案例研究

2013年11月，乌克兰总统亚努科维奇宣布暂停与欧盟签署联系国协定，之后乌克兰政局动荡不已，并且引发了俄罗斯、美国、欧洲各国深度介入。跨大西洋关系研究中心围绕这一事件展开研究，推出了《乌克兰政策报告》，建议美欧深度介入乌克兰事务。该报告的主要报告分为三部分。一是推动政治改革与民主化，将现行的总统制改为议会制，推行议会、立法与行政改革，加强法制建设，进行司法改革，制止制度性腐败，建设公民社会和独立媒体。二是推动经济发展与现代化，实行社保改革、公司法与税制改革、农业改革、能源改革。三是关于美国与欧洲的具体策略,包括支持公民社会的建立,支持创立"三权分立"的政治体制,运用好"东方伙伴关系"计划,善用欧盟联系国协定及全面深入自由贸易区协定,加强与乌克兰军事联系。

研究中心在政策报告推出后,又通过三方面的举措来向政府决策部门积极推介。第一,利用智库的广泛人脉网,向美国行政部门、欧盟成员国、欧盟委员会传播其政策建议,希望其建议被纳入对乌克兰的新政策之中。第二,在美国国会,利用"国会欧盟连线"向议员们推广其主要政策建议,同时在欧洲议会进行同样工作。第三,充分利用媒体。研究中心的专家学者为各类媒体撰写各类评论文章,并在电视节目中阐述其主张。研究中心还邀请媒体参与中心主办的研究会和新闻发布会,主动向媒体传播自己的声音。最后,报告的很多政策建议都被美国及欧洲各国政府采纳,引起极大反响。

5. 智库战略的新变化

20世纪,约翰·霍普金斯大学国际问题研究院关注的更多是传统安全问题,如军事力量、地区冲突等。21世纪,研究院的关注面显著扩大,除传统安全问题外,非传统安全问题诸如环境保护、气候变化、网络安全等均进入其研究领域。随着全球化和信息化的发展,研究院也呈现出一些新的特点。一是研究团队更加多元化。除原先政治学及国际关系学者外,经济学家、环境学家、军事专家、科技专家、法律专家等均被吸收到研究院中,多元化的人员构成为多视角多学科地开展研究提供了前提和基础。二是研究方法与研究手段充分利用高科技的支持。如美韩研究所就利用卫星对研究区域进行实时监控,为研究提供了很多素材。三是研究成果更趋精细化。随着社会和政府对智库的要求越来越高,智库不仅要提供研究的结论,还要提供具体详细的分析和操作性强的政策建议。

与这些新特点相适应,研究院在发展战略上也出现了一些新的变化。第一,注重资金来源的多元化。约翰·霍普金斯大学国际问题研究院虽然每年都有固定的学校拨款,但远不能满足其项目增长的需求。为此,研究院开始从多个层面多种渠道吸收资金,有的还设立了自己的研究基金。如跨大西洋关系研究中心就与奥地利马歇尔计划基金会、罗伯特·博世基金会、卡鲁斯特·古尔本肯基金会签订了长期资助合约。每年，这些基金会都会给研究中心提供资金捐助，并以基金会冠名的方式资助中心的访问学者，充实中心的研究力量。第二，注重与政府部门的公共关系。政府决策部门是智库资金的来源之一，也是研究成果的最终使用者。约翰·霍普金斯大学国际问题研究院近年来在这方面做了大量工作，包括聘任前政府官员到研究院任职、设立资助项目邀请政府官员任访问学者、游说国会议员、召开各种圆桌会议等等。第三，注重智库营销。在智库层出不穷的 21 世纪，一家智库不进行营销是不利于智库的影响力发挥的。近年来，研究院及其下属各研究中心开始在智库营销上不遗余力，利用各种热点事件提高自己的曝光率。美韩研究所在这方面做得比较成功，每当公布有关朝鲜问题的相关卫星照片时，总能吸引到公众的关注，极大地影响了公众舆论。

（十）国家经济研究局

1.发展概况

美国国家经济研究局是美国很著名的经济研究机构，也是经济领域的重要智库。国家经济研究局现有研究人员 1000 多名，遍布北美各大院校，其中还包括不少诺贝尔经济学奖得主。国家经济研究局成立于 1920 年，最初由 6 位经济学家发起创立。首任主席为哈佛商学院第一任院长艾德温·盖。国家经济研究局的第一任研究主任是威斯利·米切尔，他的任期长达 25 年，为国家经济研究局早期的发展奠定了基础。威斯利·米切尔十分重视定量研究，对经济问题有着深刻的理解。国家经济研究局成立后首先开展的研究是关于国民收入的研究。研究项目历时两年，由威斯利·米切尔主持，从概念的分析论证和大量统计数据的处理到采用两种方法计算国民收入并相互印证，研究成果为国家经济研究局赢得了广泛声誉。此后 30 年，国民收入研究一直都是国家经济研究局的研究重点，研究局还帮助美国政府建立了 GNP 的核算部门。此外，国家经济研究局早期还在威斯利·米切尔的支持下，开展了关于经济周期的研究，后来该研究也发展为研究局的一项特色研究，研究局关于经济周期的测定成为政府和公众判断经济周期的重要参考。随着国家经济研究局的声名鹊起，研究局拥有的资源不断增多，研究项目也扩展到金融市场和金融制度、私人养老金和养老保险、卫生经济学、技术变化等，但这些研究多少都与国家收入的增长、稳定、分配相关。

在国家经济研究局刚刚建立时，专业的研究人员并不太多。到1929年时，国家经济研究局也只有12人左右的高级研究员，之后的经济大萧条也制约了研究局的发展步伐。1938年之后开始逐步走向正轨。到1984年时，研究局的研究人员已经超过了100人，年度支出也达到了600万美元，分为10多个研究项目。发展到今天，国家经济研究局已经拥有研究人员1000多人，年度预算达到近3000万美元。[1]

国家经济研究局的决策机构是董事会，董事会主要由大学任命的董事、大学外机构任命的董事以及一般董事、名誉董事构成。大学任命的董事主要是来自哈佛大学、普林斯顿大学等美国知名大学，其他机构任命的董事主要来自美国经济协会、美国注册会计师学院、美国商业经济协会、美国金融协会、美国统计协会等经济机构，还有的董事是来自工商界的经济学家。董事会下设多个行政部门，包括会计财务、会议、办公室管理、人力资源、公共信息、出版物、信息研究体系等部门，共有45名行政人员，目前研究局的总部在马萨诸塞州的剑桥市，同时在加利福尼亚州的帕罗奥托市和纽约州纽约市都设有分部。

国家经济研究局自成立时就给自己设立了一个目标并声称一直在坚持这个目标，也即是以最广泛、最自由的方式鼓励调查、研究和发现，将知识运用于人类的福祉提高，特别是要在经济、社会等领域开展精确公正的调查研究并与政府、大学、学术团体进行合作。[2] 早期国家经济研究局的研究主要集中于宏观经济，对商业周期和长期经济增长都有深入的研究，典型的代表有西蒙·库兹涅茨关于国民收入核算的研究、威斯利·米切尔关于商业周期的研究、米儿顿·弗里德曼关于货币需求和消费支出决定因素的研究等。其中尤以研究局对经济周期的判定最为有名。研究局下属的商业周期测定委员会以持续一段时期的经济显著下降作为衡量标准，而不是传统意义上的国内生产总值连续两季度的萎缩来衡量衰退。它们更关注的是经济在月度间发生的变化，国内生产和就业指标都是衡量经济活动的重要指标。目前国

---

[1] 李轶海主编：《国际著名智库研究》，上海社会科学出版社2010年版，第96页。

[2] Solomon Fabricant, Toward A firmer Basis of Economic Policy: The Founding of The National Bureau of Economic Research, NBER, 1984, p.7.

家经济研究局主要开展四个方面的实证研究，包括开发统计测量工具、设计经济行为的数量模型、评估公共政策对经济的影响以及预测其他政策建议的效果。

2. 研究重点

国家经济研究局是通过研究项目来开展研究活动的。目前，国家经济研究局共有 19 个研究项目，主要包括老龄化、资产价格、公司金融、美国经济、儿童健康和经济学、教育经济、经济波动和经济增长、医疗保健政策、卫生经济学、环境和能源经济、工业组织研究、国际金融和宏观经济研究、国际贸易和投资研究、法律经济学、劳动力研究、货币经济学、生产力、公共经济学等。这些研究项目基本上是根据传统的经济学研究来分类的，目前国家经济研究局所开展的一些研究项目大多都是从这里来的。研究局的研究人员可以参加一个或几个研究项目，根据具体的研究选题来确定研究小组，各小组每年开一次会议，目前的研究小组主要有行为经济学、中国经济、国家安全经济学、创新政策和经济、城市经济学等约 15 个。研究所确定研究选题和团队之后，就向政府资助机构申请研究经费。整个研究项目的开展，包括选题、团队的组织、经费的申请、助手的聘请都由负责该课题的研究人员来决定。研究局从研究经费中抽取部分作为管理费，用于提供行政支持，包括财务会计、会务组织等。

对于这些研究项目，国家经济研究局有着严格的质量控制。从成立之日起，国家经济研究局就从质量角度给研究工作提出了五大准则：一是研究要基于事实；二是研究过程只要有可能就要采取定量研究；三是要坚持科学的原则；四是研究成果要保证公开、公正；五是避免提出政策建议。[1] 除了这些准则，所有的研究在开展之前，其选题、研究人员、经费都要经过董事会的事前批准。研究完成后，董事会还会对研究的方法和结果、表述形式等进行评估。研究报告的出版也要经过董事会的批准。由于研究局的研究报告数量不断增长，董事会又成立了专门的委员会来审核相关专业的报告，如专门委员会有异议，再提交董事会审核。为了保证研究的

---

[1] Solomon Fabricant, Toward A firmer Basis of Economic Policy: The Founding of The National Bureau of Economic Research, NBER, 1984, p.2.

质量，研究局十分注重保持研究的独立性，也通常会对外部机构要求开展命题研究进行拒绝。在 1921 年，研究局曾接受委托进行关于就业周期性变化的研究，这一研究是由美国主管商业的国务卿委托的。基于这一主题与经济研究局计划的工作相一致，研究局最后同意开展这一研究，但明确提出，研究局只是尽量弄清事实，但不作结论。并且，研究报告在发出之前要经由研究局董事会批准，研究局可以自由地出版其研究成果。即便如此，研究局对接受外部委托项目还是持一种保留态度，并对由此带来的"按时完成工作"深表质疑。米切尔曾经发表过类似看法，即一个研究人员试图找出一些不为人所知的东西时，预先设定这一研究需要多少时间是不可能的。

3. 人员和经费

国家经济研究局在美国经济研究界的声望与其强大的研究团队是分不开的。在美国 31 位诺贝尔经济学奖获得者中，有 16 位曾是国家经济研究局的研究人员。美国总统经济顾问委员会的前任主席也有 6 位曾在研究局工作过。目前，研究局共有 1000 余名研究人员，主要分为研究员、教职研究员、研究经济学家三类。研究员都是在大学取得了终身教职的资深学者；教职研究员则不一定取得终身教职；研究经济学家主要是来自大学外的机构。在 1132 名研究人员中，有 802 位研究员、318 位教职研究员、12 位研究经济学家，分属于 19 个研究项目。选择高质量研究人员是国家经济研究局控制研究质量的重要方法。在选择新研究人员时，研究局有一套严格程序。每年的现有研究人员会提名新研究人员作候选，研究项目主任和资深的研究人员共同来评估这些候选人，审阅他们过去发表的论文及研究报告，从中择优选择研究人员加入经济研究局。如在 2010 年被提名的有 150 名研究人员，但最后只有约 45 名入选。

研究局有时还会根据研究需求来招聘研究助理。如果研究人员在开展研究时确实需要助理，就可以请国家经济研究局代为招聘，工资则从课题研究经费中支出。对于助理的招聘，学历上并没有太高的要求，是否具备实际工作能力是更重要的招聘标准。国家经济研究局的研究人员大部分都不领取报酬或薪水，他们的研究动力来自其他地方。研究人员在国家经济研究局从事研究对他们自身的教学工作是有益处的，特别是研究生的教学。成为国家经济研究局的挂靠研究人员本身就是一种荣誉。因为国家经济研究局的挂靠研究员都是在学术界声名卓著的专家学者，不乏诺贝尔经济学奖得主、总统经济顾问委员会主席这样的领军人物。国家经济研究局的工作论文也被认为是质量高的论文，所以研究局的研究人员可以通过该系统发表工作论文展开自身的研究成果，这通常也被看作是研究局研究人员的一种回报。另外，研究局对研究人员给予充分的自由。研究人员有足够的时间和自由来进行自己的研究，研究局也相信研究人员会尽责地去完成自己的研究，并且在研究中互相协助。正是在整个研究团队的共同努力下，国家经济研究局的研究工作也达到了其预设的目标。

国家经济研究局的经费主要有三个来源：一是从研究经费中提取出来的一定比例的管理费。研究局研究人员在确定研究议题后，向联邦政府主要是国家科学基金会申请研究经费，通常经费的 50% 会被提取用作管理费，用于课题管理所需开支。二是国家经济研究局在金融市场上的投资收益。三是国家经济研究局接受的来自私人基金会和私人企业的捐助。在上述三个方面的经费中，课题管理费占比最大，占到 78%，投资收益占到 20% 左右，各方面的捐助占 2%。由于国家经济研究局更多进行的是基础研究，所以在成立初期管理层曾经很为资金头疼。早期的资金主要来自各类基金会的捐助。随着国家经济研究局的不断发展，资金来源日益多元化，现在的年预算已增至 3000 万美元。

4. 影响力

国家经济研究局的研究成果在专业学术领域和决策机构都得到了高度的认可，对决策结构、社会公众以及大众媒体都产生了广泛的影响。由于一般不提政策建议，国家经济研究局主要通过推出出版物、建立数据库、对外合作等渠道来传播其研究成果。研究局的出版物包括专著、工作论文、文摘、通讯等，其中工作论文的影响最为深远，在学术界、政界、新闻界都得到广泛传播和认可。国家经济研究局的工作论文库十分庞大，且每周都有新论文充实进来并可以免费下载论文摘要。很多工作论文最后都会发表，很多世界顶尖经济期刊如《美国经济评论》《经济学季刊》《政治经济学杂志》《经济研究评论》都有不少论文来自国家经济研究局的工作论文。

国家经济研究局还建有包含大量内容的数据库,主要是关于美国经济运行的历史数据,包括宏观数据、产业数据、个体数据、医疗数据、国际贸易数据、人口与生命统计数据、专利与科学论文数据等。经济研究局最著名的数据库是关于经济周期预测方面的,对每一次经济周期的开始、结束、持续时间都有测定,是众多经济研究、商业机构和决策机构经常参考的重要数据库。对外合作也是国家经济研究局发挥影响力的一个重要渠道。经济研究局的对外合作包括与大学、其他智库及研究机构的合作,通过举办各类会议以及开展联合研究共同探讨经济理论等各类议题。至于政府和媒体,研究局也注意保持良好的工作关系。政府方面,经济研究局主要是与科研资助机构保持密切联系。媒体方面,经济研究局也有专门的人去与媒体沟通。根据美国著名智库专家麦甘的研究,国家经济研究局在美国国内智库中排名第14位,在国内经济政策研究类智库中更是名列第2位,在国际经济政策、社会政策研究类智库中名列第4位。[1] 与其他智库相比,国家经济研究局的最大不同在于不作任何政策建议和经济领域研究的广而精。总体上看,国家经济研究局更注重基础研究,更强调研究的客观性和独立性,视质量为生命,这也是它多年来不断发展并在美国经济研究界中占有重要地位的原因所在。

(十一)城市研究所

1. 发展概况

城市研究所是美国一家研究城市及社会政策问题的研究机构,成立于 1968 年。研究所成立的最初动机是为了评估约翰逊政府有关城市事务的各项政策举措的利弊得失,故而从研究开始就使用电脑跟踪政府社会项目和税法改革的结果,调查这些政策对美国家庭带来的影响。到了 20 世纪 70 年代,城市研究所开发出系列管理技能来帮助政府宣传政策的好处。20 世纪 80 年代,城市研究所又致力于为里根政府的城市政策作一个详细的编年史研究。其他的研究还包括城市无家可归者研究、无保险和保险不足问题研究等。20 世纪 90 年代以后,城市研究所的研究范围比之前

---

[1] James G. McGann, The Think Tanks and Civil Societies Program 2008, University of Pennsylvania Philadelphia, January 19,2009,p.29—42.

有所扩展，建立了国际活动中心及司法数据资源中心。1992 年洛杉矶的骚乱又使城市研究所关注合法和非法的外国移民问题。1997 年，城市研究所发布了《城市社会经济指标一览表》，这被用来作为政府工作的测评标准。2000 年，研究所又发起了一项新的研究项目，对新联邦主义开展研究，这是应权力下放的形势而开展的，它评估政府的各项工作并将结果公布于众。

城市研究所的董事会有 15 名董事，由研究所的高层管理人员和所外专家组成。城市研究所还有 26 名终身董事，包括城市研究所的高级研究人员唐斯、戈勒姆、舒尔茨等。研究所的行政管理主要由 1 名所长和 3 名各有分工的副所长负责。3 名副所长分别负责财务、外联、研究等领域，此外还有行政管理主任、财务规划和分析主任、财务主管助理等若干行政管理人员。城市研究所的规模并不算大，但在全美综合智库的排名中也达到了第 20 位，在社会政策等专业领域更是位居前列。经过几十年的发展，城市研究所在建立微观模拟模型、成本利润核算等方面拓展了学术界进行社会研究的研究工具。

2. 人才、经费与研究项目

城市研究所的现任所长是罗伯特·赖肖尔，曾经担任过美国国会预算办公室主任。城市研究所的研究人员以经济学家、社会学家和公共政策管理专家为主，还有部分学者是数学家、统计学家、电脑专家等，有的还有艺术和文学背景。研究所现在拥有近 400 名工作人员，其中 63% 的工作人员是女性，研究中心的主任也有 30% 是女性担任。此外，工作人员中约有 1/4 为少数民族，可见城市研究所十分注重人员背景的多元化。研究所也十分重视访问学者，尽管数量并不多，2009 年城市研究所只有 4 名访问学者，但这些学者都是各自领域的资深专家。城市研究所要求访问学者的访问时间至少为一个学期，并有一半的时间要住在研究所进行研究，且每个学期至少要作一次学术报告。根据每个访问学者的资历和贡献，城市研究所会给予他们一定的补贴。

对于研究所的专家学者，城市研究所也有自己的一套人才管理机制，鼓励研究人员不断创新。首先就是评选年度十佳论文，标准主要是契合时政、关注社会以及选题新颖。如 2009 年度获得十佳论文的就有《减少肥胖：烟草战争的政策战略》《移民儿童：国家和州的个性分析》《贫穷的转换：沦为贫困和脱贫》等。其次是公布每年进入政府及社区、学会等组织的学者名单。再次，每年颁发一次研究所所长奖，不同的专业有不同的所长奖。最后，按月统计整理并公布引用数据，既激励研究人员，也宣传研究所。

城市研究所的经费超过一半来自美国政府的研究合同，这一项占到了62%。其他经费主要来源于一些基金会、私营机构以及个人的捐助，其中较大的基金会主要有大西洋基金会、福特基金会、洛克菲勒基金会等。以2009年为例，城市研究所共接受各类捐助257笔，其中私人捐助194笔，公共捐助63笔，[1] 其中既有夏威夷、肯塔基、纽约等州政府，也有国务院、教育部、国土安全部、住房与城市发展部等内阁部门，此外还有瑞士联邦政府、世界银行等外国政府和国际机构。

在高质量人才和充足经费的支持下，城市研究所对美国的各类社会问题展开了深入的研究，广泛关注劳工政策、教育、住房等问题。城市研究所研究的开展主要是通过一系列研究中心来组织实施的。现在城市研究所主要有教育政策中心、医疗政策中心、收入与福利政策中心、国际发展和治理中心、刑事司法政策中心、都市住房与社区中心等10个中心。教育政策中心主要是研究教育、儿童、青春期少年三方面，目前主要研究的是教育改革问题。医疗政策中心主要是研究医疗的覆盖范围、残疾人及其长期看护、弱势群体的医疗服务以及儿童医疗保险制度等等。收入与福利政策中心主要是研究现行制度如何满足各类弱势群体的经济需要。国际发展和治理中心主要是研究发展中国家和转型国家的政治经济发展，为这些国家提供技术支持。该中心在这一领域的研究位居世界前列。刑事司法政策中心主要是研究政策和犯罪防治、青年人犯罪和司法干预等等。都市住房与社区中心主要是研究受金融危机影响较大地区及其房地产市场的复苏。非营利与慈善事业中心主要是研究非营利组织和慈善事业的影响和作用。城市—布鲁金斯税收政策中心是城市研究所和布鲁金斯学会共同组建的研究中心，主要研究美国的税收政策和社会政策，为政府决策者提供政策建议。各研究中心在独立开展研究之外，也会进行合作，进行跨

---

[1] 李轶海主编：《国际著名智库研究》，上海社会科学出版社2010年版，第110页。

学科研究。

3. 影响力

城市研究所不仅在美国国内有很大的影响，在国际领域也有着相当的影响力，这和城市研究所的专家在多个国家开展研究工作密切相关。以国际发展和治理中心为例，在华盛顿特区之外，研究中心在格鲁吉亚、吉尔吉斯斯坦、塞尔维亚、塔吉克斯坦都设有自己的办公室，目前研究中心的业务范围已扩展到了亚洲、非洲、欧洲、拉丁美洲的 64 个国家，先后承担了 50 多个研究项目。

为了扩大智库研究成果对政府决策的影响范围，城市研究所采用多种途径来传播其思想主张。一是定期出版书籍、简报、通讯等各类出版物，让公众免费阅读或下载。城市研究所的出版物众多，仅仅简报就有 19 种之多，包括月刊、周刊、季刊等不同时间间隔的简报。研究所出版的比较知名的书籍有 2007 年出版的《次贷危机：美国最近的繁荣和破灭》《民主社会中的思想库：另一种声音》《城市资本管理》系列丛书。这些书中的不少建议都被政府部门采纳，影响到了政府部门的决策。二是利用网站来宣传其研究成果。城市研究所的网站做得相当出色，很容易通过网站找到研究项目和相关专家。三是鼓励智库的专家接受媒体的采访，增加智库及其专家的曝光率。四是鼓励并直接推动有关专家进入政府部门工作，加强与政府机构之间的联系。此外，城市研究所还鼓励民众通过一些大型门户网站了解研究所的研究报告，这些都是研究所扩大自身影响力而采取的积极举措。

作为一家主要从事城市以及社会政策研究的私营非营利性研究机构，城市研究所具备了规范智库所具有的一般特点。在城市研究所对外传播其思想主张时，它也特别注重对自身独立性和无党派性的宣传。自 1968 年成立以来，城市研究所吸收了一大批世界级的城市问题和社会问题的研究专家，同时围绕美国以及世界关注的热点问题，开展了大量相关研究，取得了大量卓有成效的研究成果，也由此奠定了自己在全球智库中的权威和声望。而城市研究所之所以能取得这样的成就，与其不断创新的研究方法以及坚持研究的独立性和专业性是分不开的。

（十二）东西方中心

1.发展概况

东西方中心是美国从事教育和研究的机构，成立于1960年，其宗旨是通过对美国及亚太地区共同关注的问题开展合作研究与对话，增加美国与亚太各国之间的联系与了解，促进亚太地区的和平和繁荣。1959年4月，参议员多数党领袖林登·约翰逊首次在一次公开谈话中倡议在夏威夷设立一所国际中心，作为东西方知识分子交流的平台。之所以选择将中心建在夏威夷，是因为美国国会和国务院都认为夏威夷对于这样的机构具有地理上的优势。该年6月9日，林登·约翰逊正式向参议院提交了草案，即要求在夏威夷设立东西方文化和技术交流中心。1960年4月，夏威夷州参议员奥伦·朗提交了关于设立东西方中心的提案，该提案经总统艾森豪威尔签署后正式成为法律。同年9月，美国国会拨款1000万美元支持中心的建立。

除了位于夏威夷州檀香山市的总部，东西方中心在华盛顿特区还有一处办公场所。中心的现任总裁是毕业于约翰·霍普金斯大学国际关系学院的查尔斯·莫里森博士，他曾经主持过美国亚太经合组织研究中心财团的工作，也是美国亚太经济合作委员会的成员。华盛顿分中心的负责人是毕业于英国牛津大学国际关系专业的沙图·李马耶博士，他曾任美国亚太安全研究中心研究出版系主任，也曾在美国防务分析研究所担任过研究员。东西方中心的管理职责是由一个18人的理事会来承担的。理事会现任主席沙楠尼孔长期在亚太地区从事发展与管理项目咨询工作，自身还是政策咨询公司帕克玛公司的总裁。理事会副主席罗兰·拉加莱塔曾在摩根士丹利担任高层管理人员。其中的理事也多是一些在任或前任政府高官、企业界领袖、大学负责人等。其中由美国国务卿任命的有5人,具体包括一名弗吉尼亚州参议员、一名夏威夷州前任众议员、一名内华达州企业家、一名美国金融和发展问题专家以及犹他大学校长。此外，夏威夷州州长还任命了本地的4名企业家担任理事。

在理事会之外，东西方中心还设有行政办公室，负责东西方中心的行政管理、财务管理等各项行政工作。美国亚洲太平洋理事会、对外事务办公室、东西方中心基金会、校友联合会学术基金也是东西方中心下设的一些重要机构。美国亚洲太平洋理事会的职责是利用中心内部及美国其他机构的专家资源推动美国与亚太各国的关系。理事会成员均是对美国和亚太国家关系发展做出贡献的美国公民,该理事会通过与多边组织发展关系、举办研讨会等多种途径成为沟通美国与亚太国家的桥梁。中心的对外事务办公室主要是承担对外信息的发布、举办简报会、主持校友事务部、与媒体沟通等工作,还负责一个"东西方中心之友"的社区志愿者组织的工作。东西方中心基金会主要是帮助中心争取外部资助,有些项目如学生奖学金、举办研讨会都不包括在国会拨款赞助中,主要就依靠该基金会争取到的私人赞助来加以解决。总的来看,东西方中心的研究议题主要围绕亚洲太平洋地区而展开,但华盛顿分部的研究更集中围绕亚洲地区的冲突这一主题而展开,包括管理美国亚太理事会,发行出版物,围绕亚太地区重大热点问题与亚太国家同仁开展联合研究,举办关于美亚关系的各种论坛进行研讨交流,通过访问学者项目为亚太问题研究人员提供研究条件。

2. 团队、经费与研究项目

当前,东西方中心夏威夷总部直接从事科研的研究人员有 30 人左右,其中高级研究员有 16 人。华盛顿分部全职的研究人员有 10 人左右,集中于从事亚太地区国际政治经济关系研究。东西方中心的研究人员有不少都是毕业于哈佛、牛津这样的世界名校,且在各自的研究领域都是权威,不乏对政策制定有影响的人物。如戴特·恩斯特既是一个国际知名的经济学家,也曾在联合国工业开发署、世界银行、经济合作与发展组织中担当过顾问。张中祥作为一名知名经济学家和气候能源问题专家,也曾为美国、加拿大、澳大利亚、中国、巴基斯坦、印度、墨西哥、阿根廷、德国、荷兰等国家担任过顾问,也在联合国开发计划署、联合国教科文组织、世界银行、亚洲发展银行等国际组织中担任过顾问。沙比尔·基玛作为一名政府治理专家,曾经担任过联合国经济与社会事务部首席顾问和项目主任、开发计划署治理部部长,参与了许多国家民主化进程中的议会制度的设计以及官员的培训等多项活动。

东西方中心的研究经费至少有一半来自美国政府的拨款,其他的经费来源主要是私营机构、基金会以及一些公司、个人的捐助,也有一部分来自亚太国家的政府。2009 年在国际金融危机的背景下,奥巴马政府还将给中心的年度拨款从 2100 万美元削减到 1200 万美元。[1]

作为一家主要由美国政府资助的研究机构，东西方中心的研究项目自然在很大程度上反映了政府部门的关切，这也使得中心的研究项目具有很强的针对性和应用性，中心的研究成果也不同程度成为政府进行相关决策的依据，如夏威夷总部的研究培训项目、其他的一些教育项目、研讨会项目等等。

夏威夷总部的研究培训项目主要是针对当代亚太地区的一些重要问题进行多学科研究，研究的领域包括经济、环境变化、治理与安全、人口与健康等。如2009 年由沙比尔·基玛主持的亚洲太平洋治理和民主行动项目。该项目组在泰国曼谷召开了"亚太地区跨界治理利益相关者会议"，探讨促进该地区发展所涉及的跨境问题。专家提交的论文涉及移民和难民管理、水资源管理、新出现的疾病监测等方面。项目组还与中国比较政治与经济研究中心合作，在北京举办了相关论坛，讨论中国为可持续发展进行的治理创新问题。东西方中心教育项目旨在推动美国和亚太地区进入一个相互依赖的新时代。该项目下的亚洲太平洋领导计划通过将对区域重要问题的多学科分析与领导能力培训相结合的方式，让学员掌握更丰富的亚太地区社会事务知识，学会在多样化的环境下施展自身的领导力，推动区域合作。东西方中心研讨会项目主要是由新闻工作者交流项目和领导者开发项目组成，目的是为来自美国及亚太地区的政策制定者和专业人士提供短期的教育培训。东西方中心太平洋群岛发展项目旨在通过开展丰富的活动以提高太平洋岛屿的生活质量。起初，这一项目只是组织一些太平洋岛国领导人、外国捐助者以及非政府组织参与的论坛，讨论与发展相关的重要问题。如今，它已经发展成为一个地区性的对话协调机制。

3. 中心的影响力

东西方中心与决策机构的密切关系决定了东西方中心的社会影响首先就表现在对政府决策部门的影响。比如华盛顿分部美亚理事会高级项目协调人的工作就是对美国国会有关跨太平洋的议题进行点评，并围绕此地区突出问题为国会设计培训项目，推动美国的政策专家参加亚洲地区论坛，为亚太经合理事会的研究计划提供

---

[1] 李轶海主编：《国际著名智库研究》，上海社会科学出版社 2010 年版，第 120 页。

支持。东西方中心的影响力还体现在它所拥有的广阔的精英社会网络上，这一网络对美国和国际的公共舆论及决策方向有很大的影响。中心的管理层和专家中不少人都拥有在美国政府、联合国以及其他国际组织任职的经历，这一经历有助于中心通过这种人脉关系对相关机构的活动进行影响，也利于东西方中心更便捷地掌握最高决策者的关注焦点。此外，中心还通过举办高层研讨会在精英群体中传播中心的理念并通过他们对各国相关政策施加影响。根据中心的相关材料，自成立以来，东西方中心已经通过这些活动构建了一个超过55000名校友和600多个伙伴组织的世界网络。

发行权威的出版物也是东西方中心推广自身影响力的重要渠道。针对亚太地区的特定问题，东西方中心先后出版了《亚太经合组织的一项贸易议程——亚太自由贸易区的政治经济》《从美国的角度看日本、东盟和东亚地区》《重新加强太平洋伙伴关系》《什么是恐怖主义？谁是恐怖分子？为什么是恐怖主义？》等研究报告。每年出版的《亚太安全展望》都对亚太地区的安全形势进行评估，为美国政府制定亚太安全政策提供了重要参考。美国前副国务卿朱迪斯·马凯勒在东西方中心50周年庆典上特别强调，东西方中心对于美国国务院是一个不可或缺的伙伴。自成立以来，东西方中心就为美国政府的亚太政策制定出谋划策，并围绕亚太重要问题开展专门研究、举办各类论坛和活动，在帮助美国政府更深地了解亚太环境的同时，也扩大了美国对这一地区的影响。当然，中心的不少研究也注重解决一些亚太地区与民生相关的实际问题，为这些国家面临的各种问题提出不少专业见解和政策建议，在客观上也促进了亚太地区的社会发展。

三、美国智库的运作机制与总体特征

（一）运作机制

美国智库在世界智库中处于领先地位与其良好的运作机制是分不开的，具体我们可从经费来源、管理体制、人才机制、影响力发挥的途径几方面加以分析。

任何一家智库要想生存并不断发展下去，都必须有充足的资金作支持。从上述各具体智库的运作中可以看到，美国不少智库都有多方面的筹资渠道，资金相对充裕。美国智库的资金来源相对来说集中在两个渠道：政府拨款和社会捐助。政府拨款的智库中，一种是由国会直接资助建立的智库，比如美国和平研究所、东西方中心、威尔逊国际学者中心等。还有一种是签订委托合同，在合同中明确研究方向，由政府提供研究所需的经费。如兰德公司就是这一类型的智库，其最大的客户就是美国政府和军方。自成立之日起，兰德公司就积极发展与政府和军方的关系，几乎美国各级政府机构都与兰德公司有业务联系。也有媒体之前报道称，兰德公司90%以上的经费都来自美国政府和军方。社会捐助是美国智库经费来源的另一个重要渠道。相对政府拨款，社会捐助的来源更广泛，有基金会捐赠、企业捐赠、个人捐助等，而且美国智库根据相关条例免交所得税、财产税，这又为各智库获得捐助带来了相当的便利。声誉和影响力也决定了智库能获得社会捐助的多少，越是知名的智库，在社会捐助方面获得的资金就越多。传统基金会和布鲁金斯学会就是以社会捐助作为主要经费来源的智库，而且这些捐助者并不能干预智库的具体研究。

在数量众多的美国智库中，尽管规模和宗旨都不尽相同，但在管理体制方面还是有不少共同点。美国智库的决策机构基本上都是理事会，他们的共同职责是围绕智库的重大事务进行决策，比如重要的人事问题、研究方向的确定及财务的预算结算等。有的时候为了保持研究项目的运转，理事会还会组织专门的学术委员会进行项目跟进。除了理事会负责决策事务，通常每一个智库都设有专门的行政管理机构。以兰德公司来说，就设有负责统筹各项事务的总经理办公室、负责各研究项目管理的各研究所、负责各项研究工作具体落实的研究项目组。[1]从具体的运作方面来看，高素质的研究人员是智库得以高效运作的关键。正是意识到高素质研究人员的重要性，美国智库对研究人员不仅给予高级别的待遇和福利，也给予他们极大的研究自由。从待遇来看，各个智库都将课题经费更多地用于研究人员身上。像兰德公司这样的智库，研究人员的工资有时甚至是同等资历大学教授的3倍。[2]另外，在开展具体研究时，美国智库赋予研究人员极大的自主权。在项目的具体商讨落实

[1] 诸鸣：《美欧智库比较研究》，中国社会科学出版社2013年版。

[2] 王志：《美国思想库及运作机制》，《中国社会导刊》2007年第2期。

上，一般都是由研究人员与客户商谈形成《项目说明书》。研究的具体过程和研究结论，智库更不会加以干涉。在美国智库人才管理机制方面，有一个特殊的"旋转门"机制，把智库和政府之间有效地连接在一起。所谓"旋转门"，意即政府官员与智库专家是互相流动的，智库专家可以到政府部门去任职，政府官员离任后也可以到智库从事研究。布鲁金斯学会就是这方面的一个典型例子。在布鲁金斯学会的研究人员中，有超过半数的人曾在政府任职，加入过奥巴马政府的就有40多人。正是因为学会与政府在人员方面的密切联系，每逢美国政府有重大决策时都能看到布鲁金斯学会的影子，其研究成果可以直达白宫，发挥巨大的影响力。[1] "旋转门"机制让智库与国会、政府建立密切联系，对于美国智库的发展繁荣具有重要意义。

美国智库的影响力是通过多种渠道共同形成的。当今世界，智库在各个国家的政策制定过程中发挥着越来越重要的作用。从影响力的角度来看，美国的智库在世界上无疑是最具有影响力的。发行各种类型的出版物是智库传播自身观点的基本路径。加强与政府的联系、参与国会听证会则是大多智库直接影响政府决策的重要手段。此外，美国智库还会通过举办各种学术会议和高层论坛，通过在公共媒体发声以增强自身的曝光率以及开展对外合作交流等多种举措来实现其影响公共政策的目标。

（二）总体特征

重视研究的独立性和非营利性是美国智库的重要特征。美国智库非常重视智库研究的独立性和研究结论的客观性，这种独立性是针对美国政府和各个利益集团而言的，虽然美国很多智库都接受政府或者某些利益集团的资助，但美国智库在研究过程中特别注意不让自己的研究因这些捐助而削弱自身的独立性。当然这种独立性在某种程度上也是相对的，各智库在研究的具体过程中多多少少还是会受到不同意识形态的影响。美国智库虽然在组织架构和运营上和企业有些类似，但美国智库不是以营利为目的的企业。作为非营利机构，美国智库的研究成果不会直接转化为现实财富，相反还根据《所得税法》享有免税政策，这同时也要求美国智库不能支

---

[1] 王莉丽：《旋转门：美国思想库研究》，国家行政学院出版社2010年版。

持任何派别，必须保持中立，这是美国智库在课题研究中保持研究结果客观性的关键。

美国的智库特别重视政策研究，注重研究的现实性和针对性，强调学以致用。虽然也有不少智库注重基础研究，但绝大多数智库的主要研究方向还是关系到美国政府决策的国内外政策研究。美国智库不仅仅服务于白宫，美国的一些州政府等地方政府机构也是美国智库的服务对象。国际视野对于各智库决策建议的形成也是极其重要的。美国智库十分重视并经常开展对外交流，主要包括国内不同研究机构之间的交流、美国智库与本国政界商界军界等各领域的交流、美国智库同国外专家学者的交流。这些对外交流使得美国智库在课题研究时能够分析得更科学更全面，研究结论也更有说服力。在美国各智库的研究中，先进的研究手段也是一个重要支撑。美国智库非常善于应用和创造新的研究手段，如系统分析法和预测技术等，也会利用电子计算机系统为智库的调研和情报收集提供便利，提高美国智库在调查研究上的准确性。

美国智库的发展变化根植于美国的政治经济环境，从这个意义上说，美国智库是美国特定政治制度下的产物，有其特殊性。尽管如此，作为世界上智库发展最成熟的国家，美国的智库发展模式还是有很多方面值得其他国家在智库发展进程中去学习。比如美国智库强调这个组织应当是坚持中立客观的原则，只有这样研究成果才有可信性和说服力。美国智库虽然也接受政府合同，但更注重从不同的社会力量吸收捐助，以免受到单独资金来源的限制进而影响其研究的独立性。另一方面，尽管美国智库都极为重视自身的独立性，但智库存在的目标是为了影响政府决策，只有不断与政府保持密切接触，才有助于智库更好实现沟通知识与权力桥梁的角色。同时，美国智库也强调科学的管理机制，尤其是像布鲁金斯学会这样从事综合性研究的大型智库，更是注重通过科学管理和合理配置最大化发挥人力和物力资源的作用。深入地分析美国智库的运作机制和智库特征有助于我们更好地建设中国特色新型智库。

第二节 加拿大智库

一、加拿大智库的发展现状

加拿大是一个移民国家，多数居民是欧洲移民的后代，尤以英国和法国为最。加拿大在历史上曾长期作为英国的殖民地而存在，直到 1982 年正式独立前，加拿大都在英国当局的管辖之下，可以想见英国文化对加拿大的影响之大。20 世纪 20 年代以后，由于地缘关系的影响，加拿大与美国的联系越来越密切，它的国家建设和社会体制又受到了美国的影响。因此，加拿大的历史发展决定了其智库与英美智库有不少的相似之处，但由于政治体制以及具体国情的差异，加拿大的智库又有不少自身独具的特色。在美国，由于行政首脑有一定的自由裁量权和人事任免权，智库的意见对政府决策有着很大的影响。加拿大则与美国有着很大不同，因其议会制政体使政党在政策的制定中可以发挥着更强大的作用，这反过来在某种程度上限制了智库的活动空间，智库对政策制定的影响也不如美国智库那么大。在加拿大，很多智库最初都是由政府建立的，智库往往将自己看作政府的拥护者和合作者，紧跟政府部门的决策，虽然加拿大也很重视自身研究的科学性，但相比美国智库活力不足。

加拿大位于北美洲最北端，属于经济发达国家，社会福利完备，人民生活品质和教育水平都位居世界前列，对于智库的作用也极为重视，因此也投入相当多的人力和物力来建设智库。根据 2017 年的全球智库报告，加拿大的智库数量截至 2016 年已达到 100 家，位居全球第十，而加拿大总共仅有 3000 余万人，比例不可谓不高。[1] 如前所述，加拿大的智库与政府的关系密切，因此智库的研究成果也被政府重视并愿意采纳。另一方面，美国与加拿大天然的地缘相近导致加拿大在智库建设上很注意吸收美国智库的一些特点。一般来说，加拿大智库的发展可概括为四

---

[1] McGann，J.G.,2017 Global Go To Think Tank Index Report, Philadelphia: The Lauder Institute, The University of Pennsylvania,2018,p.31.

个阶段。从 1940 年到 1944 年是加拿大智库萌芽的阶段，但这个阶段并没有产生什么有影响的智库。第二阶段从 1945 年到 1970 年，智库数量相比之前有了不小的增长，加拿大政府对智库的兴趣也日趋增加，智库研究的主题以国际关系和世界问题研究为主。1971 年到 1989 年为第三阶段，这一时期的智库开始关注国内问题，强调政治观点和倾向是这一时期智库的特点。1990 年至今为第四阶段，智库的专业化程度不断加深，各个智库相对都有自己固定的研究领域和研究重点。

加拿大智库最典型的类型是政府智库和大学智库，此外还有民间智库、政策俱乐部等其他类型，但后者的规模和影响力都相对较小。政府智库是加拿大最典型的一种智库。与美国由高度分散的政治制度和政党制度带来智库参与政治决策的广阔空间不同，加拿大完全由私人发起的智库相对较少。[1] 相反，由于加拿大政治体制和政党体制的限制，加拿大智库都尽量避免与政府发生直接的利益冲突。在加拿大，真正能够对政府公共政策的制定产生影响的多是这一类政府智库。大学智库是另一种比较典型的智库。加拿大的高校教育质量闻名世界，拥有世界一流的大学及高水平的教授，因此大学型智库在加拿大也比较多，如隶属渥太华大学的科学社会与政策研究所，隶属滑铁卢大学的国际治理创新研究中心等。在加拿大的智库中，资金来源多数都是以政府拨款为主，因此有不少智库研究人员都曾经是政府官员。如科学社会与政策研究所的高级研究员詹士顿就曾在政府工作了 37 年。联邦政府预测与战略中心的资深研究员保罗也是联邦政府的官员。[2] 根据 2017 年的全球智库报告，进入报告的全球顶级智库排名的仅有 2 家智库，分别是排名第 21 位的弗雷泽研究所和排名第 35 位的国际治理创新研究中心。[3] 所以加拿大的智库虽然数量不少，但总体质量仍有待提高。从智库的地域分布来看，加拿大的智库多集中在渥太华、多伦多、温哥华这样的大城市。如国际治理创新研究中心就位于首都渥太华，弗雷泽的总部则设在了温哥华。其中，首都渥太华的智库最为集中，包括加拿

---

[1] McGann，J.G.,2015 Global Go To Think Tank Index Report, Philadelphia: The Lauder Institute, The University of Pennsylvania,2015, p.31.

[2] 杨国庆：《加拿大智库及其运作》，《学习时报》2014 年 4 月 7 日。

[3] McGann，J.G.,2017 Global Go To Think Tank Index Report, Philadelphia: The Lauder Institute, The University of Pennsylvania,2018,pp.62—66.

大社会发展委员会、家庭研究所、全国福利委员会、议会中心、南北研究所、加拿大政策选择中心、加拿大国际和平与安全研究所、公共政策论坛、治理研究所、卡里登社会政策研究所、皮尔森沙亚马研究所、加拿大政策研究网络、加拿大国际和平与安全理事会、加拿大外交政策发展中心等。

二、加拿大重要智库的案例分析

（一）弗雷泽研究所

1.发展概况

20世纪70年代，国家干预主义在加拿大许多领域都很受欢迎。为了研究和解释为何由市场解决公共政策问题其实比政府更有效，迈克尔·沃克等3位创始人于1974年在温哥华创立了弗雷泽研究所。[1] 弗雷泽研究所一开始是作为联邦政府认可的慈善教育机构进行运作的。作为联邦特许的非营利性研究机构，研究所在加拿大和美国都是免税的。一开始弗雷泽研究所的经费来源主要来自创始人以及会员的捐款。迈克尔·沃克做了30年的研究所执行主席，在他的领导下，弗雷泽研究所成为该领域机构的领先者。目前弗雷泽研究所是加拿大位居前列的经济研究和公共教育机构，也被认为是加拿大排名第一的民间智库。

1975年，弗雷泽研究所的收入只有42万美元，经费相对较少。因此，在弗雷泽研究所成立最初的10年中，研究所一直在为拓展研究所需的经费来源而不断努力。到1988年，弗雷泽研究所的年度总收入超过百万美元。从1993年开始，弗雷泽研究所的收入进入了一个持续增长阶段，1994年研究所的收入超过200万美元，1997年又超过了300万美元，1999年达到400万美元，2002年达到500万美元，2003年首次超过600万美元，2008年则达到了1387万美元。不仅经费不断增长，弗雷泽研究所的会员与研究人员规模也同步保持不断增长的态势。1975年，弗雷泽研究所只有65名会员，到了1983年时，会员人数已达到521名，到1990年时会员首次超过了千人，增加到1070名，1994年又超过两千人，增加到2098名，

---

[1] 杜骏飞：《全球智库指南》，江苏人民出版社2018年版，第114页。

到 2003 年时更是超过了 3000 名。弗雷泽研究所的在职人员也从最初的 5 人增加到 2004 年的 45 人、2008 年的 77 人。

弗雷泽研究所的总部设在了温哥华，但在其他城市如多伦多、卡尔加里等建立了分支机构，研究所的办公地还延伸到了美国，同时也与世界很多国家的智库进行了合作研究。弗雷泽研究所的决策机构是理事会，成员主要是由有影响力的会员代表组成，目前共有 41 名理事会成员。理事会代表研究所的全体会员对研究所各项事务进行管理。除理事会主席哈桑霍斯劳沙希外，理事会还设有 3 名副主席。理事会之外，还设有执行顾问委员会，人选从理事会成员中推选，并且设立执行总裁职位。执行总裁是日常行政负责人，负责具体管理弗雷泽研究所的各个具体研究项目。执行顾问委员会每月开会讨论研究所的各项事务。弗雷泽研究所在总裁之下还设有各个具体的职能部门来协助总裁完成各项事务，具体部门包括财务部、行政部、人力资源部、教育项目部、发展部、联络部、信息技术部、出版部等，同时还设立了全球化和贸易研究中心、保险研究中心、卫生绩效研究中心、生物制药和保健政策中心、风险环境与能源政策部、教育绩效研究部等。为了对研究所的研究质量进行整体把关，弗雷泽研究所还设立了专门的编辑顾问委员会。

弗雷泽研究所具有很大的国际影响力，它与不少国家的研究机构建立密切合作关系，如国际能源机构、卡托研究所等。1979 年，弗雷泽研究所接待了拉美经济代表团，促进了国际交流和合作，代表团中很多人后来在自己国家采用了研究所的组织模式。弗雷泽研究所还在全球范围内发展了经济自由网络成员，这些成员来自世界上 75 个国家和地区的独立研究机构。弗雷泽研究所还特别重视与中国方面的交流合作。2007 年，弗雷泽研究所举办了一个大规模的"政策之旅"项目，包括在上海和北京举办为期一周的系列讲座，讨论中国在世界上的作用。研究所还向中国香港地区派出研究小组，在研究所的世界经济自由度年报上，香港超过 30 年排在世界经济自由度的最高地区。

2.人员、经费与研究项目

弗雷泽研究所目前共有 77 名全职和兼职的工作人员以及 26 名高级研究员，但研究所的研究工作不仅仅是由本研究所的学者专家来完成的，还包括来自世界各地的政策分析专家。现在弗雷泽研究所的研究人员名单也增至 22 个国家的 350 多名研究人员，还包括 6 名诺贝尔奖获得者。

弗雷泽研究所是一个独立的非营利性研究组织，为了保护研究的独立性，弗雷泽研究所不接受来自政府的补助或带研究补助的合同。研究所经费主要是来源于个人、组织以及基金会的捐款（还包括捐资的利息），此外还通过组织相关活动、销售一般出版物来获得收入。2008 年弗雷泽研究所的总收入 1387 万美元，其主要的筹措方式主要包括以下五个方面。一是会员支持的捐助收入。截至 2018 年 12 月 31 日，弗雷泽研究所共有来自加拿大及其他地区的 3738 名会员支持者，个人在其中占到 84%，企业与组织占 14%、基金会占 2%。个人和组织被邀请通过抵税捐款来支持研究所的工作，在研究所收到的捐助中，基金会占的比例最大，为 52%，个人占 12%，企业与组织占 36%。二是特别项目。弗雷泽研究所接洽潜在的捐助机构或个人以资助研究所的特别项目工作。这些特别项目包括学生研讨会、教师培训班等，也包括系列政策研究如环境、税收、全球化、劳工政策、经济自由、风险和监管、保险、能源等。为了避嫌，弗雷泽研究所在这一年还拒绝了两个基金会的资金捐助，一个基金会的资金来自出售武器，另一个的资金则来自卖饼干，他们本愿意为研究所的教育券计划提供超过 1000 万美元的捐助。三是来自一些广告商等对研究活动的赞助。这些赞助包括晚餐、政策简报、特别活动、相关论坛、公共政策杂志等。四是出版物的销售。弗雷泽研究所在 2008 年发行了 82 种印刷和数字出版物。如每年出版 4 期的《前线通讯》，旨在向各成员展示他们对改善加拿大公共政策产生的影响。在 2008 年，研究所合作伙伴捐赠了 18.1 万美元用来支持《前线通讯》中突出强调的重点项目。五是直接邮寄广告，向潜在的支持者介绍工作。在 2008 年，研究所通过这种方式争取到了 863 个支持者，获得捐助 18.6 万美元。[1]

弗雷泽研究所一直都坚持独立地选择研究议题，每年的具体研究题目都是由研究所的工作人员在年度规划会上所确定，然后在年中审查时再加以确认。资金的捐助者并不参与这个规划以及其他的研究活动，所有对研究所的捐助都只被视为一

---

[1] 李轶海主编：《国际著名智库研究》，上海社会科学出版社 2010 年版，第 127—128 页。

般性收入，只能用来给工作人员做项目使用，而不能干扰研究的独立开展。每一个研究项目都要体现市场选择的结果，而不是重复传统的对于政府角色的看法。目前弗雷泽研究所开展的研究选题主要包括原住民问题、保险、犯罪与药物政策、语言政策、加美关系、劳动力市场、国防与安全、矿业经济自由度、能源、医药、法律与司法系统、教育事业非营利研究、创业、贫困与福利、环境、风险及规划、治理、对外援助、私有化、学校报告卡、政府绩效、电子贸易、交通和基础设施、政府支出、税务、城市问题等等。研究所还会根据市场需要确定研究项目，比如 2008 年就开展了对信贷危机、税制改革、美国新政府的政策等问题的研究。弗雷泽研究所还长期跟踪某些课题，随着时间推移来跟踪政策表现。对正在进行的项目，研究所也会持续进行相关检查，发现潜在的新项目并对其重要性和即时性进行评估。

为了确保研究所的研究成果达到高学术水平，弗雷泽研究所在创立之初就设立了编辑顾问委员会，成员大多都是知名的经济学者，比如加拿大知名的经济学家哈里·约翰逊，获得过诺贝尔经济学奖的詹姆斯·布坎南、弗里德里希·哈耶克、乔治·斯蒂格勒等。目前该委员会有 30 人左右的规模，在这一委员的指导下，弗雷泽研究所产出了很多高质量的研究成果。在研究所的发展过程中，一些独特的管理策略被应用在研究项目中，这在无形中决定了研究所所取得的成果。这些策略包括研究所及其工作人员在任何情况下都不服务于任何政治活动。研究所的研究结论必须在对事实客观考虑的基础上，采用系统的方法来纯粹为公共领域提供教育。无论是资金的捐助者，还是研究会的理事会成员都不能控制研究、出版或新闻稿，他们只能获得研究的结果并向外公开。研究所可以对有争议的公共政策问题进行研究，得出独立的结论并公之于众，哪怕这些结论会得罪一些捐助人。研究所的成果必须被同行加以审查。所有的出版物都包含一个研究所核心任务和宗旨的简短声明，出版物的结论由作者负责，并不一定代表研究所或董事会的观点。仔细准确严谨的衡量是研究所一切工作的基础，弗雷泽研究所提倡研究的公开透明，研究的方法和结论都是公开的，研究的数据来源也是可以获得的。

3. 研究特色与影响力

弗雷泽研究所在其不断发展的进程中也形成了一些自身的研究特色。在研究所的网站上，弗雷泽研究所宣称自己的使命是为了一个自由的世界。弗雷泽研究所通过自己的研究致力于提倡竞争开放的市场和经济的自由，以便让每一个人都能从更多的选择、竞争市场和个人责任中获益。弗雷泽研究所通过自身的研究来衡量竞争性市场和政府干预对个人福利所带来的影响，其严谨的研究和有效的公共教育为弗雷泽研究所赢得了加拿大知名公共政策智库的美誉。虽然个人、企业以及基金会的资金支持对于研究所的工作是不可或缺的，但弗雷泽研究所仍致力于进行完全独立的研究并得出独立的结论和建议。与其他智库不同的是，弗雷泽研究所不接受政府资助或合同研究，也努力减少对单一资金资助者的依赖。这样做的目的就是为了让研究所的研究工作尽可能不受外界干扰。弗雷泽研究所强调自己的研究计划目标是为了善意地改变政府职能，而不是重复人们对于政府角色的传统定义。相比其他智库，弗雷泽研究所还有一个重要特点就是积极从事培训工作，将自己的研究成果通过教育来影响社会。对于不同人群，弗雷泽研究所有针对性地设计了不同的教育培训项目。对于学生，研究所通过研讨会、实习、竞赛等形式来帮助他们了解市场经济的知识以及弗雷泽研究所所提供的信息。对于教师，弗雷泽研究所利用启发性的培训班来帮助老师将更具挑战性的新思路带入课堂。对于家长，弗雷泽研究所提供了多种独特的项目，帮助家长找到适合孩子的学校。对于记者，弗雷泽研究所建立了一个专门为记者设计的培训班，让他们从经济学角度来理解全球性问题。2008年，弗雷泽研究所就举办了6个培训班，对超过100名中学老师进行培训，培训内容包括环境问题、贸易以及全球化等多方面问题。

围绕这些宗旨和目标，弗雷泽研究所已经在国内外推出若干有影响力的研究成果，如加拿大税负自由日、经济自由度指数、择校信托等。加拿大税负自由日是弗雷泽研究所引入美国税负自由日概念计算的加拿大人税负自由日指标。这一指标是指加拿大人在付清各种税负为自己挣钱的日子，而在此之前的每一天，加拿大平均每个家庭的每一分钱收入都是用来缴纳政府的各种税负。该指标让加拿大人能够更直观地计算为政府打工的工作量以及每年的变化趋势。经济自由度指数，是指弗雷泽研究所每年通过发布经济自由度指数来说明经济自由度增加的好处。虽然这一指数存有争议，但在世界范围内还是有着广泛影响，这一指数和美国传统基金会发布的经济自由度指数同为世界上两个最著名的经济自由度指数。择校信托是弗雷泽研究所为帮助低收入家庭孩子更好入学的项目。目前该项目已经在加拿大多个地区推行，也得到很多基金会如亨特家庭基金会等众多捐助者的支持和帮助。

在加拿大的众多智库中，弗雷泽研究所的影响力之大是毋庸置疑的，比如自成立以来，弗雷泽研究所就一直在改变人们对政府和市场的认知。以前，很多加拿大人都认为政府是经济增长和发展的源泉，弗雷泽研究所成功改变了公众的认知，使越来越多的公众认识到市场竞争的重要性。弗雷泽研究所也非常善于利用媒体来扩大智库的影响力，它的研究成果通过多种方式被传播出去，影响着加拿大国内外的媒体、学者以及政府的决策者们。概括来讲，弗雷泽研究所传播其影响力的途径主要包括以下几个方面。一是通过媒体报道和发行出版物。弗雷泽研究所的学者成果很多都在出版社出版，有些还成了畅销书。目前弗雷泽研究所有 300 多种出版物被翻译成 22 种语言销售到全世界 50 多个国家。研究所也愿意为学生提供更广泛的经济学知识，因此很多研究所的出版物成为加拿大以及其他国家大学的教程。研究所也通过大众媒体将研究所的成果传递给更多的公众。在 2008 年，弗雷泽研究所在电视、电台、报纸上出现过 7254 个消息，在加拿大和美国的报纸上发表过 263 篇文章，媒体覆盖面达到 260 万人，相当于做了 1100 万美元的广告。此外，还有许多的评论发表在各种各样的媒体网站上。二是举办各类会议。弗雷泽研究所在加拿大各大城市举办研讨会和各种论坛，研究所的研究人员则定期发表演讲。其中，弗雷泽论坛是对加拿大公共政策的回顾，一年有 10 个议题。论坛还包括评论分析，是对某些问题的最新观点来源。许多文章都是原始研究，第一次在论坛发表，这些政策建议还会由工作人员定期向议会委员会提交。撰写论坛文章也不仅仅是弗雷泽研究所的研究人员，也有很多外部专家，比如美国和其他国家公共智库的专家学者。三是设立沟通交流部门。弗雷泽研究所设有专门的沟通部门，让研究所的研究成果能够顺畅地被政府决策部门以及普通公众所了解。研究所还通过举办各种教育培训来扩大影响力。四是充分利用互联网技术来增强自身的曝光率。弗雷泽研究所通过互联网、电子邮件、视频等新技术与民众进行更便捷的沟通。研究所每个月都会通过电子邮件的方式推出电子简报，让社会各界了解弗雷泽研究所的最新研究成果和各种活动。弗雷泽研究所还在 facebook 建立门户，并通过社交网站将活动资料等各种资讯进行分享。

无论是发展规模，还是发展历史，弗雷泽研究所都不是靠前的智库，但从影响力和研究成果来看，弗雷泽研究所无疑是加拿大最成功的智库，它的发展速度以及运作模式都是加拿大其他智库不能比拟的。弗雷泽研究所之所以能取得这样的成绩，有两个重要的关键点。一是注重独立性，与政府、企业等机构保持适当的距离，在开展任何课题研究时都注意避免来自资金捐赠方的干扰。二是注重利用多种方式增强自身的影响力。在加拿大的众多智库中，弗雷泽研究所最善于利用各种活动和大众媒体以及出版物来提高自身的知名度和影响力，这又进一步使得研究所能够收获更多的资金支持，两者之间的良性互动推动了研究所的发展壮大。尽管因为强调竞争和个人自由，弗雷泽研究所被很多人认为是一个带有自由主义倾向的右翼智库，但研究所执行总裁沃克并不认同这一点，他强调，我们不是党派，我们不是右翼。相比加拿大很多智库都与政府有着密切的联系，弗雷泽研究所更代表了独立性智库的运作模式，它的成功至少在一定程度上表明了这一类智库存在着广阔的发展空间。

（二）加拿大亚太基金会

1. 发展概况

加拿大亚太基金会是在 1984 年成立的独立非营利智库，主要研究加拿大与亚太关系。加拿大亚太基金会的总部设在不列颠哥伦比亚省的首府温哥华，在多伦多也设有办公室。亚太基金会成立的初衷是发展加拿大与亚太地区关系，提高公众认识并为促进加拿大与亚洲关系的商业、研究和公共政策网络提供支持。[1]亚太基金会的规模相对其他智库并不算大，但基于其特殊的政府背景，基金会在加拿大与亚太事务关系领域的智库中具有领导性地位。加拿大亚太基金会由外交与国际贸易部（DFAIT）主管，根据相关捐赠协议，基金会的工作程序与工作内容也由其负责。20 世纪 80 年代，亚太基金会主要是向加拿大人普及亚太地区的基本常识，某种意义上还不能称为智库。随着加拿大与亚太地区的联系日益密切，基金会又开始强调业务开发、市场分析等。但随着发展这一角色也越来越被其他组织所采用。因此在 2005—2008 年的战略计划中，亚太基金会给自己进行了新的角色定位，即通过人

---

[1] 金彩红等：《欧美大国智库研究》，上海社会科学院出版社 2015 年版，第 93 页。

才和知识的集中，为加拿大的跨太平洋关系提供及时全面的分析研究，促进政治经济安全各方面的对话，推动加拿大公共、私人和非政府部门的理智决策。

　　亚太基金会的组织结构和活动开展是依据《亚太基金会法案》进行的，根据该法案，亚太基金会的事务由董事会负责管理。董事会包括省长任命的董事会主席和4名董事、董事会与省政府及其他利益群体协商后任命的董事且最多18名以及基金会总裁。董事会成员任期为3年，最多可任职三届。董事会每年开会至少两次，对亚太基金会的战略方向以及捐赠基金的管理进行讨论。根据相关捐赠协议，亚太基金会在董事会下设了投资委员会、审计和评估委员会、薪酬委员会、治理委员会、执行委员会以便程序更加透明。投资委员会负责捐赠基金相关的投资管理业务，审计和评估委员会负责指导年度报告的撰写审计和评估，薪酬委员会负责审核员工的薪酬情况，治理委员会负责审核公司的治理情况，执行委员会由董事会主席和各个委员会主席组成。目前董事会共有14名成员，都是加拿大政商学各界的知名人士，如麦肯锡的全球执行董事、圣玛丽大学的校长、壳牌公司的总裁、加拿大财政部的前副部长等等。这些人不仅具有丰富的管理经验，更重要的是都熟悉亚洲文化和事务，不少成员还有在亚洲长期任职的经历。亚太基金会的高管共有7人，分别是基金会总裁、负责研究和发展的2名副总裁、负责多伦多分部的副总裁、亚洲对话项目主任、公共关系营销和政策协调主任、1名高级研究分析师。

　　作为政府设立的智库，加拿大亚太基金会的研究活动和计划与政府的外交与国际贸易部确定的工作重点保持一致，为政府在亚太地区的利益提供各种支持。在2005—2008年战略计划中，亚太基金会就确立了三个优先工作事项，即推广知识、建立跨太平洋联系网络、促进公共认知。从2007年开始，亚太基金会开始关注三个具体的研究主题：亚太门户、国外加拿大人、亚洲全球化对加拿大的影响。推广网络也是亚太基金会的重要目标，政府的捐赠资金有相当一部分就被用于网络的构建上。促进公众认知则体现在重建网站、出版物、媒体报告、圆桌会议、演讲和民意调查等多种形式之中。

　　2.人才、经费与研究项目

　　亚太基金会目前拥有20名专业员工，从事包括经济预测、政策分析、行业研究以及风险评估的广泛研究。虽然在职的工作人员有时也会做一些研究，但更多的是从事项目的管理。亚太基金会的研究项目主要是通过聘请外部研究人员组成研究团队来完成。亚太基金会设有杰出研究员和资深研究员职位。杰出研究员不领取薪酬，多是政府前任官员或者公司高管，有时会请他们作新闻评论。资深研究员主要是大学或研究机构的学者，由基金会给予少量补贴，主要帮助工作小组编辑报告。人才是一个智库发展的重要核心资源。亚太基金会研究团队一般情况下都是由三种类型的人才所构成，一是提供原创知识的专业学者；二是了解公共政策的专家，通常是前政府官员或政治家；三是实业人士。这三类人士都是能力很强的专业人士，亚太基金会一般也不向他们支付任何报酬，之所以基金会能够吸引到这些专业人士，就是因为这些专家对亚太基金会工作的信任，相信可以通过亚太基金会达成自己的想法。

从基金会成立到 2005 年，亚太基金会的资金都是每年向政府提出预算申请，然后由政府审批。2005 年，加拿大政府对这一拨款方式进行了改革，为亚太基金会设立了一个 5000 万美元的附条件捐赠基金，既让基金会有更加充足的预算现金流，也能让基金会与政府之间保持一定的距离。根据捐赠协议，捐赠资金可以进行谨慎的保本投资。亚太基金会只能使用基金的收益而不能用本金来支持其研究活动，但基金会可以吸收额外的资金，可以来源于非政府部门，也可以是私人或其他政府的捐助。虽然亚太基金会还是关注加拿大政府的要求和优先事项，但现在也更看重一系列发展项目。以 2009 年为例，亚太基金会实现总收入 239.9 万美元，其中捐赠基金收益有 211.7 万美元，占到 88.2%，来自政府其他资金资助的有 17.7 万美元，其他还有私人部门融资 7.3 万美元，发起项目计划 2.3 万美元，利息收入 0.44 万美元。[1]另外，亚太基金会也在不断探索新的融资模式，比如通过吸收一些利益相关者的资金，使其更关注支持政策和对话结果。亚太基金会还从一些单位组织如加拿大西部经济多元化组织、加拿大公共卫生署等机构获取资金支持。

加拿大亚太基金会的研究方向与相关政府部门确定工作重点是相一致的，目

---

[1] 李轶海主编:《国际著名智库研究》，上海社会科学出版社 2010 年版，第 137 页。

前主要是对加拿大的政治经济情况及其与亚太地区的关系进行研究。研究的目的是为政府和商界提供亚太问题的指导，加强加拿大与亚太国家的政策和商业联系。目前亚太基金会的研究重点主要集中于三个领域。一是通过民意调查和研究并撰写文章形成对于全球亚洲问题的普遍认识。二是对于亚太门户的倡议，重点通过研究和对话让主要利益相关者不仅考虑基础建设问题，还要考虑安全、环境和增值服务等领域。三是通过有针对性的研究和论坛来突出问题的重要性，基金会的目的是使政府部门的决策者在以下问题达成共识：为什么他们需要制定一项政策，在各种政策选择中如何建立相对的平衡。亚太基金会平均每年完成 7 到 10 个项目，每一个具体研究项目又分为三个阶段，首先是研究的准备阶段，研究人员写出建议书，经过内部的小组讨论后，交由项目经理、负责研究的副总裁先后审核。其次是研究过程中的监督，包括研究进展、中期报告等。最后是研究报告的撰写和完成阶段。根据附条件捐赠协议，外交部部长有权在一定时期内对基金会的活动进行审计和评估。评价行为由评价咨询委员会进行监督。评价委员会由外交和国际贸易部及亚太基金会的员工和董事的代表组成。评估主要是对一些量化指标进行跟踪，包括额外融资来源、媒体引用的基金会论文次数、加拿大媒体的观点评论、公开演讲次数、网站浏览量及文献下载次数、参加亚洲峰会的代表数量等。

3. 社会影响

加拿大亚太基金会通过多种途径来提升自己的影响力。第一就是发行出版物。亚太基金会有着内容非常广泛的出版物，比如每日的《加拿大亚洲新闻服务》，《亚太公报》《加拿大亚洲评论》《投资监控和研究》等众多刊物。第二是借助网站。亚太基金会多年来一直都将自己的研究和各种信息材料通过网络向公众提供。世界上任何对加拿大和亚太关系感兴趣的人都可以从其网站上下载到相关资料，且不用承担任何费用。第三是通过媒体报道。亚太基金会通过给国内外的媒体提供相关信息与分析来追求更大的公众接触范围。由基金会工作人员和高级研究人员所作的评论经常出现在各类媒体上。比如 2008 年，亚太基金会就在 250 篇书面报道、56 个电视广播节目、57 个网络出版物中出现过。第四是进行公开演讲。亚太基金会的总裁及其他主要研究人员，经常在许多场合发表有关加拿大与日本、韩国等亚太国家关系的演讲,且很有影响力。第五,举办有影响力的活动,加强学术交流。亚太基金会举办一系列的工作会议、研讨会或者圆桌会议,和来自亚太地区的智库领导或重要思想家进行交流,既加深了相互间的了解,又扩大了自身的影响力。

从人员和资金的规模来看,加拿大亚太基金会在加拿大智库中并不占主流。但在加拿大与亚太地区关系这一具体领域,亚太基金会的影响力不可低估。加拿大外交与国际贸易部曾经作过评价,认为如果没有亚太基金会,在支持加拿大与亚洲的关系方面将有一个明显的空缺。它是一个在特定领域内发挥着特定功能作用的智库,相比其他一些规模虽小影响力却很大的智库,亚太基金会在国内外的影响力还有很大的提升空间。

4. 新的挑战和发展趋势

由于政治体制和决策机制的差异,加拿大的智库与美国有很大的不同。美国有寻求智库建议的文化,各种利益集团和智库都可以游说政府。在加拿大,智库不可以直接游说政府官员,智库的文化也不强,智库的作用都是受到限制的。相对美国智库多渠道的资金支持,加拿大智库的资金来源则很单一,数量也不如美国多。亚太基金会是政府资助的智库,虽然在与政府保持良好关系的同时也强调自身的独立性,但外部资金并不是太愿意资助这类智库。总的来说,亚太基金会目前主要面临三个方面的挑战。一是亚洲国际地位的变化需要亚太基金会从全球化的更广阔视野来重新审视二者关系。二是亚太资金会面临的筹资挑战,它需要发展新的筹资模式改变单一的资金来源,只有拥有不断增加的充裕资金才有可能开发新的研究项目。三是基金会面临来自其他研究机构的挑战。随着亚洲的重要性日益凸显,大学以及其他一些研究机构都可能成为亚太基金会的竞争对手。如何正确地定位好自身,如何在合作的同时保持自身的独特性都是亚太基金会面临的挑战。

面对全球化和信息化的快速发展,世界各国的智库都在不断地调整和适应,亚太基金会也不例外。进入 21 世纪以来,亚太基金会也呈现出了一些新的演变。一是战略的调整。亚太基金会新一轮的战略规划是更多关注对加拿大更具全球意义的亚洲事务,这是基金会顺应全球化趋势做出的重要战略调整。此前亚太基金会确定研究项目一般是从加拿大角度出发来考虑研究选题,然后与各界交流确定好的选题，这种做法往往会导致选题仅仅只是加拿大人关注的狭窄议题。二是思维方式的转变。这是由战略调整所带来的，虽然不是针对某一个具体的研究项目，但又切实地反映在每一个具体项目上，影响到每一个具体项目的设计和思考角度。三是内部管理的变化。所有的项目都需要用新思维去思考，不管是研究，还是出版报告，或是举办一次会议，都要思考这是不是一个具有全球意义的亚洲问题。如果答案是否定的，那就不用做。四是经费来源的变化。基金会要不断拓展新的筹资模式，只有多渠道的资金来源以及充裕的资金才能为基金会的独立性追求提供保障。五是信息技术的发展为亚太基金会的运作和管理提供了新的契机。现在的亚太基金会新设立了一个全职岗位"网上社区协调员"，专门负责社交网络媒体的相关事务。此外，全球化时代的智库建设需要构建全球网络，开展全球合作，亚太基金会现在也正努力与亚洲同行建立更多的合作伙伴关系。全球化给亚太基金会带来了很多新的挑战，但它也扩大了市场，为基金会的发展带来了更多的机遇。

三、加拿大智库的总体特征

加拿大的众多智库每年都有不少高质量的研究成果问世，这得益于它与政府的密切关系以及众多世界一流高校的学术支撑，而这两点也决定了加拿大智库的优势和缺陷。从意识形态到研究经费，政府都对智库有着重要的影响，也便于二者之间的交流。众多高校的优质学术资源则保证了加拿大智库的成果高产出和专业化。概况来讲，加拿大的智库特别注重人才选拔和外部合作，对研究成果的评估十分严格，也始终与政府的利益保持一致，但资金来源的过于单一也带来了智库发展受限的困境。

加拿大智库的规模普遍都较小。全球排名第 21 位的弗雷泽研究所是加拿大排名最高的智库，但是其目前也只有几十位工作人员，聘用人才重质不重量。多伦多大学莫厄特中心更是制定了明确的发展原则，即只在擅长的领域发挥力量，不随意进入不熟悉的研究领域，学风严谨踏实。因此，规模较小的加拿大智库都具有一种专业主义精神，其研究领域十分专业化，拥有良好的公信力。

加拿大智库的软硬件规模和人力规模都很一般，但却能够产出高质量的研究成果，很大原因在于其最大化地利用好了丰富的外部科研资源。首先，智库与智库之间是紧密合作的，互相提供资源并相互协助。其次，智库与学术界也保持紧密的关系，充分利用后者拥有的优秀研究人员，这其中既有国内人员，也有国外人员，合作的方式也是多种多样，如建立委员会、实行顾问制以及合作发表研究成果。多伦多大学的莫厄特中心就有一个 30 人的顾问团，这之外还有一个 30 人的编辑顾问团。前者多是由政府人员和企业家组成，对研究的议题提出意见，后者则来自新闻界，为研究成果的出版传播推广出谋划策。[1]

对于智库的研究成果，加拿大的智库普遍建立了严格完善的评估体系。如贺维学会就称自己的评估标准比学术期刊的审核还要严格，它会调动学界和业界合作对研究成果的学术价值和事件价值分别进行评估，只有二者皆通过的项目才会允许实施。由于与政府间的密切关系，加拿大的智库都确定在不违背政府利益的情况下提出建议。无论是政府型智库和高校智库，还是其他的中小型民间智库，都始终与政府的利益保持一致。但由于联邦政府和一些地方政府存在一定的权利冲突，很多权利被划到了地方政府，而联邦政府却无权过问，故此加拿大各地的智库也带有一定的地方性特点，[2] 这些智库还是会与当地政府的利益保持一致，其功能也主要是宣传当地思想、教育本地公民等，对公共政策不能产生太大作用，这在某种程度上也抑制了智库的创新和发展。更重要的是，加拿大智库对政府资源的极度依赖给它的发展也带来了相当大的困境。近年来，不少加拿大智库面临了发展的瓶颈，有的已经关闭。比如 2013 年全球智库报告评出的加拿大智库排名第三的南北研究所已于 2014 年宣告关闭。加拿大为数不多的非营利性农业智库乔治莫里斯中心也宣告即将关闭，而这些智库关闭的主要原因就是经费的短缺。加拿大智库的经费大多都来源于政府的资助，如国际治理创新研究中心刚成立时，相当一部分启动资金来自联邦政府和安大略省政府。亚太基金会的原始资金 5000 万加元也全部来自政府。相比美国的智库，加拿大智库的资金来源过于单一，没能开发出多渠道的资金来源，一些智库的负责人全年有近半时间在为解决资金而四处奔走，这就在很大程度上限制了智库的进一步发展。

---

[1] 许宝健：《加拿大智库的特点及启示》，《西部大开发》2015 年 2 月。

[2] 李雯：《加拿大和美国智库的比较分析》，《天津市社会主义学院学报》2014 年第 3 期。

总的来看，加拿大智库十分重视专业主义精神，这一点尤其表现在他们对智库研究成果的严格评估机制上，而这种专业精神也在一定程度上保证了加拿大智库研究成果的质量。由于加拿大智库经费来源相对单一，这使得加拿大的智库很会利用媒体来宣传和包装自己，他们使用各种各样的表现手法来使用交互媒体，大力宣传智库的研究成果，智库的工作人员很多都是公关和拉赞助的能手。加拿大智库也很重视利用外部资源，既重视国内智库之间的合作，也很努力加大自身的国际化步伐。虽然加拿大的智库总体来说规模较小，但人员精干，有的智库还能跻身世界智库排名前列，靠的就是智库研究人员的综合素质以及团队配合，这也成就了加拿大智库小而精的独特风格。

第三节 巴西智库

一、巴西智库的发展现状

巴西是拉丁美洲的发展中国家，拉美地区的智库大多出现于 20 世纪 60 年代。由于地缘政治等因素，拉美地区历来被美国视为后院，拉美地区的智库也愿意与美国众多顶级智库建立合作关系，形成国际智库网络，拉美地区的智库发展也引起了全世界学者的广泛关注。拉美智库参与政策决策的过程可分为五个阶段，一是发现问题和介入公共议程，二是政策设计，三是政策决策，四是执行决策，五是对公共政策进行可持续性的评估监测。[1] 作为拉丁美洲面积最大的国家，巴西智库也带有典型的拉美智库的特征。巴西是新兴经济体国家，金砖五国之一，2011 年成为全球第六大经济体，智库在其国家决策中发挥着越来越重要的作用。

巴西的智库参与国家政策的制定和执行从 20 世纪 40 年代就已经开始了，如巴西的最大私营智库瓦加斯基金会就成立于 1944 年。但同拉美大部分国家一样，巴西智库的快速发展是在 20 世纪 60 年代之后，这些智库多是由独裁政府驱逐的一些大学教授所创立，智库进入民众生活则是 21 世纪之后的事情。当前的巴西智库

---

[1] 中国社会科学院拉丁美洲研究所：《全球拉美研究智库概览》，当代世界出版社 2012 年版，第 2 页。

正处于快速发展的时期，其从业人员主要是巴西政治、经济、文化等领域的知识精英，服务对象包括政府、政党、媒体、私营部门等。根据 2017 年的全球智库报告，巴西现在共有 93 家智库，数量位居全球第 11 位。在全球不含美国前 150 家智库中，巴西共有 2 家入选，分别是排名第 7 的瓦加斯基金会和排名第 45 的巴西国际问题研究中心。在中南美洲前 50 家顶级智库中，巴西有 8 家智库入选，占到了巴西智库的 9%。[1]

由于巴西智库的起源各不相同，巴西智库的类型差别很大，一般来讲，巴西的智库可分为四类：大学智库、党派智库、官方智库、独立智库。大学智库，顾名思义大多隶属于大学，典型的有瓦加斯基金会、圣保罗大学、里约天主教大学、坎皮纳斯州立大学、里约联邦大学，大多形成于二战结束到 20 世纪 60 年代之间，深受"科学政府"这一理念的影响。党派智库是指那些依附政治权威或依附政党的智库，此类智库大多成立于 20 世纪 90 年代，政治家通过资助这类智库宣传其政治主张，进而实现其政治目的。官方智库大多成立于 20 世纪 60 年代的独裁政府时期，当局希望将其政策和执行行为合法化，并希望借助智库的研究实现这一目的，如巴西应用经济研究所就是这一类典型智库。独立智库成立于两个时期，第一个时期是 20 世纪六七十年代的独裁政府时期，那时的私营部门为了表达自己的意志而成立的一些智库。第二个时期是 20 世纪 90 年代，一些智库在思想自由化、政府现代化以及机构精简的背景下对公共政策进行研究。代表性智库有整合与发展研究中心、国际关系研究中心、巴西计划分析研究中心等。[2]

巴西智库相对来说更关注国内事务，对于外交政策以及国际发展政策则关注较少。如何促进社会的公平进步以及如何减贫是巴西智库研究的重要议题，与此议题相关的社会保障、教育、医疗政策等领域的研究也是巴西智库的重要任务。巴西的智库不仅为政治家的活动提供咨询，也为政党和精英们提供智力支持。智库集群

---

[1] McGann,J.G.,2017 Global Go To Think Tank Index Report,Philadelphia: The Lauder Institute,The University of Pennsylvania,2018, p.59.

[2] 王佩亨、李国强等：《海外智库——世界主要国家智库考察报告》，中国财政经济出版社 2014 年版，第 244—245 页。

作为巴西特有的智库形态，将学术界、政治家以及智库的资源进行整合，通过应用研究提供各种政策咨询。在巴西的众多智库中，官方智库、党派智库与政府部门保持着密切的关系，政府官员也经常与智库保持互动。其他类型的智库与政策决策部门的联系则不那么紧密，虽然各个智库都有明确的政治倾向，但与政府决策部门之间却沟通不足，只有瓦加斯基金会这样声名在外的智库是例外。在巴西，除了智库的咨询，人际关系在公共政策的决策过程中作用明显。如果智库研究人员与政府决策者有私人关系，智库的研究成果就可能成为决策者的重要参考，这一点也与其他的拉美国家智库有些相似。

巴西的智库在研究过程中很重视跨学科研究方法的运用，一个重要原因就是巴西社会本身的多样性。从文化渊源上看，巴西与西方世界文明关系密切，语言习俗等各方面都深受希腊—罗马文明的影响。但巴西的历史发展轨迹又有着自身独特的一面。巴西先后经历殖民地时期、帝国时期、独裁统治时期，然后进入民主社会。每个历史阶段都对现在的巴西有影响，巴西也形成了自身的独特文化传统，那就是包容性和多元化，融合了西方、印第安人、黑人的文化。因此，对巴西社会进行研究，就必须从多个角度进行全面的考察和分析。此外，单一学科研究本身也是存在局限的。对于快速发展变化的巴西社会，单一学科的研究往往无法解释现实中的问题。如果研究者能跳出单一学科理论，从跨学科的立场来看待问题，更有可能接近问题的本质，也更能提出符合实际的对策建议。巴西社会的包容性还突出体现在其研究的开放性，特别鼓励学术交流，其最主要的做法是重视研究网络的作用。巴西的智库之间交流十分紧密，除了研究成果相互交流以推动学术发展，也特别注重人才培养方面的相互借鉴，提倡跨学科跨专业人才的培养。

二、巴西重要智库的案例分析

（一）瓦加斯基金会

1. 发展历程

瓦加斯基金会成立于 1944 年 12 月 20 日，是非营利性的私人基金会，总部设在里约热内卢，在圣保罗和巴里利亚都设有分支机构，最初的目标是为国家公共部门和私营部门培养人才。瓦加斯基金会在学术培养、科学研究、技术咨询以及公共政策方案实施评估等方面,都处于巴西的领先地位。目前其主要活动包括三个方面:高等教育、公共政策研究以及技术援助项目实施。瓦加斯基金会在巴西乃至全球范围内都享有盛誉,它在 2011 年跻身宾夕法尼亚大学的全球智库排名报告的全球前 30 名,也是拉美地区的最佳智库,同年还入选了《纽约时报》评选的全球教育机构 100 强。瓦加斯基金会宣称其使命是通过思想、数据、信息的生产、传播、维护和组合来拓展社会科学和相关领域知识的疆域,进而推动国家的经济社会发展,建立责任政府并提升国家的国际地位。[1]

瓦加斯基金会的管理层包括董事会和理事会。董事会包括 1 名主席、3 名副主席以及 8 名董事会成员、9 名董事会候补成员。理事会现有主席、副主席各 1 人,还有 19 位成员、12 位候补成员,大多是一些公共部门或私营机构的代表。此外,瓦加斯基金会还具体设置了 12 个学院和中心,包括巴西公共和商业管理学院、巴西经济研究院、圣保罗工商管理学院、经济学研究生院、里约热内卢法学院、圣保罗法学院、巴西当代史研究和文献中心、圣保罗经济学院、教育发展研究所、基金会出版社、FGV 项目中心、商业合作委员会和世界经济中心。

巴西公共和商业管理学院成立于 1952 年,目标是为了满足领导者、私营企业、非营利组织等机构的管理层和专业人士的需要,为他们提供公共和商业领域的高质量教育,它是南美成立的第一个商学院。巴西经济研究院建立于 1945 年,主要致力于宏观经济数据的统计发布以及应用经济研究。研究院还拥有社会政策研究中心,对过去经济社会发展状况进行讨论和研究。圣保罗工商管理学院建立于 1954 年,是巴西重要的研究教学和出版机构,其最初的目标是为了培养各类急需人才以应对巴西面临的挑战。经济学研究生院是巴西国内培养经济学硕士、博士的专业机构,前身是 1960 年成立的经济学家培养中心,1966 年更名为经济学研究生院并引入研究生课程,并于 1974 年开设博士课程。该院将数学的严谨性与经济理论结合起来应用到经济学的教学研究中,对巴西公共及私人企业管理产生了重要影响。里约热内卢法学院建立于 2002 年,基金会希望建立一个传播法律知识的新模式,帮助领

---

[1] 王佩亨、李国强等:《海外智库——世界主要国家智库考察报告》,中国财政经济出版社 2014 年版,第 254 页。

导人从更长远的角度来思考巴西的发展。圣保罗法学院成立于 2002 年 7 月，目标是为了培养对法律制度有更深层次需求的专业人士。巴西当代史研究和文献中心创建于 1973 年，是巴西最重要的公共文献收藏中心。圣保罗经济学院建立于 2003 年，致力于传播先进的经济学理论，以帮助巴西的经济社会发展。教育发展研究所建立于 2003 年，任务是发展瓦加斯基金会独有的教育服务。基金会出版社成立于 1974 年，是基金会的信息披露部门，与联合国教科文组织建立了长期的合作伙伴关系。FGV 项目中心成立于 2006 年，负责将基金会各机构的学术智慧应用于公共部门及私营机构。商业合作委员会和世界经济中心成立于 1990 年，主要研究巴西进入外部环境过程中面临的经济开放等各种问题。

2. 人员、经费与研究项目

基金会的研究人员包括经济学、法学等各个领域的著名学者，其中不少都是知识产权法律专家。对于基金会研究人员的研究成果，基金会有着详细的定量统计和管理。从成果的数量、调查研究的数量、组织研讨会的数量等各项数据来看，基金会都呈现出一种不断壮大的发展趋势，这既说明基金会研究人员学术水准的不断提高，也说明了基金会的社会影响力在不断增强。与此相应，基金会从 1996 年到 2008 年这个区间段的出版物发行量也显著增长，反映了基金会在公共知识传播、公共产品提供等方面取得了显著成就。

瓦加斯基金会是非营利性研究机构，它的经费来源也是多元化的。首先是来自政府、企业的委托合同收入，其次通过购买股票证券的投资收益，还有其他基金会、公司企业以及私人的捐助、基金会销售出版物的收入等。近年来瓦加斯基金会收到的捐赠资金不断增加，如巴西财政部也给基金会提供了财政支持，尤其是对巴西经济研究院、当代史研究和文献中心的资助。[1]

开展研究是瓦加斯基金会的三大核心业务之一。目前，基金会的主要研究领域包括经济学、管理与组织、体制政策与政府、社会学、社会政策、法律、公共政策、应用数学研究等多个方面。经济学研究主要包括宏观经济、企业发展、价格和

---

[1] 李轶海主编：《国际著名智库研究》，上海社会科学出版社 2010 年版，第 150 页。

指数分析、消费者行为、农业经济、微观经济、国际商业与投资、市场营销、物流等。管理与组织主要是研究组织中的管理显性，包括竞争战略、治理与控制、组织文化等。体制、政策与政府主要研究政治体制如何影响政府决策。通过理论研究和建立模型的方法来分析体制和决策运行方式对公共政策和经济发展的影响。社会学研究包括社会思想、人类学、公共政策、城市研究等各个方面，特别强调将历史学研究与社会学研究相结合。社会政策研究主要关注如何提高公共政策的效果。法律研究主要是通过理论研究和实证研究来解释法律层面的一些现象。公共政策研究主要是通过监测和评估政府行为来提高执政能力。应用数学研究主要是通过建立数学模型来探讨经济社会发展中的一些现象和问题。

3. 影响力

作为巴西最负盛名的智库之一，瓦加斯基金会的影响力已经渗透到高等教育、技术援助等各个领域。经过多年的运营，瓦加斯基金会利用自身强大的教学网络和学术背景在巴西国内外开展了多项合作研究，建立了庞大的学术交流网络。在巴西国内，瓦加斯基金会与政府、企业界等机构建立了密切的关系，包括教育部、财政部、巴西石油公司、巴西央行、里约天主教大学等，基金会与这些机构通过委托培训、合作办学等多种形式展开合作。在国际上，瓦加斯基金会与世界范围内的88家机构建立了包括教学合作、学术研讨、联合研究在内的紧密合作关系，这些机构包括哈佛大学、芝加哥大学、欧洲管理学院等等。近年来，随着中巴关系的发展，瓦加斯基金会还与中国的一些大学及研究机构进行合作，比如中国社会科学院、清华大学、香港中文大学、澳门大学等。合作内容包括高级工商管理硕士的合作办学等。

瓦加斯基金会通过基金会的出版社以及其他媒介，将基金会的众多研究成果加以出版，以便在政界、学界以及公众当中增强自身的影响力。如2011年，瓦加斯基金会就有269个研究项目和280个技术援助项目，涉及政治、管理、法律、历史、社会学、人类学、档案学等多个领域。将这些研究成果传递到社会各界一直是基金会的重要任务。此外，基金会还开始出版各种电子图书并通过基金会的在线书店和其他网络平台进行销售。大众媒体也是基金会发挥自身影响力的重要渠道。瓦加斯基金会利用巴西各类主流出版物、期刊、报纸将基金会的最新研究成果传播出去，一方面便于公众以及专业人士准确及时地了解国家的发展，另一方面也借此宣传了自身。互联网在瓦加斯基金会的知识传播中起着越来越重要的作用，2011 年，有超过 4100 万人通过基金会的"FGV"在线网站进行学习。瓦加斯基金会的研究成果在巴西备受赞誉，具有相当的权威性。

瓦加斯基金会属于政策制定型智库，在政府分配的研究项目上相比其他智库更具优势。基金会主席曾这样评价自身："瓦加斯基金会全心全意推动国家的发展，我们的目标是不断创新，使我们的学生和社会从中受益。将公共管理作为研究重点不仅仅是为了加强国家治理，也是为了确保巴西能够成为一个伟大的民主国家。"[1]

（二）巴西应用经济研究所

1. 机构概况

巴西应用经济研究所创立于 1964 年，是巴西重要的政府智库。其总部设在巴里利亚，同时在里约热内卢等地区设有分部，并于 2010 年在委内瑞拉和安哥拉分别设立了分支机构。从 2007 年起，研究所开始隶属于巴西总统府战略事务秘书部，致力于为政府编制公共政策提供咨询。巴西应用经济研究所下设 7 个研究部门，包括国际政治与经济关系研究部，国家、制度和民主研究部，宏观政策研究部，区域、城市和环境政策研究部，产业政策、创新和基础设施政策研究部，社会政策研究部，体制发展研究部。国际政治与经济关系研究部研究的主要是国际贸易、国际资本流动的趋势、全球产业链、区域一体化、能源与国土安全等。国家、制度和民主研究部主要研究国家结构和运行机制、国家与社会的关系等方面。宏观政策研究部主要研究公共财政、货币政策、汇率机制等问题。区域、城市和环境政策研究部主要探讨城市发展过程中的问题，旨在缩小区域差距。产业政策、创新和基础设施政策研究部主要研究科技成果的转化、制造业、服务业、基础设施政策等。社会政策研究部主要研究巴西的就业市场、人口结构和基本公共服务。体制发展研究部主要研究如何规范行政活动。除上述 7 个研究部门外，研究所还设有办公室、媒体与交流办

---

[1] 王佩亨、李国强等：《海外智库——世界主要国家智库考察报告》，中国财政经济出版社 2014 年版，第 259—260 页。

公室，分别负责研究所的行政事务以及研究成果的出版和披露。2004年，研究所还设了专门的监察专员，目的是为了加强与公众的互动，提高工作效率和透明度，扩大参与式民主。

2. 人才、经费与研究项目

巴西应用经济研究所的员工已达到700余人，其中研究人员400余人，其他为辅助人员。研究人员主要包括计划与研究专家、发展与管理专家、系统分析专家等。其中计划与研究专家是占比最高的。辅助人员包括技术助理、行政助理、秘书等。

作为政府型智库，巴西应用经济研究所的经费来源主要是联邦政府的预算。2007年研究所隶属关系调整后，机构也进行了一定的重组，职能和研究范围都有所拓展，联邦政府的预算也有所增加，从2003年的1.59亿雷亚尔增加到2009年的2.55亿雷亚尔，2011年又提高到3.05亿雷亚尔。政府资金之外，研究所也接受其他资助，如与有关国际组织进行合作、受其他机构委托开展一些研究都是获取经费的渠道。

目前巴西应用经济研究所关注的研究领域主要包括以下几个方面。一是国家主权和国际参与。任何一国的持续发展都离不开高度的自主权，这也是巴西政府所寻求的目标。二是宏观经济。市场经济并不能完全实现社会的均衡发展以及分配公平等问题，只有透过公共政策才能实现国家发展的可持续性。三是国家、制度和民主。主要是透过好的制度安排处理好国家、市场和社会的关系。四是区域技术—生产结构。主要是推动科技的研发，涉及科技政策、创新与竞争力等问题。五是经济、社会和城市基础设施。首要任务是升级巴西电网系统以及其他所有必要的基础设施。六是社会保障、权益保护、机会公平。七是环境可持续发展。生物多样性和生物技术是巴西未来发展和国际舞台发挥作用的重要经济和政治财富。

3. 影响力

巴西应用经济研究所的影响力首先体现在其在政府决策中的地位更加重要。2008年，研究所的研究人员在参众两院演讲和接受听证的次数分别达到了126次和 472 次，而上一年度则为 57 次和 320 次，次数的增加反映的是研究所影响力的增强。在巴西国内，研究所与参众两院、国家司法委员会等众多的机构都保持着密切的关系。在国际上，研究所与联合国开发计划署、联合国教科文组织、秘鲁国际战略计划中心等机构也有着广泛的联系。研究所也是较早关注中国并与中国开展合作的研究机构。目前，研究所与中国国务院发展研究中心、国家信息中心等机构都有合作关系。每年，巴西应用经济研究所都会出版大量的图书、杂志、期刊、简报等出版物，向社会公众传播自己的研究成果。研究所也借助媒体和网络来满足民众对研究所研究成果的需求。从 2007 年到 2009 年，研究所网站的点击率从 5000 万次增加到 6400 万次。2008 年，国内外媒体共有 3479 次提及研究所，而到了 2009 年，这一数字就上升到了 4691 次。这些都说明了研究所的影响力在不断扩大。

（三）巴西计划分析研究中心

巴西计划分析研究中心成立于 1969 年，是巴西著名的人文科学研究机构，是由前总统卡多佐在内的 22 名大学教授共同组建的。中心的研究人员包括经济学家、社会学家、政治学家、哲学家、人类学家、历史学家等各个学科领域的专家。研究中心主要致力于对巴西的一些现实问题进行跨学科研究。研究中心出版的《研究前沿》杂志已经成为人文科学领域的权威期刊，在巴西的影响力不断提升，杂志所刊载的文章都具有很高的学术价值。

研究中心主要是根据研究领域来组织研究，目前研究中心开展的研究主要涵盖八个领域，此外还有五个研究小组和四个特别项目。八个研究领域包括文化与政治、发展与劳动经济学、环境问题、历史、法律与民主、哲学与政治、政治与社会、人口与社会。五个研究小组分别是公民与发展研究小组、民主与集体行为小组、法律与民主小组、年轻研究员小组、社会与环境指数小组。四个特别项目分别是南—南关系项目、新法律与经济发展项目、民主与集体行动项目、产权和文化保护对传统知识的影响项目。

根据学术影响力等指标，研究中心将工作人员分为五类：资深研究员、长期研究员、助理研究员、访问学者、研究助手。资深研究员是各领域的资深专家，大多也是研究中心的理事会成员，主要都是巴西著名大学的教授。长期研究员大部分也都具有硕士或博士学位，富有经验又十分年轻。访问学者来自巴西各州以及国外。研究助手多是刚毕业的大学生，在研究项目中担任助手。2011年，研究中心共有22名资深研究员、18名长期研究员、39名助理研究员、53名研究助手。研究中心每年的经费预算约为300至400万雷亚尔，经费的来源主要是研究项目、咨询项目收入以及巴西国内外机构的资助。

跨学科研究是研究中心的重要特质，无论是其研究，还是其所举办的各类研讨会，都可以清晰地看到这一点。研究中心围绕各领域的发展趋势，经常举办有国内外知名学者参加的学术研讨会，既交流了学术观点，也增进了彼此之间的联系。为了传播中心的研究成果，研究中心每年都会发行不少书籍、研究报告等出版物。媒体和网络对于研究中心的研究成果和研讨会也多有报道，尤其是中心的英文网站相比巴西其他智库，内容更加全面，更新速度更快。经过多年的发展，巴西计划分析研究中心已成为巴西人文科学研究的权威机构之一。

（四）巴西国际关系研究中心

巴西国际关系研究中心成立于1998年，是一个独立的无党派色彩的智库。巴西国际关系研究中心的总部位于里约热内卢，主要的研究领域是外交和国际关系。在对外政策领域，巴西国际关系研究中心有着较大的影响力。研究中心并无专职研究人员，主要是聘请外部专家进行研究活动。2011年，巴西国际关系研究中心入围2011年全球智库报告的拉美智库30强。作为小型智库，巴西国际关系研究中心2010年被列为全球小型智库第4名。

巴西国际关系研究中心的目标是打造一个学习和讨论公共事务的平台，围绕国际关系等问题进行交流。巴西国际关系研究中心的组织构架包括董事会、咨询委员会、国际顾问委员会、财政委员会、行政委员会、行政秘书处。董事会有24名成员，有1名名誉主席、1名主席、2名副主席，是研究中心的决策机构。咨询委员会主要就提升中心地位提出各种建议。国际顾问委员会支持和参与中心活动，并提出合作建议。财政委员会负责审计中心的会计报告和资产负债表。行政委员会负责为机构的日常运转提供资源。行政秘书处负责管理和协调中心的各种活动。

作为民间公益组织，巴西国际关系研究中心实行会员制度，会员的会费和其他支持是机构的运作基础。会员包括机构和个人。会员又可分为六类,包括创始会员、个人会员、企业会员、荣誉会员、外交官会员、年轻会员。除了会费,中心还有少量的投资收入。2011年的年度财务报表显示,巴西国际关系研究中心的各类收入为162万雷亚尔左右,支出约138万雷亚尔,两相比较之下还有一定的盈余。

巴西国际关系研究中心主要的研究领域包括国际问题、外交政策、区域发展与安全、国防政策、贸易政策与安全等。开展的重要学术活动主要有研究中心与德国阿登纳基金会合作开展的"亚马孙地区的可持续发展"研究、"水、能源、气候变化和食品安全"研究,英国国际发展部资助的"巴西和中国——全球发展的新成员"研究,与英国皇家事务研究所、英国驻巴西大使馆共同举办的"巴西与世界——机遇、抱负和选择"研讨会,与美国驻里约领事馆合办的"拉美地缘政治与安全"研讨会、"南美国家医疗部门的监管趋势"研讨会。

由于巴西国际关系研究中心没有专职的研究人员,研究中心的学术研究和研讨会尤为需要外部世界的支持。巴西国际关系研究中心在国内外建立了研究的合作网络,包括智库、政府机构、大学及出版机构等,其中有不少著名机构,比如世界银行和德国阿登纳基金会等。巴西国际关系研究中心借助发行出版物和大众媒体来扩展自身的影响力。研究中心定期的出版物有《巴西国际关系研究中心文集》《巴西国际关系研究中心论文》《巴西国际关系研究中心每周汇编》等。研究中心关于国际关系和外交政策领域的研究成果也经常被媒体引用,仅在2008—2009年就有83家媒体引用200多次。在福特基金会的帮助下,研究中心还重新设计了网站主页,使得数据搜索更加便捷。国际关系研究曾是巴西发展规划中的一小部分,但今天却越来越多地出现日常生活的讨论中。巴西国际关系研究中心的主要任务是在全球化背景下为巴西更好地发挥作用提供建议,让其更好地理解世界,从而更好地选择政治、经济以及社会发展的最佳道路。今天的巴西国际关系研究中心已经发展成为巴西乃至全球范围内的一个重要智库。

三、巴西智库的运作机制与总体特征

（一）运作体制

作为拉美地区最大的经济体，巴西的智库更关注本国的经济和社会发展问题。与其他智库相比较，巴西的智库享有相对充分的自主权，智库与政府、私营部门等其他机构之间能够自由地交流与合作，在巴西智库独立运行的过程中也形成了一套独特的运行机制。

巴西智库根植于巴西多样化的历史背景，其经费来源也是多样化的。首先是来自政府的资金支持，尤其是官方智库更易从政府那里获得经费。对于民间智库，巴西政府也制定了相应的免税政策。除了政府的资金，私营机构和个人的捐助对于智库的发展也是不可或缺的。当然，一般私营机构的资助会带有一定的目的性，会要求智库宣传其企业文化或推广其新产品。另外，个人的资助也有倾向性，更多愿意赞助那些关于社会问题和环境问题的研究。海外机构的资助也是巴西智库重要的资金来源。这些海外机构资助的多是一些国际议题，只有与此相关的研究才更容易获得资助。

由于巴西社会的高速发展，巴西的智库更关注国内领域的研究，对于国际领域的研究则相对较少。在2014年的全球智库报告中，在一些明显具有国别性质的智库排名中，巴西至少有两家智库入选，但在能源等更具国际性议题的智库排名中，巴西智库却没有一家入选。如何通过智库的研究促进巴西的经济社会发展和执政能力是巴西智库的重点议题。瓦加斯基金会就是这种类型的智库，它曾协助巴西政府制定扶贫计划、减少外贸逆差，在解决本国的经济难题并推动经济发展上扮演了重要角色。

巴西的智库之间交流频繁，因而形成了独具特色的智库集群。智库之间的交流不仅仅是研究成果的共享，还有人员互动、研究方法等方面的取长补短等。巴西应用经济研究所就成立了这样的国家研究网络,巴西的一些重要研究机构都是成员，每年研究所还为工作人员和学生提供奖学金，培养其才能并为国家做贡献。[1]

---

[1] 徐世澄：《巴西主要智库概览》，《秘书工作》2015年第4期。

（二）总体特征

独立性是巴西智库的重要特征。智库的学术研究都是为了尽可能地影响政府决策，而智库的独立性就是其中的关键。一般认为与政府关系密切的官方智库或大学智库因为接受政府的资金资助，相对缺乏独立性。但巴西的官方智库和大学智库都保持了很高的自由度和独立性。以巴西应用经济研究所为例，该所是一家政府智库，但从成立之初，政府就给予其很大的自主性，允许研究所独立地决定研究方向和研究内容。虽然是一家政府智库，但由于研究人员背景多元，研究气氛自由活跃，比其他智库更加独立地选择研究项目，也有效地影响了政府决策。虽然是官办机构，但是研究所的政策研究完全是独立的，经常发布一些批评政府的文章，他们认为这才是真正地发挥智库的作用。

开放性也是巴西智库的一个重要特点。巴西智库与很多国外机构建立了联系，既邀请外国专家来巴西进行学术交流，也派遣智库研究人员出国培训并进行学术交流。随着巴西的国际地位不断提高，其他国家对巴西的兴趣也不断上升，对巴西国内问题以及相关全球议题的巴西实践也十分关注。在共同的兴趣下，巴西智库积极参与国际性的研究网络，与世界范围内的研究机构开展合作研究。

巴西的智库积极参与政府机构公共政策的制定和实施。智库也是巴西民众参与国家政治的一个重要途径。在社会政策等领域，巴西智库参与深度和广度都很强。如巴西整合与发展研究中心是一个只有35人的小型智库，但十多年来深度参与巴西饥饿问题研究、巴西土地改革问题研究等，并且引起了政府部门的高度重视。巴西智库参与政府决策主要是通过其影响力或到国会演讲接受听证等渠道，对政府工作提供各种建议方案。

总体来看，巴西智库特征明显，既有官方智库，又有民间智库；既有大型智库，也有小型智库。虽然智库与政府的关系十分密切，但巴西智库十分注重自身研究的独立性。巴西智库还十分注重对外合作交流，具有开放性。同时，巴西的智库经费来源也是多元化的，运作机制也带有自身的特色，这些都为巴西智库发挥决策咨询作用提供了前提和保障。这些特性对于推进中国特色智库建设具有重要的启示，很多方面可加以借鉴。

第六章 欧洲重要智库的案例分析

欧洲智库的起源较早，尽管有一段时间发展相对缓慢，但在 20 世纪 70 年代以后，欧洲智库走向了发展更迅猛的阶段。由于欧洲地区多为发达国家，其智库都有着相当的影响力，本章主要选取了英国、法国、德国以及俄罗斯的重要智库进行剖析，这些国家的智库也因其国家特点呈现出不同的智库特色，对于中国的智库发展具有重要的借鉴价值。

第一节 英国智库

一、英国智库的发展现状

英国是欧洲智库的发源地，1884 年成立的费边社已被称为具备了智库的一些研究特点，是现代智库的雏形。费边社是由英国的激进派知识分子在伦敦创立，目标是为了推社会的渐进式改革。一战以后，各种社会问题在西方国家频繁出现，对政府的内政外交形成了空前的挑战，西方一些国家的政府开始向更专业的智库寻求支持。正是在这样的背景下，英国皇家国际事务研究所于 1920 成立，它是英国在国际舞台上最具影响力的智库之一。

在这之后，英国智库又经历了三次发展浪潮。第一次发展浪潮是在一战到二战期间。在皇家国际事务研究所成立后，为应对全球经济危机而创立的经济顾问理事会、为缓解顾问理事会与财政部矛盾的国家经济与社会研究所分别于 1931 年和 1938 年成立。这一阶段的智库较少受到意识形态的束缚，更强调独立性的研究，坚持为政府决策者提供合理有效的政策建议，为公共政府服务。第二次发展浪潮从二战结束到 20 世纪 80 年代。代表性的智库有 1955 年创立的经济事务研究所，20 世纪 70 年代成立的政策研究中心、亚当·斯密研究所等。这一阶段的智库为了迎合冷战时期的意识形态需求，带有强烈的党派倾向。第三次发展浪潮以成立于20 世纪 80—90 年代的智库为主要标志，对此前阶段的意识形态严重分歧进行了反思，代表性智库有 1988 年创立的公共政策研究所、1989 年创立的社会市场基金会、1992 年创立的欧洲政策论坛。[1]

　　按照不同的分类，英国智库也呈现出不同的类型特征。按照研究的主题来看，英国的智库分为政治类智库(如公共政策研究会)、经济类智库(如经济事务研究会)、外交类智库（如欧洲改革中心）。按照隶属角度来分类，英国的智库又可分政府型智库、政党型智库和独立型智库。按照意识形态倾向来分，英国的智库又可分为左翼智库、右翼智库、中间派智库。总的来说，英国智库起步较早，无论是智库的数量，还是智库的质量，都维持在一个较高的水平上。英国智库明显的党派色彩和意识形态倾向近年来也遭到很多质疑，很多知名智库开始积极调整发展方向。一面是依附型的智库在不断衰退，英国智库的政党色彩在逐步淡化。一面是新型独立智库在不断发展壮大，已成大势所趋。按照英国著名经济学家 TIM 的看法，成功的智库应具有这样一些特征，即与媒体关系密切，能够获得决策者的信任支持，资金充裕，研究成果丰硕且对政策制定有重要影响，能满足捐助人需求或具有帮助委托机构实现研究目标的能力等。按照他的标准，英国比较成功的智库主要有以下 10 个：皇家国际事务研究所、亚当·斯密研究所、欧洲改革中心、政策研究中心、改革中心、市民社会研究所、公民、费边社、外交政策中心、公共政策研究会。[2]

　　在 2015 年的全球顶级智库排名中，英国皇家国际事务研究所位列世界第二，在2017 年下降到了第六位。国际战略研究所在 2015 年排名世界第七，2017 年下降到了世界第十。国际特赦组织在 2015 年排名第十，2017 年则下降到了第四十位。其他还有欧洲对外关系委员会排名世界第二十七位，经济政策研究中心排名世界第三十六位，以及新入围的脑库排名世界第四十五位。总体来看，英国智库的整体排名有所下滑，但在整个世界智库排名尤其是某些具体领域的研究上仍然位居世界前列。

---

[1] 褚鸣:《美欧智库比较研究》，中国社会科学出版社 2013 年版，第 51—52 页。

[2] 王佩亨、李国强等:《海外智库——世界主要国家智库考察报告》，中国财政经济出版社 2014 年版，第 45—46 页。

二、英国重要智库的案例分析

（一）皇家国际事务研究所

1. 发展概况

英国皇家国际事务研究所成立于 1920 年，地处伦敦市中心的圣詹姆斯广场。著名的《查塔姆守则》就是诞生于此，因此，皇家国际事务研究所也被称为查塔姆研究所。1918 年，英美代表团赴法参加巴黎和会，柯蒂斯提出建立一所英美联合的外交事务研究所的建议，希望通过对国际问题的研究来避免未来战争的爆发。之后，英国在伦敦建立了研究所，美国也在纽约建立了对外关系委员会，现如今这两家研究机构在国际问题研究领域都是世界领先的智库。1926 年，伦敦的研究所获得皇家特许证，更名为皇家国际事务研究所。研究所的宗旨是打造一个世界一流的坚持独立分析并具有广泛影响力的智库，构建一个繁荣和安全的世界。研究所的日常工作包括对全球以及各国所面临的国际挑战进行严谨的独立分析，出版国际事务方面的各类出版物（包括报告、论文、著作以及期刊《今日世界》《国际事务》等），定期组织学术活动和学术会议并邀请世界知名人士前来作报告，向媒体提供专业时事评论，定期会晤政府官员并向政府决策者提供各种政策建议，为学者、商界人士、政府官员、企业研究人员、非政府组织等提供一个独立的互动平台以及一个开放的交流环境。

理事会是皇家国际事务研究所的最高决策机构，但理事会的主席和副主席都不负责具体工作，研究所的资助人和所长也是荣誉职务，真正负责具体工作的是主任、研究主任、行政主任。英国女王是研究所的资助人，赫德勋爵、罗伯逊勋爵、威廉姆斯男爵夫人都是研究所的名誉所长，且分别来自议会的 3 个不同党派。理事会由研究所的成员无记名投票产生，任期 3 年，可以连任 1 届。理事会下设 3 个委员会，分别是执行委员会、财政委员会以及投资委员会。2008 年，研究所还专门成立了专家小组，小组成员主要是相关领域的专家学者，凭借其深入的专业见解为研究所提供相关研究建议。

皇家国际事务研究所是一家历史悠久的智库研究机构，它的成立也跟当时特殊的时代背景有着密切的关系。皇家国际事务研究所最初的研究领域主要集中于国际事务层面，今天虽然研究主旨没有改变，但研究领域与之前相比已经大为扩展，开始从更宏观、更全面的角度来审视影响全球安全的各种因素。在研究所的发展过程中，英国皇室和政府都给予了重要支持，在 1926 年它获得了皇家特许证，它的办公地查塔姆大厦曾是三任首相的官邸，于 1923 年捐赠给研究所作为办公场所。英国皇室和政府的支持对研究所影响力的提升起了重要推动作用。但皇家国际事务研究所本质上还是一家独立的研究机构，虽然政府某些部门是研究所会员，也会提供具体项目的资金支持，可是研究所并不接受政府的固定拨款，而且非常强调自身的政治中心性，比如研究所的 3 位名誉所长就来自不同的党派，而这些行为的背后所透视出的是皇家国际事务研究所非常注重自身研究与政策建议的独立性和公信力。

2. 人员、经费与研究

英国皇家国际事务研究所现有在职员工 194 人，主体为科研人员，共有 136 人。这些科研人员又分为不同的研究团队，其中能源、环境和资源管理研究团队有 32 人，包括项目经理、执行总监、资深研究员、研究员、助理研究员以及访问学者等。国际经济研究团队有 10 人。地区和安全研究团队又根据地区和领域分成不同的研究小组，从区域来看，中非洲研究小组有 15 人、美洲小组有 5 人、亚洲小组有 14 人、欧洲小组有 7 人、北非与中东小组 17 人、俄罗斯与欧亚小组有 13 人；从领域来看，全球卫生安全研究小组有 3 人、国际法研究小组有 5 人、国际安全研究小组有 15 人。科研人员之外，另有非科研人员 58 人，包括主任办公室 3 人、外联部 5 人、出版社 2 人、国际交流处 3 人、《今日世界》编辑部 2 人、会员管理及会务处 19 人、图书馆 4 人、后勤处 14 人、财务处 6 人、IT 部 3 人。[1] 皇家国际事务研究所根据具体的研究项目来组建研究团队，主要是相关领域的专家学者。研究所还有一个专家小组，其成员往往都拥有深厚的政府或企业界背景，能够为研究所的研究项目提供专业的建议，对研究所的成果推广也有一定的推动作用。

研究人员之外，皇家国际事务研究所还有着众多的个人会员和团体会员，这与研究所致力于为各界人士提供一个互动交流的独立论坛密切相关。目前研究所拥

---

[1] 李轶海主编：《国际著名智库研究》，上海社会科学出版社 2010 年版，第 163 页。

有个人会员 2500 多人，团体会员 200 多家，包括领事馆、企业、大学等各类机构。个人会员因对国际事务有浓厚兴趣而被研究会聚集在一起，他们拥有着不同的背景，有不少人来自学界和外交界，也有不少企业界、非政府组织人士。成为研究所的会员就可以加入皇家国际事务研究所这个具有全球影响力的网络中，进而享有一些权利。这些权利包括参加研究所定期举办的有世界各国政府官员与国际问题专家参与的讲座，并可参与讨论。会员还可以免费获得皇家国际事务研究所创办的一些知名刊物，比如《国际事务》（双月刊）、《今日世界》（月刊）、《查塔姆研究所新闻》，购买皇家国际事务研究所出版的图书还可享受七折优惠。在皇家国际事务研究所的网站上，还专门设有"会员专区"，不仅包括上述期刊的所有文章，还包括研究所近期及过去所有活动的文字及音频记录。个人会员还可免费使用皇家国际事务研究所的图书馆及其提供的服务，包括研究参考咨询、图书借阅以及无线网络服务。研究所还为 35 岁以下的年轻会员提供了一个交流平台"青年论坛"。此外，会员还可参加研究所举办的一些特别活动，比如"与演讲者面对面"、研究会的年会以及各类年度讲座等。

团体会员又可分为企业会员和科研机构会员。企业会员分为重要企业会员和标准企业会员，前者的会费高达 12000 英镑 / 年，后者的会费则为 2600 英镑 / 年。目前研究所的企业会员有 BBC、高盛集团、一些国家的使领馆等。企业会员可以获得研究所关于国际发展问题的深入研究报告，同时可与专家及决策者建立密切的关系网络，在国际社会中确立积极参与者的良好形象，进而扩大企业对于政策制定的影响力。科研机构会员是皇家国际事务研究所在 2005 年新开展的一项会员服务，目的是为了满足学界提出的增加对研究人员及学生开放度的要求。科研机构会员的会费为 2200 英镑 / 年，科研机构的学生则可享受每年 80 英镑的优惠会费，也可免费参加学术会员大会为科研机构学生组织的年会。科研人员则可享受皇家国际事务研究所的一切会员待遇，目前的科研机构会员有朴次茅斯大学欧洲及国际研究中心和南洋理工大学国际研究学院等。

皇家国际事务研究所很大一部分资金的来源就是上述各种会员缴纳的会费，此外还有一些来自基金会、公司以及个人的赞助等。皇家国际事务研究所不接受政府的拨款，但适当接受政府对具体研究项目的经费资助。皇家国际事务研究所主要的项目资助者包括亚洲发展银行、中国环境与发展国际合作委员会、欧洲委员会等，其他的一些企业合作伙伴包括英国天然气集团、国防部、壳牌公司等等。总体来说，皇家国际事务研究所的收支情况还是平衡的。如 2008—2009 年度的总收入为 710 万英镑，总支出则为 700 万英镑，收支相抵之下，还有一定的盈余。

目前皇家国际事务研究所的研究领域主要集中在三个层面：一是能源、环境和资源管理，二是国际经济，三是地区安全，且研究所的研究更侧重于政策的制定，强调独立性、创新性、前瞻性。研究所的研究项目都是结合当前国际发展趋势并围绕上述三个领域开展研究，通过研究报告的出版为政府决策提供建议。研究所开展的主要研究项目包括非洲项目、美洲项目、亚洲项目、欧洲项目、国际经济项目、国际法项目、中东项目、新安全问题项目、俄罗斯与欧亚项目、可持续发展项目。非洲项目主要研究非洲大陆、非国家角色、国际制裁所带来的影响，并通过英国——安哥拉论坛等各种形式推动对具体国家的研究。美洲项目又分为三个研究小组，加勒比小组主要关注经济发展、地区一体化和全球影响等问题，美国小组主要关注美国及其外交政策的世界认知和理解，"南方共同市场小组"主要关注的是拉美地区，出版了关于该地区重要问题的一系列论文。2002 年，研究所还在迈阿密举办了一次关于欧盟与拉美关系的会议。亚洲项目主要是以中国为研究中心。这是皇家国际事务研究所与剑桥大学国际研究中心联合开展的研究项目，关注的核心是中国的经济发展和亚洲贸易问题。除了中国研讨小组外，亚洲项目还设有日本研讨小组、韩国研讨小组、南亚研讨小组。亚洲项目还有一个合作伙伴"亚太技术网络"，2002 年在上海和首尔分别召开了部长级会议。欧洲项目主要研究欧洲的政治经济与安全问题，具体项目比如欧盟扩大的法律意义以及关于一体化中的欧洲商务。国际经济项目主要研究金融问题、国际贸易的发展以及如何减少贫困等问题。国际法项目主要研究国际法问题及国际关系实践，并为律师和决策者提供论坛。中东项目通常与相关专家或智库进行合作研究。新安全问题项目主要研究美国安全战略、军事冲突以及多边机制的意义等。俄罗斯与欧亚项目主要是对俄罗斯等国外交和国内政策进行研究，曾出版过《弗拉基米尔·普京和俄罗斯外交政策的逆转》等专著，也举办过"俄罗斯自然资源经济""乌克兰的后库奇马时代"等讲座。可持续发展项目主要关注能源与环境，是研究所最大的研究项目。

3. 影响力

英国皇家国际事务研究所是英国规模最大的智库，也是世界上著名的国际问题研究中心之一。它与英国政府、企业界、新闻界以及学术界都有着广泛的联系，对政府的外交政策制定有着相当的影响力。皇家国际事务研究所建立之初的宗旨是为了避免地区冲突和世界战争，因此在该领域有着广泛的知名度。目前，皇家国际事务研究所所涉及的地区及安全项目涵盖了全球各主要地区，关注的都是时事热点。除了传统研究领域，皇家国际事务研究所也紧跟时代发展趋势，将研究领域拓展到能源、环境和资源管理、国际经济研究等方面，对科研发展方向的把握上具有高度的前瞻性。皇家国际事务研究所也非常注重对自身研究成果的推广，通过积极利用政商学各界的人脉资源，并大力开发媒体网络，一方面拓展了自身的经费来源，另一方面对研究所影响力的发挥也起了重要的推动作用。

首先是加强与政府之间的联系。英国皇家国际事务研究所虽然是一家独立的研究机构，但从其创立之始及其发展历程均不难发现，研究所与政府之间虽然不是从属关系，但却与政府始终保持着密切的关系。皇家国际事务研究所开展的研究项目以及这些项目的最后功用都决定了它必须与政府建立合作关系，因为政府既是它的研究对象，也是它的服务对象。在研究所的专家小组中，很多都是前政府官员。从主要资助者名单中看，政府也是研究所项目资金的重要资助者。在研究所的团体会员中，也有不少政府机构，这些都加强了研究所与政府之间的联系。

研究所与企业以及大众媒体也保持密切的关系。很多世界知名企业既是皇家国际事务研究所的资助者，同时还是研究所的团体会员，二者之间形成了良好的互动互惠关系。由于皇家国际事务研究所在国际问题领域的权威性，媒体相当关注研究所专家的评论、研究报告等。研究所通过媒体日记专门为大众媒体提供研究所的相关信息。凡是注册的媒体都能够定期更新研究所的研究动态和活动信息。英国的主要广播、纸质媒体等大多都是研究所的媒体成员，研究所还为这些媒体提供采访所内专家及活动嘉宾的机会。皇家国际事务研究所还通过媒体简报向记者提供研究所关于国际新趋势的专业观点和评论。媒体日记和媒体简报都有外联部专人进行负责。除了《今日世界》和《国际事务》两本国际关系领域的顶尖期刊，研究所还有不少其他出版物，包括提供专家深度研究的《查塔姆研究所报告》，相关专家撰写的简短论文、研讨会论文，会议纪要等。研究所还在 2005 年设立了年度皇家国际事务研究所奖，专门用于奖励促进国际发展方面有突出贡献的个人。2006 年，研究所又推出今日 BBC/ 皇家国际事务研究所系列讲座，目的是为了促进对当今主要国际问题的讨论。通过这些不同的渠道，皇家国际事务研究所的影响力得到了很大的提升。

（二）伦敦国际战略研究所

1. 发展概况

1958 年，一群国际关系领域的学者在伦敦成立了国际战略研究所，其意在于探讨如何在核时代维护文明社会中的国际关系，早期的研究侧重点是核威慑和军控。20 世纪 80—90 年代，国际战略研究所开始关注冲突问题，因为这其中包含重要的军事信息，研究所将其研究范围扩展到了各大洲政治军事的综合性研究。对于政治家、外交家、国际商务人士、经济学家、记者以及大众而言，国际战略研究所是获取国际战略方面客观信息的首选信息源。研究所并不隶属于任何政府部门或任何党派组织，它是一所独立型的智库，非常注重前瞻性的研究，尤为重视在战略研究中提出新的观点。国际战略研究所是一个会员制机构，它拥有着来自全球 90 多个国家的会员，理事会和科研队伍也十分国际化，是一个真正的国际性组织。每年国际战略研究所都会召集有各国国防部官员、外交部官员参加的各种公开或私人会议，围绕国际安全政策进行商讨。目前，国际战略研究所在新加坡、巴林、华盛顿都设立由办事处。

国际战略研究所强调自身的功能主要有三项：研究所功能、情报中心功能、论坛功能。所谓研究所功能，是指国际战略研究所通过分析世界上各个国家的国防安全与冲突，提出新的战略构想。目前研究所的研究领域已从单一的安全问题研究逐步拓展至社会和经济领域以及武装力量对政治和道德的影响等多个层面。所谓情报中心功能是指研究所通过搜集有关军队和安全方面的信息并可供记者、分析人员、学者广泛使用。所谓论坛功能是指研究所每年都会举办年会、讲座以及关于战略问题的系列学术会议。围绕这些功能，国际战略研究所明确自身的发展宗旨是通过发行出版物和其他活动为公众及各国政府提供客观优质的军事政治信息，并提供给他们关于政策的最优分析。同时，研究所要通过构建一个由个人、政府、企业以及其他主体组成的国际网络，把研究所的研究成果尽可能地传播出去，进而影响和推进各国完善自己的政策，维护世界的和平与安全。

国际战略研究所的日常管理主要由理事会负责。理事会每年召开4次会议，其成员人数在10人到20人之间，理事会的主席由理事会成员经过选举产生，同时他还兼任研究所的副主席。理事会的普通成员则由普通决议产生，任期为3年。任期结束后，还可参加下一届选举。但连任2届后必须卸任至少一年才能再进入理事会任职，每一位理事最多只能任职4届。荣誉理事成员则无此限制。理事会成员是国际战略研究所的担保人，因此需对研究所的任何决定负责，理事会的权限包括理事的任命、会费的制定、年度总结以及年度财务报表的审查、审计人员的任命等等。研究所还从国际会员中择其优秀者组成学术委员会，主要负责科研咨询工作，并就科研方面的相关问题向理事会、研究所所长等提供建议。学术委员会的成员人数一般不超过30人，但也不少于20人，任期为3年，最多连任2届。委员会成员由委员会主席、理事会主席以及研究所所长、首席执行官进行审议，全体会议选举产生。学术委员会选举产生的委员会主席也是研究所主席，理事会主席以及荣誉财务主管在任期内自动成为委员会成员。委员会每年开会2次。除学术委员会外，研究所还有审计委员会、投资委员会。审计委员会负责捐赠款监控系统，将研究所年报及年度财政声明提交给审计员，控制研究所的财政风险。投资委员会负责监督捐赠款储备的投资。经过授权，投资委员会可以为研究所制定投资政策，任命投资经理。投资委员会定期审核投资运行状况，并且代表国际战略研究所参与重要的融资活动。

此外，国际战略研究所还有数量庞大的会员。会员可以参加研究所主办的各类活动，并可以加入由分析师、评论家等组成的群体网络之中。研究所在世界各地举办的大会，比如全球战略研究年会基本上都是会员参加。研究所的会员因机构的研究性质多从专业人士中吸收。国际战略研究所每年会组织超过20次的国际会议，所有会员均可报名参加。由于近年来研究所在伦敦邀请越来越多的知名人士作主旨演讲，阿兰德尔宅邸已成为国际公认的讨论公共政策首选之地。会员还可以参加研究所的刊物编撰和组稿工作，也可以优先登录研究所网站的会员专区，使用研究所的信息和图书馆服务。研究所的会员以欧美国家为主，其他国家尤其第三世界国家人数偏少。会员按性质可分为团体会员和个人会员。团体会员面向政府和商界领袖，又可分为团体赞助会员、团体执行会员、高级团体会员、基本团体会员。团体赞助会员主要指处于全球领导地位的公司机构，他们能够参与研究所举办的仅面向此类会员的国际会议或活动，并能享受研究所专家提供的专属咨询，会费为每年5万英镑。团体执行会员能够获得国际战略研究所的优先邀请参与研究所的组织活动，会费为每年2.5万英镑。高级团体会员主要面向年收益1亿美元以下的企业，此外还包括政府及各类机构，会费为每年1万英镑。基本团体会员面向一般的企业、政府部门等，会费每年2000英镑。个人会员来自工业、银行业、咨询业、政府等各个领域，且其入会还需入会2年以上的老会员推荐。个人会员也分为四类：个人赞助会员、综合个人会员、初级非营利机构会员、高级个人会员。个人赞助会员每年会费1万英镑，综合个人会员每年会费260英镑，初级非营利机构会员面向35岁以下的非营利机构、政府、学术机构的工作人员，会费每年100英镑。高级个人会员要求64岁以上，且需由10位会员推荐，会费每年100英镑。[1]

2. 经费与研究

伦敦国际战略研究所有着多层次的资金来源渠道。很多研究所的研究项目都得到了一些基金会和国际组织的支持，研究所会员的会费也是一项重要收入。此外，研究所发行杂志和书籍的销售所得也带来一定的出版收入。虽然研究所不接受政府的全额拨款，但是接受针对会议组织的财政支持和政府委托课题的专项拨款。在收入来源中，各类研讨会以及全球战略研究年会的收入占比最高，达到41%；其他的收入包括出版销售收入为7%，会员会费收入为14%，政府补贴为19%，捐赠为12%，投资收入及其他为7%。支出各项中，也以各类研讨会及全球战略研究年会占比最高，为27%；其他各项支出包括日常管理运营经费为23%，间接拨款使用为12%，直接拨款使用为19%，出版开支为8%，利息支出为8%，图书馆及其他开支为3%。

在经费的支持下，伦敦国际战略研究所根据独立客观的原则对21世纪全球面

---

[1] 李轶海主编：《国际著名智库研究》，上海社会科学出版社2010年版，第171页。

临的安全挑战进行了全面的综合性研究。研究所的研究成果主要通过论文发表、在线数据库以及会议讲座等形式进行公开。研究所在新加坡、华盛顿和巴林的办事处为该所的地区研究提供了某种区域优势,有利于加强研究所与该地区政府以及企业界、学界的联系,并以各种研讨会和年会为平台汇聚了相关领域的研究专家以及重要的利益相关者。从主题来看,伦敦国际战略研究所主要集中围绕冲突、防务分析、全球事务及全球组织、主要大国间关系、核不扩散及裁军、气候变化和安全问题的跨大西洋对话、跨国威胁和国际政治风险七大主题展开研究。冲突研究是伦敦国际战略研究所的一个非常重要的研究领域,围绕全球各地区的冲突,研究所撰写了大量研究报告。在这些冲突问题研究中,研究所更关注阿富汗与伊拉克的冲突,巴尔干、高加索和克什米尔地区的冲突。防务分析方面的研究包括军事力量的改革与现代化、防务的工业基础、军事冲突的发展和趋势等。全球事务及全球组织研究主要聚集于最突出的边界事件。主要大国间关系研究主要关注各大国的实力发展、战略导向及其关系,特别是对美国、欧洲各国、俄罗斯、日本、中国以及印度等大国尤为关注,不少研究项目还进行了各国间的比较研究。核不扩散及裁军研究致力于达成一项全面核不扩散战略,通过集合预防、防御、必要的军事、政治、经济、外交等综合性的举措应对核扩散的威胁。气候变化和安全问题的跨大西洋对话特别关注气候变暖对贫弱国家的影响、食物及水资源供应减少的潜在影响、如何更有效地应对气候变暖的挑战等问题。跨国威胁和国际政治风险则比较关注激进主义与去激进主义、如何应对恐怖主义等问题。从地域角度来看,伦敦国际战略研究所比较关注阿富汗安全、非洲安全、亚太安全、欧洲安全、海湾及中东安全、拉美安全、俄罗斯及欧亚地区、南亚、东南亚、美国外交政策及跨大西洋事务等,并围绕这些区域发表了一系列研究成果。

3. 影响力

在2015年的全球智库报告的最佳智库排行榜上,伦敦国际战略研究所排名第7,虽然到了2017年下降至排名第10,但仍是排名靠前的世界知名智库。[1]伦敦国际战略研究所通过多种途径来扩展自身的影响力。首先,研究所对国际合作十分重视,

---

[1] 杜骏飞:《全球智库指南》,江苏人民出版社 2018 年版,第 145 页。

它通过召开国际会议尽可能将各国政府官员聚集在一起，为他们提供一个交流的平台，围绕感兴趣的话题共同展开讨论，而各国政府本身都未必能做到这一点。在研究所隐私保护原则下，官员们可以进行私下的非官方接触。伦敦国际战略研究所致力于通过非正式的方式推动各国间的相互协商，使得他们之间能够建立起新的关系网络以加深了解。伦敦国际战略研究所也凭借这种半外交形式的国际会议成为消除国际事务摩擦的润滑剂，相比其他智库在国际事务中所能发挥的实际作用要更加有效。通过各类国际会议，伦敦国际战略研究所在政界有着不同于一般智库的非凡影响力，研究所构建的平台能够吸引各国的决策者本身就说明了它的知名度和影响力。

伦敦国际战略研究所还专门设有一家阿兰德尔战略咨询公司，为金融业、能源、国防、航运、电信等领域的企业提供分析咨询，帮助它们在复杂国际环境中更好地进行企业决策，因此研究所在企业界也有着很大的影响力。它可以为客户提供全球所有地区的政治趋势和战略转型的分析，充分利用研究所的专业力量为上述各机构提供建设性的建议。伦敦国际战略研究所还通过发行众多的出版物以及网络媒体积极传播其研究成果。伦敦国际战略研究所的众多出版物有阐述世界军事力量的权威年刊《军事平衡》，年度政治军事回顾杂志《战略》，深度分析整体战略的艾德菲丛书，国际关系期刊《生存：全球政治和战略》《战略评论》等等。研究所也积极利用新媒体技术，通过网络与公众进行互动，通过 twitter 等实时更新动态新闻。伦敦国际战略研究所的一个重要特点就是它的强大政治人脉和影响力，不仅在英国国内，乃至整个世界，研究所都在世界和地区安全研究领域具有重要地位。有时，它的影响力甚至超过单个政府，随着伦敦国际战略研究所研究领域的不断拓展，它不仅是一个国际军事情报的研究中心，也是一个国际问题研究领域的国际俱乐部。

（三）发展研究院

1. 发展概况

发展研究院成立于 1966 年，是在国际发展领域集教学、研究和交流于一身的全球性组织，它的目标不仅是要去理解和解释世界，更是要去了解和影响世界，寻求更好的发展。发展研究院关注影响世界发展的全球性事务并进行深度分析，它们相信通过权威的研究、创新的教学、新颖的传播方式可以使其研究成果产生广泛的影响力。发展研究院的研究战略根植于这样的价值观：关注公平和社会公众、认同权力关系、挑战正统观念的独立性、多方合作和分享不同的观点、研究同时不断学习。虽然目前不少发达国家都有这一类型的智库，发展中国家也日益重视这一方面的研究，但发展研究院是这一领域的第一所研究院，并且有着自身的独特之处。发展研究院坚持以人为本的发展学理念，主张将研究、教学、传播融为一体，通过多学科的研究方法来研究社会发展所面临的复杂挑战。

发展研究所的主要管理机构是由 20 人组成的理事会。发展研究院的总体战略和政策都由理事会负责审批，理事会还负责日常的监管、提高发展研究院的经济社会效益。每年的 6 月和 11 月，理事会会召开两次会议。理事会的成员由下属的委员会提名选举产生。财务和审计委员会就是理事会下属的一个分支机构，其工作主要是负责年度预算的监管与审核、财务的制度及其运作等。财务和审计委员会由一名独立理事担任主管，每年会召开 3 次会议。研究院院长还直接领导一个战略管理小组，负责发展研究院的战略和管理相关的决策执行，成员包括研究团队负责人、信息官、战略营运官等，每月会召开一次工作会议。经过几十年的发展，发展研究院在业界拥有强大的号召力，在全世界范围内都具有独特的吸引力。

2. 人员、经费与研究

发展研究院拥有 5 个研究团队、8 门深受欢迎的研究课程、世界一流的知识服务。目前发展研究院大约有 100 名专职研究人员、70 名的科研辅助人员、65 名行政人员以及 200 名学生。此外，发展研究院还有着全球范围内的合作伙伴、前雇员以及毕业生等。研究院根据研究的具体项目来组织研究团队，一般研究团队主要包括项目的总负责人、执行负责人、研究员及其助理、访问学者等，这些研究人员都有着相关的专业背景，一般都具有硕士或博士学位。发展研究院还与其他一些外部机构进行合作，比如德国发展研究院等。

发展研究院的资金主要来源于科研项目的委托方、咨询收入、教学培训收益、出版销售收入，同时也接受来自欧盟、联合国各机构、各类基金会的捐赠等，但研究院并不接受英国政府的固定拨款，研究院的年收入大约为 1500 万英镑。在研究院的研究项目中，有些是有政府部门或企业提供资助的，有的则并无资助。

研究院从政治、经济、文化、社会、法律、知识、技术、环境等多个领域探讨如何实现人类的协调和可持续发展。作为发展学领域的第一家智库，发展研究院从跨学科角度组建了 5 个相互联系的研究团队，集中探讨全球化，政府治理，知识技术与社会，参与、权力与社会变革，易感性与减贫等方面的问题。全球化研究小组的研究出发点是全球经济正在经历的那些进程，重点研究全球发展的动力所在，致力于探讨如何促进可持续的经济发展并实现减贫目标以及相关政策的制定。政府治理的主要研究领域是公共权威与国家能力、安全与和平。政府治理研究小组的研究中心是公共权威，也即政府治理的合法性。该研究团队将政府治理置于一个多层次且相互关联的系统中，探讨政府如何在各个层面进行运作及其相互间的关联。知识技术与社会研究团队致力于研究权力—知识机制，通过跨学科的研究与其他单位进行合作，将全球讨论和地方实践结合起来。参与、权力与社会变革研究团队通过与世界范围内的企业、研究院进行合作，在社会变革领域推进观念和实践的创新。易感性与减贫研究团队致力于在易感性和减贫领域推动政策的制定和实践向多维度方向转变，主要研究领域包括气候变化与发展、社会保障、就业与易感性等。

3. 影响力

发展研究院十分注重开展国际合作，比如参与、权力与社会变革项目就聚集了美国、巴西等国的不少研究中心的研究力量。由于其研究领域的特殊性，发展研究院特别重视发展中地区以及落后国家的发展问题，因此研究院往往会与当地学术机构共同开展研究，这既加强了研究的针对性和实践性，也促进了研究院国际影响力的提升。

作为发展交流领域的先驱，发展研究院特别强调将知识应用于发展的实践。研究院也拥有自己的知识服务体系，包括英国发展研究图书馆等。这些服务体系的宗旨都是为了提升知识对决策的影响力，研究院相信多元化的观点可以加强决策的力度。发展研究院还设有专门的知识服务信息部，为社会和经济发展领域的诸多问题提供咨询服务。研究院也有专人负责媒体宣传，建立了多渠道和多载体的新闻发布平台。发展研究院通过新闻办公室为媒体提供发展学领域的专家评论和观点。在研究院的网站上可以浏览最近的新闻以及研究院召开的研讨会信息。研究院还会定期制作视频和音频文件，通过 Facebook、Twitter 等社交网络进行共享。不同于一般智库特别追求政策的影响力，发展研究院更注重为发展政策和实践提供新的方法和思路，因此它更重视理论与实践研究，而不是决策咨询。它与政府决策机构的联系相对较弱，但与一些非政府组织、民间组织的合作却十分密切。

（四）亚当·斯密学会

亚当·斯密学会成立于 1977 年，是以古典政治经济学之父亚当·斯密来命名的。亚当·斯密学会是一家自由主义的智库，支持自由市场和经典自由主义理论。一直以来，亚当·斯密学会以在税收、私有化以及公共服务改革等领域的先驱研究闻名于世，是一家独立性非营利性智库。亚当·斯密学会一向都很重视现实问题研究，在其成立初期，由于正值战后社会主义思想的高潮，学会的宗旨是用自由市场的理论来教育公众并引起相关讨论。

亚当·斯密学会的高管团队主要有 5 人，包括学会的董事会主席、学会主任、通讯联络主管、研究主管、项目主管。此外，亚当·斯密学会还拥有 7 名高级研究员。为了保证学会的独立性，亚当·斯密学会不接受政府的资助，其大部分的资金来源是个人、基金会的捐助以及一些出版物的销售所得。亚当·斯密学会的研究目标是构建一个让世界更自由更繁荣的政策，研究涉及的领域也很广泛，包括经济、教育、能源与环境、自由与公平、税收与支出、福利与养老金等。

2009 年的《外交政策》杂志曾将亚当·斯密学会列为美国以外的全球十大智库之一，认为亚当·斯密学会对英国的政策制定有很大的影响力。从建立以来，亚当·斯密学会就强调经济自由主义，并通过各种渠道网络传播学会的理念。学会拥有一个由政策专家、政治家等组成的专家网络，而他们对学会的自由主义理念的传播都有很强的影响力。学会也很注重网络的力量，学会所有的文章都可以通过学会的网站进行使用，学会的网络博客每天有超过 3000 人的浏览量。学会的研究人员经常在媒体上发表评论，就广泛的议题接受采访和讨论。尽管英国不乏自由主义的智库，但亚当·斯密学会认为自己在促进私人和经济自由方面能提供更全面的思想和政策建议。在其 2011 年度的报告中，亚当·斯密学会强调，正是由于扎根于自由市场和有限政府，学会才能脱颖而出。学会反对财政的紧急救助，这显示出福利国家的不可持续性以及政府刺激的无用性，但却使学会的言论更具有可信性。

（五）公共政策研究会

公共政策研究会成立于 1988 年。在 2001 年和 2007 年，公共政策研究会被评为英国年度前景智库。作为一个独立的非营利性的研究机构，公共政策研究会一直致力于通过研究、讨论和出版书籍向公众提供关于社会经济和政治问题的思想观点。具体来说，公共政策研究会主要致力于这样的目标：对抗不平等、赋予公民权利、增进社会责任、创造一个公平且可持续的经济、重塑民主。在研究会的组织构架中，托管人委员会负有指导的最终责任。政策咨询委员会主要是借助优秀人才为研究会提供建议。研究院士是专注于研究项目的政策专家。其他研究人员包括高级研究员、客座研究员、研究员、研究助理。目前公共政策研究会有 12 位托管人，他们对研究会的事务拥有最终决定权，且每年都有三分之一的托管人退休，新的托管人由现任托管人任命。公共政策研究会还拥有 5 位主任、7 位副主任、19 位研究专员、6 位对外事务方面的员工、7 位运营人员、26 位研究院士。除了全职员工外，研究会也招聘实习生。公共政策研究会愿意为任何有志政策研究的人提供平等的工作机会。

公共政策研究会的资金主要来源于各类捐赠，以 2011 年为例，来自信托和基金会的占 36%，来自企业捐助的占 22%，来自第三领域的占 14%，来自欧洲委员会的占 11%，来自公共领域的占 6%，来自会员、贸易实体的占 5%，来自国际组织的占 3%，来自个人的占 2%，其他占 1%。在研究会的官方网站上，捐赠机构的名单被详细地标明。目前公共政策研究会主要的研究领域包括气候变化、经济政策、家庭社区和工作、移民、贸易和发展、政治与权利、公共服务改革。通过发行出版物以及网站、媒体等各个渠道，研究会将自己的研究报告以及各种政策简报向社会公众发布。公共政策研究会平均每年发表研究报告约 50 篇，其网站的点击率每年达到 100 余万次，并有 30 万次的报告下载量。每年，公共政策研究会也会举办上百场的各类会议。在电视、广播以及网上传媒层面，公共政策研究会每年也有约 5000 次的媒体报道率。所有这些方式都便于公共政策研究会更好地将自己有价值的研究成果展示给广大受众。

三、英国智库的运作机制与主要特点

（一）运作机制

英国的智库之所以在全球范围内都有着广泛的影响力，与其成熟的智库运作机制有着不可分割的关系。无论是智库的日常事务管理、资金来源，还是研究成果的宣传、课题的管理，都有着一套与之相适应的运作系统。

从智库的管理层面看，英国智库无论是规模大小，一般都将理事会作为智库的最终决策机构，负责智库相关事务的管理和决策。理事会的成员通常都是社会知名人士，比如政府官员、学者、企业家等，第一届的理事会成员往往由创始人和资助者共同推选，后来的理事会成员则多根据理事会的相关章程选出。对于智库的各个具体研究项目，项目的负责人除召集人身份外并无其他的职权。智库内的研究人员也只要对智库负责，对项目资助者负责，每个研究员之间也是平等的，相互之间的关系既松散又自由。智库内部以项目为中心，研究人员都是根据具体的研究项目并结合自身的研究兴趣自愿组织起来的，一旦工作完成，项目组就会解散，如有新的研究项目再根据新的需要重新组建研究团队。这样的管理体制可以充分保证每一位研究成员有足够的兴趣和动力参与研究，良好的氛围则可以激发研究人员的想象力和创造力，这些有益的因素对于高质量地完成研究项目都是重要的推动力。

从经费的筹措层面看，独立型智库的经费基本上都来自企业、个人、基金会的赞助以及一些会员会费、出版物的销售收入等，其中占比相对较高的是研究项目的委托收入及社会捐赠，且一般来说不接受政府的财政拨款。这种资金来源的多元化决定了智库在研究层面的独立性。在独立型智库之外，英国也有不少智库的资金是来源于政府或政党的资助，智库会应政府的邀请从事某一特定的研究项目。为了推动智库发展，英国政府还设立了海外工程基金，鼓励智库向海外拓展业务，以缓解财政供给的紧张局面。[1] 不少智库为了自身的独立性和客观性，还会对捐赠者设置捐赠的上限，以排除政策观点受到主要捐助者影响的质疑。不少智库还会将研究项目的财务状况进行公示以表明捐赠资金的使用有效恰当。英国智库内部一般都有

---

[1]　李建军、崔树义：《世界各国智库研究》，人民出版社 2010 年版，第 60—61 页。

专门的机构人员进行筹资工作，他们凭借智库的影响力从多个渠道筹集资金，并凭借筹集到的资金进行高质量的研究工作，进一步扩大自身的影响力。这样，英国的智库就形成了影响力与资金链相互促进的良性循环。

从影响力的发挥和研究成果的宣传层面看，英国的智库十分注重将自身的研究成果推广到全国乃至全世界。虽然智库用于研究项目的经费并不算少，但也有相当多的经费会用于推广宣传智库的思想观念和政策建议。一般来说，智库宣传自身研究成果的途径主要包括：定期发表各类刊物以宣传智库的研究成果，发表专题研究报告以及论著，通过举办各种会议、论坛以及演讲活动提供交流平台，通过开办网站传播自己的思想观念，通过接受政府委托项目直接影响政府的决策机构等。此外，智库还设有专门的外联部门与媒体进行沟通，也有相应的资金预算。比如皇家国际事务研究所就有专门的外联部门并建立了媒体每日报送制度，通过媒体将智库的政策见解第一时间提供给公众。

与美国智库相比，英国智库也有类似的"旋转门"机制。每逢英国政府换届之际，不少前政府官员会离职进入智库从事研究，同样也有不少智库研究人员进入政府部门任职。不仅在智库与政府之间，英国的智库和各大高校之间也有着密切的人才流动。任何一家智库要实现其生存和发展，都必须以人才为根本。英国智库不仅鼓励人才的流动，推动智库的研究人员与政府、大学等组织进行频繁的人才交流，而且保持着合理的流动率。如海外发展研究所的研究人员的流动率达到20%，平均任职时间为5年，很多研究人员在离职后去了国际组织和政府工作。[1]这种人才交流与互动有时还会延伸到海外，英国政府也有专门的基金支持智库选派年轻的研究人员去欠发达国家提供技术援助。

在课题的管理方面，英国也有一套成熟的机制，一般都遵循选题、筹资、研究、评审、发布这样的模式。对于大多数智库来说，无论课题项目来自何方，捐助者一旦出资后就不能再干涉项目的进展及研究结论，从而确保课题研究的客观性和独立性。在课题研究阶段，项目的负责人会成立一个自愿基础上的研究小组，由专业且资深的研究员开展具体研究工作。大型的研究项目还会邀请外来研究员参与研讨。

---

[1] 戴慧：《英国智库考察报告》，《中国发展观察》2014年第1期。

在课题的评审阶段，英国智库要求十分严格，一般都邀请第三方同行专家对研究成果进行评审并将结果反馈于研究机构。在课题的发布阶段，英国的智库则会充分利用大众媒体以及各种会议论坛来广泛宣传自己的研究成果，从而增强自身的影响力。

（二）主要特点

英国的智库在不断发展的过程中也逐步形成了一些自身的特点。

首先，英国的智库研究领域十分广泛，注重研究的质量和针对性。英国的智库研究领域包括国际事务、能源与环境、教育、人口与老龄化、交通与基础设施、国家安全、贫困与援助等各个层面。对于智库的研究成果，英国智库有一套严格的评审机制，还会核查研究经费的使用情况。英国的智库研究也十分注重实效，一般不以学术问题研究为己任，而是以影响政府决策为目标，因此其研究工作具有很强的现实针对性。

其次，英国智库的研究人员背景多元、专业结构合理且人员流动频繁。在英国，研究人员是很受人尊重、社会地位较高的一个社会群体。英国智库研究人员既有来自政府的前任官员、大学教授，也有刚毕业的博士生甚至拾荒者。只要有想法有独到的见解，不论何种背景都可能成为智库的研究人员。亚当·斯密学会就曾录用过一个拾荒者，原因就是他被认为很有研究头脑且具有创新力。智库的研究人员大多都是通才且具有创新力，英国的智库把创新力当作研究人员的基本素质。在英国，智库不仅是政策咨询研究机构，还是人才输送的重要渠道。通过与政府、大学以及企业间保持频繁的人才流动关系，英国的智库保持着新鲜的活力。

最后，英国智库的资金来源多元，追求独立性和客观性。在英国，智库对资金的使用有很多限制，资金捐助方并不能指定资金的使用目的，只能由智库全权安排。资金捐助方也无权修改研究结论，智库研究成果的发布也无需经其同意。为了防止资助者影响智库研究的客观性和独立性，很多智库还设有资助的最高限额，如亚当·斯密学会就规定每个企业每年度捐赠额度不能超过5万英镑。为了避免因捐赠资金过于集中，英国的智库努力使自己的资金来源多元化。

第二节 法国智库

一、法国智库的发展现状

与英美智库起步较早、规模较大相比，法国的智库相对起步较晚，更多集中在国际关系领域，呈现出少而精的特点。20 世纪 70 年代以前，美英智库在世界范围内占据了主导地位，法国智库的影响相对较小。从 20 世纪 70 年代末法国国际关系研究所成立以来，法国智库开始不断发展，在国内外都获得了较强的影响力。由于特殊的政治文化背景，法国的智库一直以来都与政府保持着密切的联系。在不少法国的智库研究人员看来，智库是具有同一意识形态并用其研究成果影响政府决策的专家团体，这一团体的主要职能是在意识形态的基础上开展研究。不难看出，法国智库十分强调坚守自身的意识形态，智库更像是服务于意识形态的组织结构而不是利益结构。

法国的智库大致可分四类：官办智库、高校智库、独立智库、企业智库。官办智库是指法国政府部门建立的一些研究机构，比如法国外交部、贸易部、经济部、文化部等部门设立的有关经济、政治、城市、社会、人口、贸易等问题的政策研究机构，目的是为各政府部门提供政策建议，减少决策时的失误。这些研究机构紧贴政府各部门的专业发展任务，是部门内部的智库，比较有名的有法国计划总署设立的国际信息和展望研究中心。高校智库是指法国的一些高等院校设立的智库。比如法国巴黎政治学院、巴黎高等商学院等建立了相关研究机构，但这些机构的规模普遍都较小，一般只有十来个人，这些机构的建立一方面促进了教学与科研的融合，另一方面也对法国的决策咨询起了重要推动作用。独立智库奉行独立性、非营利性的原则，在法国的政治、经济、文化、外交等各个领域都发挥着重要作用，比较有名的有法国国际关系研究所、法国国际和战略关系研究所、法国可持续发展与国际关系研究所等等。企业智库是指 20 世纪 90 年代以后兴起的由一些大企业或跨国公司建立的一批研究机构。企业智库并非仅仅只关心本企业的业务，也会涉及社会科学一些学科乃至边缘学科的研究，对于法国整个智库的发展也有一定的推动作用。

法国智库在法国社会中发挥着影响公共政策制定、评估政府运作效率、引导公众舆论、传播社会知识等多项功能。法国智库不仅对政府当前所面临的较为复杂的政策问题会经过研究给出合理的政策建议和解决方案，对于一些长远问题也会提出前瞻性和战略性的思路，影响公共政策制定。除了承担政府的研究课题以外，智库还承担着评估政府在公共事务中的运作效率或检验政府运作是否达到目标的功能。法国的智库研究人员有不少都曾在政府和国际组织工作过，拥有丰富的国际关系知识，每当国际上有大事产生，智库的研究人员都会在相关媒体发表看法，引导舆论，发挥智库的相关功能。法国智库的研究人员还经常到社会上开办讲座和报告会，并通过这些方式传播知识和扩大影响，引导公众对政策的理解，在政府和社会各界之间搭起沟通的平台，引发公众对政策关注，进而间接地提高公共部门的管理水平。

二、法国重要智库的案例分析

（一）法国国际关系研究所

1.发展概况

法国国际关系研究所是国际关系领域的一家具有广泛影响力的独立型智库。20世纪70年代，法国总统府根据国际形势需要计划建立一个真正独立的思想库，对重大国际问题进行分析和预测。1979年，法国外交部原分析与预测中心主任蒂埃里·德·蒙布里亚尔改组了当时的"外交政策研究中心"，建立了法国国际关系研究所。在2009年美国《外交政策》杂志发布的智库研究报告中，法国国际关系研究所被评为世界十大智库之一。法国国际关系研究所不属于任何一家党派，资金来源也是多元化的，其独立性的特征突出表现在其行政与财政的独立上。

董事会是法国国际关系研究所的决策机构。董事会根据相关章程决定和处理研究所的一切事务。董事会设会长1人，副会长2人，分别负责日常事务与财务工作。董事会的成员每隔3年由董事大会选举产生，成员人数保持在12至24人之间，现有成员为18人。每年，董事会会召开至少4次会议。董事会之外，研究所的行政领导包括所长蒂埃里·德·蒙布里亚尔、执行所长多米尼克·戴维、特聘顾问多米尼克·莫伊西以及项目专员、公共关系专员。研究所下设秘书处，领导财会室会计处、信息办公室、总务室3个行政办公室。此外，研究所还设有发展部和战略发展委员会。发展部主要负责与资助单位和个人进行联系，其任务是让资助单位和个人意识到他们的资助对研究所发展的重要性以及这些资助给他们自身所带来的好处。战略发展委员会的会长由所长担任，共有 13 名成员，主要任务是决定研究所项目研究的方向以及评估已完成的研究项目。委员会成员大多是国内外德高望重的学术权威。

作为一家专门从事国际问题研究的智库，法国国际关系研究所汇聚了众多国际关系领域的专家学者，从多个角度对当今世界国际关系领域发生的重大问题进行分析探讨。法国国际关系研究所致力于为专家学者、政府机构、新闻媒体、私人机构搭建对话与互动的平台，推动他们之间的交流。研究所通过研究国际关系体系的未来走向对国际关系的发展趋势提出看法，梳理国际关系变化所带来的各种影响，并通过跨学科的研究和众多研讨会努力创建新的世界治理模式。

法国国际关系研究所具有很高的开放度，只要是对国际关系感兴趣的集体或个人，都可以成为法国国际关系研究所的会员，参与到研究所的研究中，与世界各国的决策者以及最优秀的世界问题专家进行交流，参加决定未来世界命运的各种讨论会。法国国际关系研究所的会员分为个人会员，大使馆和小规模的组织会员，企业与基金会会员。个人会员没有什么限制，无论是来自哪个社会阶层或居住在何地，都可以成为正式会员。个人会员可以得到研究活动的专项书籍，提供 3 次机会查阅科研档案资料。个人会员还可参加下列公开活动：有知名人士主持的研讨会、不同研究单位办的工作培训班、布鲁塞尔举办的"星期二午餐会"、《战略经济的世界年度报告》年度发布会。个人会员还会收到季刊《外国政治》《研究所工作报告》，电子版的《法国国际关系研究所现状》《法国国际关系研究所报告》。根据会员个人要求，还可以获得其他的电子出版物。欧洲居民的个人会员费用为 180 欧元，另支付《外国政治》杂志费用 65 欧元。非欧洲居民的个人会员费用为 220 欧元，另支付《外国政治》杂志费用 90 欧元。学生会员为 57 欧元，但不提供杂志。大使馆和其他小规模组织也可成为会员，会费 680 欧元，享受法国国际关系研究所在巴黎和布鲁塞尔的所有活动。企业与基金会会员可以优先参加研究所举办的各项学术活动，可以成为决策者俱乐部成员，参加专门为企业与基金会会员举办的午餐讨论会，参加由所长主持的晚餐讨论会，参加每年 8 次专家午餐讨论会，优先参加"世界政治大会"。对于资助费每年为 2 万欧元以上的企业会员，法国国际关系研究所的项目负责人将去企业作演讲，内容涉及该企业业务或是该企业感兴趣的地缘政治、地缘经济等主题。研究会还会定期发送电子杂志《法国国际问题研究所情况》《法国国际关系研究所通讯》给这类会员，免费提供《战略经济的世界年度报告》《外国政治》等杂志以及《法国国际关系研究》丛书等。[1]

2. 经费与研究

法国国际关系研究所的资金来源是多渠道的。除了总理预算这唯一的公共资金投入，政府及其部门与法国国际关系研究所没有太多的利益关联。同时，总理预算并不影响研究所的具体项目，且公共资金在年度预算中的占比一般都低于 30%。法国国际关系研究所的经费最大来源是私人部门，主要是一些大型企业。它们以赞助的形式向研究所提供资金，[2]据统计，70 多家企业、60 多个国家的驻法使馆和10 多个组织团体都是法国国际关系研究所的会员，40 多家的企业和基金会对法国国际关系研究所的研究项目进行了资助。目前私人资助的占比已经达到了 70% 左右。

作为国际问题领域的智库，法国国际关系研究所拥有 60 多名的专家学者，这些学者有法国自身的，也有其他国家的学者，这些研究人员大部分年龄较轻，不到40 岁，他们以开放的态度从事国际问题研究，与相关领域的同行保持着密切的合作关系。法国国际关系研究所的研究可分为地区研究和横向研究两大块。地区研究主要是关于国家间关系的研究，横向研究大多则是从事新兴学科的研究。

法国国际关系研究所的地区研究主要包括欧洲研究、俄罗斯以及独联体国家研究、亚洲研究、非洲研究、美国研究。

由于地缘位置的因素，对欧洲政治经济社会的研究是法国国际关系研究所的研究重点。为此，法国国际关系研究所专门设立了法德关系研究中心、法国奥地利欧盟中心、法国欧盟轮值主席项目、法国国际研究所布鲁塞尔分部。法德关系研究中心成立于 1954 年，致力于探讨现代德国社会与政治的演变、法德关系、欧盟统一进程。法国奥地利欧盟中心成立于 1978 年，研究重点主要是欧盟对东欧与中欧扩展问题的研究、农业环境以及安全防卫政策等问题。法国欧盟轮值主席项目举办

[1] 李轶海主编：《国际著名智库研究》，上海社会科学出版社 2010 年版，第 201—202 页。

[2] 金彩红等：《欧美大国智库研究》，上海社会科学院出版社 2015 年版，第 196 页。

了系列早餐讨论会，对包括欧洲移民、气候变暖、欧洲在全球化中的作用等广泛议题进行讨论。布鲁塞尔分部是法国国际关系研究所的一个重要分支机构，它的责任是既让欧洲能更了解法国国际关系研究所的研究成果，也能让巴黎更清楚欧洲同行的观念。

俄罗斯及独联体国家研究中心成立于 2004 年，主要是对该地区的政治经济与社会的演变进行分析预判，提出评估报告帮助领导层进行决策，开展的研究项目包括亚欧国家政权体制、俄罗斯与欧盟之间的战略伙伴关系等等。

亚洲也是研究所的重点研究地区之一，法国国际关系研究所先后成立了亚洲研究中心、中东项目、马格里布国家项目、当代土耳其项目、伊朗项目 5 个研究团队。亚洲研究中心主要是对亚洲大陆的政治经济等方面进行全面研究，为法国政府的决策提供建议，该项目又分为中国项目、南亚与印度项目、日本法国对话项目、亚洲经济思考小组、中国在欧洲的直接投资、东亚与欧盟的经济关系 6 个部分。中东项目主要关注中东与近东国家的冲突以及该地区的政治、经济和军事变化。马格里布国家项目主要研究马格里布国家与法国等其他国家的关系及其政治转型的方式、马格里布国家的经济和安全问题等。当代土耳其项目主要围绕政治、经济、媒体三个层面的对话展开研究。伊朗项目成立于 2005 年，主要研究伊朗与欧洲各国的天然气问题、伊朗的政治体制、伊朗与世界各大国的关系等。

2007 年底，法国国际关系研究所成立了撒哈拉沙漠周边非洲国家项目，目的是改变公众媒体与政府决策者对非洲大陆的看法，采用新的政策来对待非洲，主要研究非洲国家政治形态的走向、国际关系中的非洲、非洲国家出现的新的意识形态等问题。2008 年，法国国际关系研究所在美国研究中心的基础上成立了美国研究项目。该项目的宗旨是对美国各个领域进行分析研究，为法国的私营部门与政府机构提供专题研究报告。

国际关系研究所的横向研究主要包括安全研究、欧洲治理与能源地缘政治项目、空间项目、经济研究项目、身份认定与公民资格项目、国际关系与体育研究项目、环境与健康项目。研究所于 1990 年成立了安全研究中心，主要是研究欧洲及法国的安全战略。研究中心通过研究报告对冷战后冲突不断的国际关系作了深入探讨，对影响国际关系的人文、传媒、军事、政治等各种因素进行综合解析，研究的议题包括大规模杀伤性武器的扩散、大国的安全与战略分析等。欧洲治理与能源地缘政治项目主要围绕石油与天然气市场的变化、能源与法规方面的全球治理、全球能源市场演变的地缘政治影响等方面展开研究，为公共事务参与者和决策者提供有关全球能源市场的变化及其影响。空间项目成立于2000年，主要研究欧洲及其他大国的空间政策，研究的主要议题包括能源供给的安全、天然气的排放与温室效应、能源政策社会学以及技术能力与变化的影响等。经济研究项目主要从政治经济角度来研究经济问题，研究的议题包括金融与经济危机，全球化的前景与中、印、俄等国的经济发展，法德经济层面的对话等。身份认定、公民资格研究项目主要针对移民带来的政治、经济、宗教和文化上的影响进行研究，研究的议题包括欧洲的新移民政策、民族融入方式的危机、机构中的种族歧视以及移民与发展等问题。国际关系与体育研究项目成立于2007年，主要从国际关系的角度对体育的作用进行思考。研究的主要议题有国家体育战略、全球化与奥林匹克、全球化与重大的体育活动、发展动力与体育经济面临的挑战、21世纪国际体育的新挑战。环境与健康项目主要研究全球环境与健康间的关系，通过研究涉及健康安全的问题评估这些解决方案的效率及其对全球治理的影响。

对于研究所的各研究项目，法国国际关系研究所专门设有一个战略发展委员会对研究成果进行评估。委员会是一个独立的学术评估组织，成员都是国际关系领域的知名专家，现共有14名委员。法国国际关系研究所对项目的评估十分严格，评估工作为一年一小评、四年一大评。首先研究人员必须通过书面报告的形式来汇报自己的研究成果。战略发展委员会的成员再对该项目的研究成果进行质量审定。在评估的过程中，委员会不仅仅关注论文本身的质量，而且特别关注研究员参与国际课题合作或参加有关国际讨论会的情况。如果研究成果最终得不到认可，研究人员会被建议从事新的研究项目。如果评估中屡遭失败，研究员的学术声誉将会受损，在以后的研究中也很难获得研究资助。

3.影响力和新的发展趋势

作为法国最负盛名的智库，法国国际关系研究所不仅在法国国内乃至世界范围内都有着广泛的影响力。自成立以来，法国国际关系研究所先后举办了多次国际研讨会，邀请各国政要、相关领域的国内外知名学者、企业领袖参与其举办的各类会议。在这些人当中，有不少国家和国际组织的领导人，比如俄罗斯总统普京、联合国前秘书长安南、不少国家的外交部部长及重要官员。正是这些重要人物的参与使得研究所构建了庞大的信息交流网络，扩展了研究所在世界范围内的影响力，也奠定了它在世界智库中的重要地位。法国国际关系研究所与不少国家的科研机构都建立了合作关系。据统计，法国国际关系研究所先后与一百多家科研院校建立了合作伙伴关系，包括德国柏林大学、比利时皇家军事学院、中国外交学院、韩国经济政策研究所、丹麦国际关系研究所、西班牙国际关系研究中心、美国普鲁金斯学院、哈佛大学、匈牙利防务战略研究学院、印度政策研究中、以色列特拉维夫大学战略研究中心、意大利国际政治研究中心、日本国际关系研究中心等。

除了加强国际合作，法国国际关系研究所还通过发行各类出版物并借助大众媒体等多种方式来扩展自身的影响力。法国国际关系研究所定期举行记者招待会，邀请他们参与研究所举办的各种学术研讨活动，让媒体对研究所的研究成果有更深入全面的认识。以 2009 年为例，法国国际关系研究所的研究人员就在包括法国在内的世界各国报刊上发表 345 篇文章，被各种报纸杂志引用的观点达 2500 多条，研究人员还参与了 450 场的视频演说。除了定期的记者招待会，研究所的专家还接受了 500 多个记者的来访。研究所还与很多国家媒体都建立了合作关系。比如在《论坛报》上，专门有研究所关于地缘政治观点的专栏，在《世界报》上每年都有文章涉及战略经济的世界年度报告的出版情况，《回声报》经常发表研究所专家的时事评论等。除了纸质媒体，研究所与一些广播电台也有着紧密的合作关系。电台"议院公众"以及"解密"等广播节目可经常听到研究所专家的讨论。"法兰西 24 小时""法国国际广播台"等媒体合作伙伴也特别关注各种国际研讨会。[1] 研究所还与一些相关网站建立了合作关系。

法国国际关系研究所每年还围绕国际关系研究出版了大量的书籍，在社会上产生了重大的影响。书籍之外，法国国际关系研究所的两本杂志《国外政治》《关于世界各国战略与经济的年度报告》备受学界和政界的关注。《国外政治》是季刊，

---

[1] 李轶海主编：《国际著名智库研究》，上海社会科学出版社 2010 年版，第 205 页。

创刊于 1936 年，是法国历史最悠久的关于国际关系的专业杂志。法国国际关系研究所在 1979 年以后接手该杂志的编撰。该杂志的宗旨是探索国际关系中的复杂背景并提出有见地的分析。长期以来，该杂志已经成为国际关系学界必不可少的参考书，影响十分广泛。比如 2008 年，该杂志就发表了《关于美国与其邻国关系的讨论》《奥运会的中国：面临外部与内部的挑战》《在危机中心的两个国家：巴基斯坦与阿富汗》等文章，引起了广泛关注。《关于世界各国战略与经济的年度报告》是年刊，也是观察世界格局走向的重要参考资料，杂志的宗旨是为研究者提供分析国际关系演变的钥匙，从而更好地了解世界未来的前景。

进入 21 世纪以来，法国国际关系研究所也面临着新的挑战。一是研究工作本身所带来的挑战。当今世界的各种国际力量和关系呈现出复杂化的发展趋势，新的全球性问题如恐怖主义、反全球化运动等也不断出现，使得国际形势的发展更加复杂化，这些都给研究所的研究工作尤其是对世界发展趋势的研判带来了很大挑战。二是其他研究所兴起所带来的挑战。近些年来，思想库和独立研究所的观念越来越被法国政府和企业所接受，很多类似的研究所也纷纷效仿国际关系研究所的发展模式并取得不俗的成果，这些都对国际关系研究所在智库领域的领导地位带来了冲击和挑战。正因如此，所长蒙布里亚尔强调在坚持既往办所方针的同时，必须突出三个重点，一是要确保独立性，吸引更多的企业和个人参与到研究所的发展和研究当中来。二是要坚持研究和公共讨论平衡发展，在深入研究的同时扩大对外交流，鼓励研究人员参与大学教学以及各种国际研讨会等。三是强调战略问题研究，把国际体系的发展变化作为研究的重点。[1]

（二）法国国际和战略关系研究所

法国国际和战略关系研究所创立于 1990 年，是一家独立型的智库，也是法国最知名的国际问题研究领域的研究机构之一。在 2018 年发布的全球智库报告中，法国国际和战略关系研究所在西欧顶级智库中排名第 23 位。研究所的总部位于巴黎，但还有一个分支机构在里尔政治学院。里尔地处巴黎、布鲁塞尔、伦敦三角交

---

[1] 金彩红等：《欧美大国智库研究》，上海社会科学院出版社 2015 年版，第 201 页。

汇地带，研究所之所以设址于此，就是为了表明研究所未来的工作方向将向欧盟倾斜，更强调对外合作交流。法国国际和战略关系研究所的研究宗旨集中体现在三个方面，一是通过对国内国际问题的差异化分析为国际问题和战略问题的讨论给出富有新意的创见，二是建立一个提供战略性专业意见的独立研究中心，三是为战略部门的工作人员、政府高级官员、工业家、大学教师等相关领域人士提供一个自由对话的平台。[1]

董事会是国际和战略关系研究所的决策机构，成员主要包括前政府部长、政党领导人、议员以及企业领袖等。研究所每年的预算约为 140 万欧元，资金来源主要是政府和一些国际组织的项目和会议资金，合作伙伴的捐款以及教学活动收入等。尽管国际和战略关系研究所是一家独立的研究机构，但是它与政府及媒体的关系都十分密切，加上从事教学等互动，在国家决策和公众舆论当中都有不小的影响力。[2]国际和战略关系研究所是法国国防部最重要的六个合作伙伴之一，它通过承接政府相关研究项目、主办各种研讨会以及战略年会为政府提供各类服务。国际和战略关系研究所是一家完全由私人倡议建立起来的国际性智库，它的研究核心是地缘政治和战略问题。国际和战略关系研究所经常围绕国际事件发表评论，对于自身的研究成果也很重视传播，其主要的出版物有《战略年鉴》《国际战略杂志》《战略问题》等。目前，国际和战略关系研究所已经成为法国智库中研究国际和战略问题的知名研究机构。

三、法国智库的运作机制与总体特征

（一）运作机制

法国智库虽然发展历史并不长，但依然在世界范围内取得了较强的影响力，部分智库在世界智库领域都处于领先地位，这些都与其智库运行机制密切相关，具体可从资金来源、人员选拔、智库的管理、研究项目的管理等层面加以分析。

从资金的来源来看，法国智库的资金主要来源于政府的拨款、社会捐款、出

---

[1] 杜骏飞:《全球智库指南》，江苏人民出版社 2018 年版，第 176 页。

[2] 臧术美:《法国主要国际关系研究机构》,《国际资料信息》2011 年第 5 期。

版物销售所得、合同研究收入、会员费、会议资金以及教学培训收入等。除了官办型智库的经费大部分来源于政府的财政拨款，其他独立型智库等的经费大部分来源于企业或社会的捐助。企业或社团的捐助，是部分智库获得资金来源的重要渠道。大公司、大企业之所以对智库慷慨捐助，既是承担企业的社会责任，也是为了进一步提高自己的公众影响力。所以名气越大的智库越容易获得捐助。比如国际关系研究所就获得了很多法国大公司和欧美大公司的资助，几乎所有入选巴黎指数的40家大型公司都对研究所进行了资助。资金来源的多元化可以确保智库的研究相对独立和客观。法国智库还通过出版研究报告、政策综述、时事短评等各类出版物作为资金来源的一部分。

从人员的构成来看，法国智库中的官办型智库人员较多，独立型智库则人员较少且相对年轻。比如独立型智库中的国际关系研究所有70多名工作人员，其中包含40多名研究人员，超过50%的研究员年龄在40岁以下。法国国际和战略关系研究所有40多名工作人员，其中研究人员有28人。法国的知名智库都拥有一批高质量的研究人员，这是研究工作取得成功的前提。相对来说，官办智库对研究人员的资格要求比较严格，以法国国家科学研究中心为例，只有获得博士学位才有可能被研究中心招聘为研究员，一旦被研究中心录用，就成为正式的科研人员，享受国家公务员的待遇。相对官办智库，独立型智库的进入门槛相对较低，比如法国国际和战略关系研究所就强调向公众开放，所有愿意且对国际关系感兴趣的集体和个人都可以参与研究活动，因此还有不少国外的研究人员参加进来。但是，这些不同并不意味着独立型智库的研究人员就层次不高，相反其人员多是前政府官员和各个行业的专业学者。

从智库的管理机制来看，法国的智库一般都设有董事会和学术委员会。董事会是智库的决策机构，拥有智库的各项事务的最终决定权。董事会的成员一般都是由社会各界的知名人士担任。如法国国际和战略关系研究所的董事会就是由前政府部长、政党领袖、议员等组成，其名誉董事长是欧盟委员会贸易委员帕斯卡·拉米，董事长是国民议会前副议长阿尔蒂尔·帕克特，法国可持续发展与国际关系研究所的学术委员会也基本上由世界知名学者所组成。

在具体的研究项目上，法国智库的研究机制比较自由和稳定。在智库确定了具体的研究方向并有了充足的资金保障后，智库研究人员可以从事风险大和周期长的研究，而不用像美国的研究人员必须尽快发表研究文章。自由的环境可以让智库研究人员安心研究，当然也会在一定程度上导致人浮于事，带来年轻人才的流失。对于智库的研究成果，一般都会由专门且独立的第三方机构进行评审。科研成果全由研究人员自己上报，所在单位对本单位的研究人员并不作评价，避免因领导人的好恶影响对研究人员的公正评价。考核评估人员基本上与被考核单位或人员没有直接的利益冲突，大多是这个方面的专家，可以在相当程度上保证考核评估的公平合理。

法国的智库尤其是一些知名智库十分重视对外合作交流。这种合作交流不仅体现在国家内部智库之间，也体现在与国外智库的交流中，还体现在智库与各知名高校、相关政府机构的互动之中。不少智库都会定期举办各类论坛和会议，分享研究的经验并围绕研究成果进行研讨，扩大智库在政策决策和公众舆论中的影响力。

（二）总体特点

法国智库在运作的过程中形成了一些明显的特征，包括与政府关系密切，研究成果注重实效，善于推广宣传等。

在法国智库的运作过程中，与政府的密切关系是其重要特点之一。不少智库尤其是官办型的智库经常根据政党需要，对政府所面临的现实问题进行深入分析研究，并提出政策建议供政府部门的决策者参考使用。智库的研究成果对于政府出台各项方针政策有着重要的影响。事实上，不仅是官办智库，即便独立型的智库也与政府保持着密切的关系，虽然独立型智库十分强调自身的独立性，也不接受政府的固定拨款，但它的研究指向毕竟还是与政府决策不可分割。所以这类型的智库比如法国国际关系研究所等，仍然是政府研究机构的重要合作伙伴，也会承接或参与政府的重大研究项目并提供专业的政策咨询。对于智库的发展，法国政府通常也会给予很多便利条件和政策方面的支持。除了直接的资金支持，法国政府还对那些捐款给智库的企业和个人实施税收减免的政策，并借此推动智库的发展。

法国的智库十分注重研究的实效性和针对性。虽然法国的智库起步较晚，但能在国际上享有较高的影响力，其中一个重要因素就是研究注重实效，不作纯理论的研究，而是更注重对牵涉政治经济社会等重大现实问题的研究探讨。在具体的研究项目中，研究人员十分强调研究成果的针对性和有效性。[1]

在法国的智库中，独立型智库的影响力相对较强。在数量众多的法国智库中，除了独立型智库，还有官办型智库、高校智库、企业智库等。虽然其他类型的智库也在某些具体领域发挥着不小的作用，但比较之下可以看出，法国独立型智库的影响力是最强的。这类智库强调本身的独立性和客观性，不接收政府的固定拨款，并追求资金来源的多元化，这些举措说到底都是为了让其研究不受其他因素的干扰。在法国智库当中，影响力较大的法国国际关系研究所和法国国际和战略关系研究所都是独立型智库，他们在法国的决策咨询领域占有重要的地位。

法国的智库还特别重视发挥退休高官和知名学者的作用。同其他国家相比，法国智库的研究人员很多都是由退休的高官和知名的学者所担任。这两类人经验丰富、人脉广泛，熟悉政府政策的操作流程，他们的作用得到充分发挥将会使智库所作的决策咨询更加合理，进而对政府的决策也更有影响力。法国智库从 20 世纪 70 年代才开始大力发展，但在很短时间内就有了法国国际关系研究所这样的世界顶级智库，跟法国智库的这一特点有着重要关系。

如何利用智库的研究成果对于智库的知名度和影响力有着很大的影响。法国的智库十分注重交流合作，对于智库研究成果的宣传推广十分重视。除了国内业务，法国智库积极拓展海外业务，进行国际交流，因此法国的智库注重在国外也开展广泛的宣传工作，向潜在的客户介绍其研究领域、技术力量、咨询经验及优势，尤其是国家的海外政策。法国还专门成立了一个海外技术援助协会，帮助法国智库更好地向海外拓展和完善智库的研究项目，提升法国智库的国际影响力和知名度。

法国智库的这些特点对于中国特色新型智库的建设也不无借鉴价值。随着中国经济社会的发展，建设中国特色的新型智库需要世界眼光，需要借鉴国外知名智库建设的有益经验。

首先，要鼓励民间独立智库的发展。独立性是现代智库的一个重要特征，法

---

[1] 王佩亨、李国强等：《海外智库——世界主要国家智库考察报告》，中国财政经济出版社 2014 年版，第 32 页。

国智库的影响力很大部分是来源于其独立智库的研究成就，但中国民间独立智库还处于起步的阶段，因此中国要鼓励独立型的智库发展，并为其发展提供环境，建立独立型智库的研究成果向决策者提交的畅通渠道，让这类智库能够更便捷地获得政府相关信息和数据，在财税政策上也要给予支持，打造出一批有公信力和影响力的独立型智库。这类智库的发展对于促进政府决策的科学化和民主化必然是有益的。

其次，要重视智库研究成果的宣传推广。在互联网时代，公众舆论能够在很大程度上影响政府的决策。在法国的智库中，其功能不仅仅在于为政府出谋划策，还体现在引发民众关注并引导公众舆论等各个层面。这不是直接的政策干预，但对于提升政策的质量也具有深远意义。智库要加强与公众的沟通，通过影响和教育公众进而影响政府决策，这也是智库参与决策和智库竞争的重要内容。

最后，加强智库的国际化。当今时代，全球合作在向多个层次全方位拓展。在这样一个国际化的时代，中国的智库不仅要在国内的政策决策中发挥影响，也要在国际上具有影响力，对于某些国际重要问题具有话语权。在法国的智库中，有不少就十分重视国际合作交流。因此，中国的智库建设也要不断提高开放度，加大与国际知名智库的交流合作力度，通过开展国际课题合作、创办国际学者资助平台、举办各类国际公共政策论坛等多种举措扩大中国智库在世界上的影响力。

第三节　德国智库

一、德国智库的发展现状

1914 年成立的基尔世界经济研究所和 1925 年成立的德国经济研究所被认为是德国最早的两家智库。相对其他欧洲智库，德国智库的起源早，历史悠久，在世界智库领域占有重要一页。基尔世界经济研究所的成立是为了研判一战后世界格局调整后的经济形势，德国经济研究所是为了应对当时德国通货膨胀所导致的濒临崩溃的货币经济体系而产生的。1926 年，为了谋取国际发展空间，莱茵—威斯特法伦经济研究所成立，其研究重点即是国际关系问题。1949 年，为了促进西德经济社会的发展，慕尼黑伊福经济研究所成立。有学者认为，德国智库有40%诞生于二战之后的30年里。1990年，东德西德合并后，为了重建东德经济体系，哈勒经济研究所成立。冷战结束后，德国智库又出现了新的转变，相当多的智库开始调整研究方向，从事适应新形势的政策研究。[1]

冷战结束以后，德国智库呈现出稳定、快速的发展势头，拥有一批著名的大型综合咨询机构。在2010年全球智库报告中，德国排名世界第五，拥有191家智库。到了2017年，德国仍然位列全球第五，但智库数量已经增加到了225家，其中排名比较靠前的是德国国际与安全事务研究所、阿登纳基金会、艾伯特基金会、透明国际等智库。在西欧顶级智库中，阿登纳基金会位列第五，艾伯特基金会位列第七。在数量众多的德国智库中，其类型差别很大。有的学者将其分为学术型智库、官办智库、政党智库。[2]也有不同的分类方法将德国的智库分为学术型、合同型、利益型和政党型四类。学术型智库大多也都是独立型智库，既包括政府或大学创办的研究中心，也包括一些由私人捐助的学术研究机构。尽管这类智库也需要政府的资金支持，但并不受政府管控，而是由研究人员管理，非常注重研究的独立性。这一类型的智库在德国智库中占主流。合同型智库是指那些主要接受委托研究项目的智库，但这类智库在德国智库所占比例较小。利益型智库主要是指一些宣传型智库和拥护型智库。这类智库往往都属于特定的利益集团，但在德国智库中所占比例并不大。政党智库一般都属于政党的政治基金会，这些基金会并非政党的组织机构，而主要是承担着智库的角色。政党智库90%的资金都来自联邦政府，但政党型智库与政党之间的关联是公开透明的，其政策建议也仅限于公开的辩论，并不作为特定利益集团的说客。[3]

---

[1] 王智勇：《德国的思想库》，《国际经济评论》2005年第2期。

[2] 多丽丝·菲舍尔：《智库的独立性与资金支持——以德国为例》，《开放导报》2014年第4期。

[3] 杜骏飞：《全球智库指南》，江苏人民出版社2018年版，第151—152页。

二、德国重要智库的案例分析

（一）德国国际政治与安全研究所

1. 发展概况

德国国际政治与安全研究所成立于 2001 年，是德国科学与政治基金会将"联邦东方学和国际问题研究所"和"东南欧研究所"一部分合并而成，研究所的总部在柏林，但于 2009 年在布鲁塞尔也设立了办公室。科学与政治基金会是德国国际政治与安全研究所的决策机构，决定研究所的运行体制和研究方向，凡是涉及研究所重大决策的都要获得委员会三分之二以上成员的赞同。科学与政治基金会是德国二战以来的重要智库，成立于 1962 年，根据德国法律，该基金会是一个公益性质的民法基金会。[1] 为了更有效地开展研究，研究所还设有董事会和学术顾问委员会。根据研究项目，德国国际政治与安全研究所共设有 8 个研究室：欧洲一体化研究室、欧盟对外关系研究室、国际安全研究室、美洲研究室、俄罗斯联邦研究室、中东和非洲研究室、亚洲研究室、全球问题研究室。同时为了更好地开展科研，德国国际政治与安全研究所还设有图书馆与信息服务部提供服务与支持。德国国际政治与安全研究所是一个独立的研究机构，应用研究是其基本取向，它通过撰写大量的分析报告为德国议会及联邦政府提供外交和安全政策方面的咨询。

2. 研究团队

德国国际政治与安全研究所的研究人员主要集中在其所属的 8 个研究室中。其中，欧盟一体化研究室有 12 位科研人员，欧盟对外关系研究室有 13 位研究人员，国际安全研究室有 22 位研究人员，美洲研究室有 12 位科研人员，俄罗斯联邦研究室有 9 位研究人员，中东和非洲研究室有 9 位研究人员，亚洲研究室有 11 位研究人员，全球问题研究室有 14 位研究人员。这些研究人员大多受过专业的学术训练，有一定的学术积累，不少领军人才还有着丰富的社会经历，跨越政界、学界和商界，其主要研究领域集中在政治学、经济学和国际法领域。

---

[1] 冯仲平、孙春玲：《欧洲思想库及其对华研究》，时事出版社 2004 年版，第 225 页。

从各研究室来看，其研究方向也各有侧重。欧盟一体化研究室的研究重点是欧洲各机构及成员国在一体化进程中采取的策略及其决策过程，具体研究方向包括欧盟基本法的发展与社会—政治基础，重大政策领域内的决策过程、谈判过程以及手段问题研究，欧盟成员国国家和市民社会行动者的偏向和行为方式研究。欧盟对外关系研究室的研究重点包括共同的外交政策、欧洲空间发展战略的政治功能和体制概况、欧盟在建设欧洲中的作用、欧洲和欧盟在北极的政策、欧盟在全球和地区范围内的贸易政策、欧盟成员国的政策对欧盟本身的影响等。国际安全研究室的研究重点包括各种安全问题，涉及大规模杀伤性、军控、武器技术和军火工业发展等等。美洲研究室的研究重点包括美国以及拉美国家的政治、经济、外交，欧洲同这些国家的关系等。俄罗斯联邦研究室的研究重点包括俄罗斯、乌克兰、白俄罗斯、高加索地区、中亚国家的社会变迁和经济发展等。中东和非洲研究室的研究重点包括区域合作和竞争，脆弱国家以及以权力分享调解冲突，跨国现象及其在社会、政治等领域的影响。亚洲研究室的研究重点包括南亚和亚太地区的内部转型过程中的外交、安全政策等。全球问题研究室的研究重点有全球化进程中涉及的问题、风险和挑战。[1]

3. 影响力

国际政治与安全研究所有着广泛的国际合作，且这些合作对象非常多元，包括政府部门、基金会以及大学、智库等。这些合作昭示了研究所所具有的国际影响力。在国内层面，研究所通过每年发行大量的研究报告、时评，同时组织各种类型的国际研讨会、工作坊等多种方式来宣传推广自身的研究成果。国际政治与安全研究所还十分重视资料库建设，这是互联网时代所有智库都十分重视的一个方面。国际政治与安全研究所与德国 12 家智库合作开发了一个网络平台——"欧洲国际关系与地区研究信息网络"，该网络是面向国际政治研究的公共信息系统，其中包括"世界事务在线"这个欧洲最大的国际关系资料库、一个门户网站等。网站的目标是为了拓展国际关系研究方面的综合信息，以供研究和教学以及公众使用。

---

[1] 李轶海主编：《国际著名智库研究》，上海社会科学出版社 2010 年版，第 209—211 页。

国际政治与安全研究所作为一所著名智库，在国际政治与安全领域有着鲜明的研究特色。智库有着来自各界精英人士组成的领导层，既容易聚合各种社会资源，也容易形成较强的社会影响力，汇聚成庞大的社会关系网络。研究所的研究项目都有明确的问题导向，因而都具有极强的现实针对性。同时，国际政治与安全研究所还有一个庞大的科研支持团队，不仅可以为科研团队的课题研究提供专业的信息服务，而且自身也积极研发各种信息产品，从另一个侧面扩展了研究所的影响力和知名度。

（二）艾伯特基金会

1. 发展概况

艾伯特基金会是德国历史最悠久的政治基金会，成立于 1925 年，其名称来源于德国第一位民选总统弗里德里希·艾伯特。艾伯特基金会是一家非营利性研究机构，致力于推动社会的民主自由和正义。1933 年，艾伯特基金会被纳粹取缔。1946 年，社民党重整艾伯特基金会。1969 年，艾伯特图书馆在波恩成立。1990 年，艾伯特基金会在国内和中东欧新设立了办公室。1999 年，基金会又在柏林开设了新的会议中心。现在基金会在全球先后设立了 107 家海外办公室。董事会负责基金会的总体规划，主要有董事会主席 1 人、副主席 2 人、执行主席兼总经理 1 人、董事会成员 7 人、名誉主席 2 人。董事会下设政治教育与咨询、国际合作、研究三大专业部门。另外有基金会联合会议和托管理事会负责艾伯特基金会的具体工作。[1]

用民主的精神进行政治性和社会性的教育是艾伯特基金会的宗旨之一，艾伯特基金会通过政治教育、国际合作等多种途径来提升和加强民主。首先，艾伯特基金会通过举办专题讲座、研讨会等方式，在国内和发展中国家开展广泛的社会政治教育和咨询工作，传播德国及国外的社会民主主义思想。其次，艾伯特基金会已经在全球范围内建立了超过 100 家的办公室，这些办公室是艾伯特基金会同合作者以及其他国际组织的联络机构。通过与联合国教科文组织等类似国际组织的密切合作，艾伯特基金会充分发挥了自身的影响力，也提升了基金会在世界范围内推广民主的

---

[1] 金彩红等：《欧美大国智库研究》，上海社会科学院出版社 2015 年版，第 164 页。

能力。尽管基金会的初衷是为了研究并传播社会民主主义，但随着时代的发展，艾伯特基金会的咨询范围扩展到在国内外开展应用性研究和咨询。艾伯特基金会不仅进行经济科学和社会历史领域的基础研究，也接受政府公共机构和国际组织的研究任务。劳动力研究、发展中国家问题的研究、世界新经济秩序问题等都是基金会的关注重点。目前，艾伯特基金会主要的出版物有《欧洲政治》《和平与安全》《全球化与公正》《国际政治与社会》《各国情况分析》等。与一般基金会不同的是，艾伯特基金会背后没有财团的资助，大部分的资金都来源于联邦议会，这在很大程度上保证了基金会作为一家非营利机构的独立性。作为一家独立型的智库，艾伯特基金会不会支持任何政党的政见，且更着眼于长远战略的思考。

2. 经费与研究

艾伯特基金会的经费大部分都来源于联邦预算，由联邦议会审议决定具体的拨款总额。如 2012 年基金会就获得联邦议会预算 1.39 亿欧元，其中一半的经费被用于国际活动。预算的具体分派则是通过不同部门进行的，如中国办公室的经费就是由经济合作与发展部下拨的。通过各具体部门获得资金，是艾伯特基金会获得预算的唯一途径，基金会并不能从联邦预算中直接支取资金。因此，经费的申请是通过具体部门进行申请，而不是直接向议会申请。一般来说，艾伯特基金会每个部门每隔三年向对应的政府部门提出申请，具体预算包括研究、活动、行政等。预算获得后，艾伯特基金会还要向拨款部门每年汇报使用情况，三年后还要作一次汇总报告。此外，基金会的经费还来源于一些由党派牵头的项目、欧盟、联合国以及一些个人的捐款，但总的来说，这部分经费占基金会总预算的比例不高。基金会的所有活动都免费向公众开放，并不向参与者收取任何费用。

艾伯特基金会的研究项目与经费申请是紧密联系的，通常都是根据各办公室申报的项目来分配经费的。项目的制定一般由总部与各具体部门共同讨论，特别注重选题本身的现实性和全球价值。基金会的社会民主主义价值取向也是其选题的重要因素，尤其是国内项目更是如此。选题的具体过程则是由基金会主席会同各部门主管组成一专家团队，每三年举行一次会议，制定未来 3 年的基金会工作和 5 个战略议题。每个部门结合自身情况选取其中若干议题再进行细化。项目的制定是在基金会关注议题的大版图中进行考量的，对于具体议题的历史变化和未来趋势也会进行梳理，以此来确定项目的价值。基金会内部也会进行沟通协调，各部门之间会召开会议来共同决定研究项目。

对于研究项目的质量，艾伯特基金会根据欧洲质量管理基金会的 EFQM 模型来加以控制。这一模型是一个非硬性规定的质量管理架构。在运用这一模型进行质量控制时，艾伯特基金会只针对项目操作过程进行评估，并不会对于项目选题价值和意义进行判定。另外，该模型只是基金会进行质量管控的一个总体构架，各部门在实施具体项目时，既可以直接应用该模型，也可以制定更具体的评估和检验标准，其根本目标都是保证每一个项目都必须有真材实料。要注意的是，运用这一模型进行评估主要是针对研究项目本身，评估的结果并不作为各部门获得经费多少的直接参考，预算的分配更多是考虑各个研究项目在政策上的优先性。

3. 影响力和新趋势

艾伯特基金会在德国国内乃至世界范围内都有着强大的公信力和知名度，这固然与其悠久的历史以及独立、客观的立会之本密不可分，也与其善于将自身的研究成果有效地传播出去分不开。作为政治基金会，其必然会与政府保持着密切的联系。艾伯特基金会经常邀请政府机构代表参与基金会组织的工作坊或大型会议，与会者既可以发表自身意见，也可以聆听其他各种意见。这一平台让政府与其他社会各领域人士能够深入交流，也为政府对内对外施加影响提供了特殊途径，而这又反过来加强基金会与政府之间的联系。艾伯特基金会为了能够更有效地将其自身的思想观点传达出去，出版了各种不同形式的出版物，比如简报、年报、专门报告等。比如政府官员更容易也更愿意接受短平快的讯息，所以基金会更多地将简报提供给政府官员作为参考，合适的成果形式极大地发挥了智库本身的影响力。对于基金会来说，媒体也是发挥自身影响力的一个重要途径。在互联网高速发展的当下，艾伯特基金会也十分重视新媒体的应用，因而在年轻人当中获得了很高的认可度。在 twitter、facebook 等主要的社交网站上，艾伯特基金会在"最成功的政治基金会"排名中都名列前茅。除了上述渠道之外，艾伯特基金会还会召开各类关门会议、不公开的论坛，只邀请少数人参与，活动成果也提供给指定机构和个人。虽然这一类活动只在基金会的所有活动只占很小一部分，但也是其他途径的有益补充。

从20世纪末开始，全球化所带来的政治、经济、文化的变革对艾伯特基金会也产生了巨大的影响。为了应对这一挑战，艾伯特基金会也推出了三大应对战略。一个就是在世纪之交推出的"塑造我们的全球化"项目，由柏林总部、纽约、日内瓦三个部门负责。基金会在这个项目上投入了大量资金，充分抓住了全球化发展的趋势和前沿动态。第二是在受全球化影响最大的那些国家推广全球化项目。这一项目将"塑造我们的全球化"项目提供的指导意见落实到具体领域。第三是在行政管理方面作了相应调整以适应全球化发展。一方面，艾伯特基金会拨出专项资金用于海外办公室和海外项目。另一方面，国际合作部门专门组成工作组讨论基金会如何进行调整和创新。

在艾伯特基金会的理念中，一家合格的智库应能够提供足以应对21世纪新挑战的研究成果和政策建议。这就要求基金会必须具有全球视野，只局限于国内事务而不从全球范围内来考虑问题就会偏离基金会的战略目标，这也是艾伯特基金会海外项目投入增长和海外办公室布局不断增长的重要原因。艾伯特基金会认为，一家成功智库的核心竞争力并不首先在于其政策影响力，而是在更根本的研究，优质的研究才是基金会在面对纷繁复杂的社会问题时所必不可少的工具。随着互联网以及全球化的发展，艾伯特基金会力图打造一个全球性的智库，十分重视网站建设，并建立强大的数据库。与政党以及媒体保持良好的关系有助于发挥智库的政策影响力，因此艾伯特基金会也意识到必须平衡研究的学术性与可行性。一个智库的研究要想产生实际的影响力，就必须落实到现实中，考虑政策上的可行性。

（三）阿登纳基金会

1. 发展概况

阿登纳基金会是一家政党型智库，带有鲜明的基督教民主联盟背景，其名称来源于德国总理康拉德·阿登纳。阿登纳基金会与基督教民主联盟在政治理念方面十分一致，但它并非是基督教民主联盟的一部分。阿登纳基金会是独立于联盟之外的，既不代表党派的利益，也不接受党派的资金。但基于共同的价值观，阿登纳基金会可以在党派范围之外推广基督教民主联盟的理念，尤其是民间交流层面的作用十分明显。阿登纳基金会积极从事非政治外交活动，它通过各种形式的对外交往，与其他国家分享德国的发展经验，共同探讨面临的问题并将这些活动汇报给德国政府。与左派的观点不同，阿登纳基金会认为，国家不仅由政府管理，第三方力量如智库等也是社会治理的重要参与者。基于共同治理的这一理念，阿登纳基金会强调以人为本，其工作主要是开展实践性的活动。

阿登纳基金会的组织结构主要包括董事会、全体大会、理事会三个主体。董事会有 1 名主席、2—3 名副主席、1 名秘书长以及 16 名成员，每两年由全体大会选举一次。阿登纳基金会的日常事务由董事会负责。全体大会的职责是向董事会建议、制定项目的纲要、审核财务报告、任命或撤销董事会成员等，其总人数不超过55 人。理事会主要是协助董事会制定实施计划，其成员人数至少要达到 10 人，每两年由董事会进行任命。目前，阿登纳基金会共有 560 名员工，在超过 120 个国家运作 200 多个各类项目。阿登纳基金会的人才队伍背景多元，包括政治学家、经济学家、历史学家等。

2. 经费和研究

阿登纳基金会的经费主要来源于联邦议会的拨款，同时其经费使用要受到议会、审计部门、税务局的监督。一般预算申请的周期为三年一次。除了向联邦议会申请预算，基金会还会每隔两年或十年向欧盟委员会申请资助。有时根据突发情况，阿登纳基金会也会申请临时项目经费，周期一到五年不等。另外，资金的拨付是根据地区而非项目，这样阿登纳基金会就可以根据具体情况分配资金，灵活地使用经费。在基金会的总收入中，议会拨款占据绝大部分，其他诸如个人的捐赠、会议及活动的参与费只占很少一部分。既然经费主要来自议会预算，阿登纳基金会也要受到联邦议会对其经费的监管，基金会要定期向议会汇报经费的使用情况，一般可分为年度汇报和三年汇报。根据经费的来源，基金会还会受到审计部门的管理。同时，阿登纳基金会的财务评估部也会运用相关工具对预算使用进行内部管控。

阿登纳基金会十分强调其政治性的智库功能，因而更注重实践型项目。在研究型项目上，阿登纳基金会只资助小型科研项目，且最终还需经过召开讨论会等形式进行转换。在阿登纳基金会看来，研究不是一家政治基金的主要任务，它的功能应是对内发挥决策影响力，对外推广德国的价值观，因此基金会十分注重实践型的研究项目，比如针对年轻人的公民教育、针对专业人士的热点问题讨论等。在政治与决策咨询领域，阿登纳基金会是柏林以及德国各州政治圈中的一支重要力量。在政府决策的复杂程度日益加深的今天，科学性与实用性并重的专业能力对政治治理变得更加重要，因此阿登纳基金会利用其专业的人才网络，结合政治与决策咨询部的专长，为政府决策提供兼有专业性和针对性的决策产品。为实现这一目标，阿登纳基金会通过互联网向决策者和普通民众提供简报和分析，通过承接委托业务为具体项目提供政策咨询，也通过召开大型会议和论坛提供操作性强的政策建议。

阿登纳基金会为了在全球范围内推动民主与法制、推广市场经济机制，十分重视国际合作，投入了大量的人力物力。阿登纳基金会的国际交流项目十分广泛，涉及善治、加强议会制、媒体独立、妇女平权、去中心化法制改革、市场经济理念推广等多个层面。目前，阿登纳基金会为了推广这些国际合作已在 78 个国家设立了办公室。通过这些项目，阿登纳基金会与当地议会、政党、政府部门、宗教团体等组织进行了密切的合作，培育了有效的社会关系网络，对全球的长期政治议程都有一定程度的影响。

3. 影响力与挑战

在德国，政治基金会是德国政治文化的一部分，被视作德国外交的自然延伸。因此，阿登纳基金会与德国政府的关系十分密切，它代表着德国的政治经济利益，也帮助向外输出德国的价值观，也把国外的新问题带回国内进行探讨以帮助政府更好地了解全球局势，这使得基金会能够在政府决策领域发挥重要的影响力。阿登纳基金会与非政府组织也保持着广泛的联系。阿登纳基金会的理念十分强调第三方力量的参与，基金会的驻外办公室通过共同感兴趣的议题将本国及国外的一些非政府组织结合在一起举办各类论坛，起到了桥梁作用。媒体也是阿登纳基金会扩大社会影响力的重要渠道。除了传统的媒体发布，阿登纳基金会十分注重以网络为代表的新媒体作用的发挥。由于传统的提供内部研究报告给政治精英的方式相对不太适应形势的快速发展，阿登纳基金会逐步转向受众面更广的网络等新媒体的运用，及时发布学术会议、论坛活动等各类信息，不仅能让更多人及时了解到基金会的动态，也能汇聚更多人参与到活动之中，形成人与人面对面的交流。

在全球化不断扩展的过程中，阿登纳基金会敏锐意识到一些新的变化，并为此及时调整策略。首先，随着网络技术的发展以及民主意识的提升，政治参与的范围不断扩大，基金会更注重提高民众的政治参与能力，加大了公民教育的力度，尤其是青少年的政治参与能力。全球化还带来了信息、资本的全球性流动以及价值观的碰撞，这也使得阿登纳基金会在应对国际问题和对外交往时采取更为灵活且本土化的方式。全球化使社会层级更加扁平化，因此中性机构更易汇聚各类人才，因此阿登纳基金会在开展活动中逐步将中心转移到发展与中性机构的良好关系。全球化还带来了区域经济的一体化以及区域发展的融合，因此阿登纳基金会也加大了对区域项目的投入，这一点既表现在海外办公室的增设上，也表现在区域相关项目的增加。从区域问题着手，可以积累更多可复制可推广的知识经验，也有利于基金会在全球议题的框架中起到更积极的作用。作为享有较高知名度的国际智库，阿登纳基金会的实践为其他国家的智库建设也提供了很多可借鉴的经验，比如要着眼长远培养长期互信的关系网络，要保持智库的独立性，对影响智库发展的因素要保持一定的敏感度。智库的规模大小并不是最重要的，重要的是智库的观点多样性和参与广泛性。

（四）马克斯·普朗克科学促进学会

1. 发展概况

马克斯·普朗克科学促进学会成立于1948年，在自然科学和人文科学领域的研究都代表了德国的顶尖水平，已经产生了近20位的诺贝尔奖得主，在德国乃至世界范围内都享有盛名。1948年学会刚成立时只有25个研究所。从20世纪60年代开始，马克斯·普朗克科学促进学会开始逐渐扩展，建立了法律、教育等人文研究所，到今天已经拥有82个研究所。据统计，到2013年时，马克斯·普朗克科学促进学会的全部雇员达到16000多名，其中1/3是科学家。从建立初期开始，马克斯·普朗克科学促进学会就坚持两个原则，一是聚焦基础研究，远离政治与商业的影响；二是所有的研究所所长都必须是知名的科学家。作为一个非营利性的研究机构，马克斯·普朗克科学促进学会一直强调学会的研究成果应向公众公开。经过几十年的发展，马克斯·普朗克科学促进学会在学术界的地位很高，坚持了最好的科学传统。

马克斯·普朗克科学促进学会的经费主要来自政府，只有少部分的资助来自私人团体，德国政府也把对马克斯·普朗克科学促进学会的投入作为一项重要的国家战略。虽然资金大部分来源于政府，但马克斯·普朗克科学促进学会并不接受政府任何部门的行政领导，它拥有着足够的学术自主权。马克斯·普朗克科学促进学会的决策机构是评议会，主要由学会主席、秘书长、学部主席、会员代表、政府官员组成，在这些成员中，政府官员的比例不到10%，并未因其经费主要来自政府而受到影响。2013 年，化学家马丁·史特拉特曼被任命为学会的新任主席。由科学家来担任主席一直都是学会的传统，在学会看来，只有科学家才能理解科学研究，关键的目标不是机构的运营，而是科学研究的不断创新。学术委员会是马克斯·普朗克科学促进学会的最高学术机构，主要分为化学、物理和技术学部、生物和医学部、人文和社会科学学部。各学部负责所属研究所的共同事务并对评议会的相关政策提出建议。学会下属的各研究所是学会的支柱，虽然大都规模不大，但科研能力却很强。每个所长都有一笔稳定且不受时间限制的研究经费，可以自由支配并受到高度信任。即便事后研究未能达到相应目标，这笔经费也会被学会视为风险投入，不会予以追究。这些规定可以保证科学家们在较小的压力下完成创新性的成果。尽管总体的环境比较自由，但马克斯·普朗克科学促进学会也带有深刻的德式严谨烙印。所有进入马克斯·普朗克科学促进学会的科学家都要签署大量的声明和许诺书，科学不端被视为最严重的违法行为。

2. 研究成果和影响力

马克斯·普朗克科学促进学会一直以来都有意识地回避大而全的全方位研究，而是把资金和科研力量集中用于国家战略性基础研究，尤其是那些因资金、人员等限制无法在大学开展的研究课题。马克斯·普朗克科学促进学会现有的 82 个研究所涉及自然科学、社会科学、生命科学等多个基础研究领域。当相应的学科或研究在大学普遍建立后，相关的学会研究所就会关闭。基于众多科研贡献，马克斯·普朗克科学促进学会获得了长期稳定的资金支持。更重要的是，学会特别注重科研成果的转化。早在 1970 年时，马克斯·普朗克科学促进学会就成立了创新公司，又称为技术转移中心。其中心任务就是帮助研究所的研究人员评估其发明是否具有应用前景，为他们提供专利申报和知识产权方面的政策咨询服务。同时，创新公司也积极寻找外部合作伙伴，主动为学会技术成果的推广构建渠道，因此它拥有庞大的企业联系网络。从 1979 年成立到 2013 年期间，技术转移中心已经帮助推广 3000 多项发明。[1] 目前，马克斯·普朗克科学促进学会的研究人员已经建立了近百家公司，直接实现从科学到应用的转化。学会至今仍然掌握着 1000 多项专利，且还在不断递增中。让专业的人做专业的事，而不是让科学家去考虑后续转化，这是学会一项成功的推广机制。

根据马克斯·普朗克科学促进学会自身的数据，有三分之一的研究所所长来自德国之外，博士后更是高达 80%。这些青年科学家即使回到本国，也仍然继续参加和支持学会的科研活动，这也成为马克斯·普朗克科学促进学会提升国际影响力的重要渠道。目前，学会在中国、美国、卢森堡、意大利、荷兰建立了 5 个国外研究所。几乎在全球重要的研究机构中都有兼职或曾驻留学会的科学家。通过人员的互动交流，学会打破了德国人相对封闭的科学传统，学会的模式也被认为是国际科技合作的典范。由于学会被批评总是将最好的人从教育体制带走，疏离了研究人员与学生之间的关系，近年来学会的工作开始集中在加强学会与大学系统的联系和合作上。

在时代的发展中，马克斯·普朗克科学促进学会既有不少传统原则的坚守，也有适应时代的机制创新。首先，哈纳克原则即让顶尖科学家领导研究所将被继续坚持下去。在大学里，由于害怕行政负担，西方大学的院长、主任都不是最成功的学者。而马克斯·普朗克科学促进学会的机制是让研究所围绕顶尖学者而设，所长具有行政、财政、人事上完整的自主权。许多科学家愿意加入学会，其原因正在于此。其次，学会仍将继续贯彻自身的国际性，为国外优秀人才提供丰厚的资金、实验条件、办公条件。在德国，没有任何一所大学具有学会对国外青年科学家的吸引力。再次，学会仍将服务社会作为其主要的目标，所有的科研项目都强调其公开性，

---

[1] 金彩红等：《欧美大国智库研究》，上海社会科学院出版社 2015 年版，第 230 页。

以区别于私人公司的研发。最后，马克斯·普朗克科学促进学会也随着时代的进步在不断推进自身的演进，一是灵活的研究所创立和关闭机制，完全根据时代需求而来；二是逐渐趋向跨学科的融合，如创新与竞争研究所即强调经济学和法学的融合。

（五）欧洲经济研究中心

欧洲经济研究中心是一家公益性研究机构，其研究目标是通过产出优秀的研究成果对政府提出科学的政策建议，为社会各界传递科学的专业知识。目前欧洲经济研究中心的研究重点是通过微观经济学方法和可计算的普遍平衡模式研究欧洲整个经济市场。

欧洲经济研究中心设有监事会、科学咨询委员会以及相关研究部门、服务部门。监事会的成员基本上由政府部长或企业高层所组成，由股东巴登·符腾堡州政府选出。科学咨询委员会由 20 多位全球知名学者组成。欧洲经济研究中心的管理层主要包括研究中心的主席和总经理。这三个层级每年要开会两次，审议上年工作成果并规划下一年目标。研究部门主要包括国际金融市场和金融管理部、人力资源管理和社会保障部、工业经济学和国际企业管理部、企业税收和公共财政部、环境与资源经济学部、信息通信技术部、增长和经济形势分析部、竞争和规则部共 8 个研究部。此外还有欧盟知识经济的效率和竞争力研究项目小组以及曼海姆竞争和创新中心。服务部门主要包括负责新闻和公共关系等方面的信息和通信部、负责专家研讨会和专题研讨会组织的知识传播和培训部、负责人力资源和财务会计的中央服务部。

欧洲经济研究中心总共有一百多名工作人员，其中大部分为科研人员，其余为科研辅助人员。研究中心和每一个工作人员都签订了一份有时限的工作合同，根据工作情形再来决定是延长还是缩减工作时间。所有刚从大学毕业的大学生都可以来研究中心工作，一开始签两年的工作合同，然后可延续六年，同时他们还可在此接受继续培训，完成博士学位课程与论文的写作。领导层也不是终身制，也是签订劳动合同，这样做的目的就是为了让所有人能够创造更多成果。欧洲经济研究中心的研究人员普遍都很年轻，平均年龄在 35 岁左右。欧洲经济研究中心的研究人员基本四年一个循环，很多人在这里完成博士论文后会进入其他企业工作，研究人员的不断更新也被认为是欧洲经济研究中心的一个重要特点。对于管理层和研究人员，欧洲经济研究中心每年进行考核，看是否完成既定目标。

从资金的来源看，欧洲经济研究中心的资金主要来自联邦和州政府，但是要通过莱布尼茨协会的审核。此外，还有部分资金来自项目委托、合作伙伴的会员费等，外部的资金来源渠道广泛，但都需要通过竞争才能获取。随着资金的增加，欧洲经济研究中心的规模也在不断扩展，目前研究中心每年大约有 280 个研究项目，40% 为政府项目。[1] 欧洲经济研究中心的所有成果都是公开的，都可以在网络上获得，其成果形式主要包括研究报告、专题论文、专题研讨会信息等。欧洲经济研究中心非常注重将其研究成果通过专题研讨会、新闻发布会等途径向公众传播。每年，研究中心也会组织大量各种形式的活动。研究中心与媒体的关系也很密切，在所有的主流出版物、专业杂志上都可以刊登研究中心的成果，在研究中心的网站上，公众也可以获取到各类相关信息。研究中心的主任托马斯·科尔认为，研究中心有三个重要的核心要素是成功的关键，即优秀的研究人员、简洁的组织结构、权威的研究成果。

（六）德国经济信息研究会

德国经济信息研究会是德国最大的经济研究机构，成立于 1925 年。德国经济信息研究会是非营利的公益性研究机构，没有任何党派支持，政治倾向也是中立的，其研究目标有二：一是为政府提供决策咨询，二是开展科学研究。其具体研究领域则涉及宏观经济发展与世界经济、可持续发展、产业经济、公共财政与生活条件四个方面。

研究会的管理层主要包括董事长和总经理。另外，研究会设有管理委员会、科学家委员会、咨询委员会、会员联合会、使用者委员会以及相关研究部门。管理委员会负责监督研究会的发展方向及工作内容，成员多来自巴伐利亚州政府和慕尼黑大学。科学家委员会的成员来自全世界，主要是通过交流讨论来确定研究的内容和成果的发表。咨询委员会主要是针对研究会的工作内容进行评估，促使研究会的

---

[1] 王佩亨、李国强等：《海外智库——世界主要国家智库考察报告》，中国财政经济出版社 2014 年版，第 125 页。

研究更贴近现实，其成员来自社会各个层面，包括政治家、科学家、企业家等等。会员联合会拥有 500 多名会员，每年也会对德国经济信息研究会的年度报告进行审核。使用者委员会不是一个正式的委员会，它主要是通过对研究会客户的调查来改进研究会的工作。

德国经济信息研究会现有工作人员一百八十余人，其中半数为研究人员，研究人员中又有接近半数具有博士学位。部门负责人也是经过公开招聘吸收的，其收入水平参照德国教授的收入水平为基础，其任期没有限制，评判其工作成果主要是根据他发表的文章和负责的项目以及部门研究人员的研究成果。德国经济信息研究会很注重对年轻科研人员的培养，并且优秀的研究人员也是研究会自己希望能够保留的，但很多博士生在完成相关科研项目后都会离开研究会，因为没有相应的岗位。

研究会的经费三分之二来源于政府的投入，其余的则主要来自项目的竞争，但要获得政府资助必须经过审核，通常六七年一次，前提是必须拥有权威的研究成果。资金的分配则是自由的，没有规定必须用在哪个部门或哪个方向，德国经济信息研究会拥有资金的自由使用权，可以将资金运用在他们认为最合适的领域。

一般课题的确定是由董事会先咨询科学家委员会、管理委员会等部门，然后再由部门负责人提出建议，再通过咨询，最后由董事会来确定。因此，课题确立的时候就已经规定好了方向和最后的成果质量。每个研究项目都有中期的审核，一方面是由项目的委托者进行审核，一方面由研究会的领导层来进行审核，只有经过第三方评估达到欧洲的先进水平，研究才会继续下去，研究结束时也要通过这两方的审核。研究会还有一个内部的图书馆以及自己的新闻发表部、编辑社，科研成果通过周刊、季刊以及专题报告等形式发布。为了扩展自己的影响力，德国经济信息研究会有一个拥有近 1000 名成员的庞大网络，并通过与大学、企业、媒体以及国际合作来传播自己的研究成果。在莱布尼茨协会每七年一次的评估中，德国经济信息研究会的政策建议也被评为优秀。

（七）汉堡国际经济研究所

汉堡国际经济研究所是一家独立的咨询和研究机构，主要研究重要的经济学问题以及社会经济发展趋势。汉堡国际经济研究所有两家股东——汉堡工商联合会和汉堡大学，但研究所在决策上是完全独立的。汉堡国际经济研究所现有工作人员50人，但员工不是终身制，平均的工作年限是8—10年，所有的职位都是公开招聘的。研究所的资金大部分来源于私人委托项目、公共机构以及政府专题研究资金，其余的来自研究所接受的捐助。具体来说，其资金来源可分为五类：一是国家的基本投入，用于人事、材料开支等；二是国家有确定研究方向的资金投入；三是国家委托课题的公开招标；四是来自私人的委托；五是来自基金会及个人的捐助。

研究所的课题通常是先有研究人员自己提出，然后由研究所来评估这个课题是否对市场有益。研究所的管理层也会提出一些研究的方向或重要的课题。目前汉堡国际经济研究所的研究方向主要集中在以下层面：经济增长和全球市场、区域经济和城市发展、能源和原材料市场、环境和气候、人口迁移和集聚、工作和家庭、健康和运动、家族性企业、房地产和不动产市场、航空和海运经济、经济学和制度变迁。最后评判研究工作主要根据以下因素：科学研究上取得的成绩、本部门在整个研究所的作用及每年所获利润。每个研究部门都要自负盈亏，就像一个独立的企业，因此每年各部门都要争取多方面的资金来源。

汉堡国际经济研究所为了保持研究的独立性，始终坚持开放式的研究。也就是说每一个研究的结果都是未知且是完全公开的。研究所也坚持方法选择的自由，任何委托方都不能要求研究所采用指定的方式进行研究，研究所坚持所有使用的方法、采集的数据及使用的知识都应公开并接受监督。汉堡国际经济研究所还建立了严格的内部评审制度，对每一项研究计划都进行中期和期末的审查。最后，研究所的所有研究成果都必须对外公开，委托方可以在一定程度上延迟成果的发表，但最后必须要公开。

三、德国智库的运作机制与总体特征

（一）运作机制

从人员的配置和管理到经费的筹措，从科研项目的管理到成果的信息发布，德国智库都有着一套与之相应的管理机制，而德国智库最终所呈现出的面貌与这一运作机制密切相关。

　　人才是智库生存与发展的关键性因素，人才的选拔、考核以及培训的科学性和合理性决定了智库的竞争力。德国智库一般都采用公开招聘的方式吸纳人才，这些人才可能是名牌大学刚毕业的博硕士研究生，也可能是大学的知名专家、企业精英以及政府离任官员等等。人才的选拔既看重学术水平，也注重实践经验。德国智库的研究人员身份明确清晰，并不存在明显的美国式的"旋转门"机制，很少有离职的智库研究人员到政府部门任职。对于高级研究人员一般都是实行长期聘任制，对中初级研究员则实行短期聘任，科研人员的晋升、续聘、解聘都由考核结果来决定。德国智库的考核标准十分严格，分为内部考核和外部考核，内部考核是各研究部门对自己部门的研究质量进行评级和总结，外部考核则是在内部考核的基础上进行，一般每4到5年考核一次。这些严格的考核标准是智库成果研究质量的重要保障。德国的智库不仅重视人才的选拔和考核，对于人才的培养交流也十分重视。一方面，智库会成立自身的学院，专门培养政策分析与研究的人才。另一方面，智库还会为年轻人提供实习项目，让他们有机会到政府机构、企业、大学或者其他智库进行实践，历练自己的才干。这种人才交流机制既可以做到人尽其才，也能为智库增添活力，为智库带来大量的思想火花。

　　从经费的筹措机制看，德国的智库都属于非营利性组织，因此其经费来源主要依靠基金会、个人、公司的捐赠。经费是智库生存的基础，所以每一个智库都会尽力扩展自己的筹资渠道，把经费筹集当作智库的核心工作之一。概括来讲，德国智库的资金来源主要可分为五类。第一类是基本公共融资，其中最常见的就是国家的基本投入，主要针对德国的大学以及一些国家研究所等，由国家在一定时间内给出固定的预算，然后在一定的范围内进行核查。研究课题与资金来源没有直接的联系，具体的研究则由研究所自己确定。第二类是公共科研经费，资金也是来源于国家，但有明确的研究方向，根据需要研究的课题来提供相关经费支持，主要是来源于欧盟、联邦政府以及某些基金会。第三类是公共合同研究，这类资金来自委托进行研究的合同，由国家相关部门对全德范围内的智库进行公开招标，所以其资金也是来自政府。第四类是私人委托，与国家委托不同的是资金和课题都来自企业或者私人机构。第五类是捐赠，捐赠者可以是大型的基金会，也可以是具体的个人。目前来看，基金会的捐款是德国智库的重要资金来源。[1] 政府财政拨款在德国智库的资金来源中也占很大比例，与其他国家的智库相比，德国智库接受公共财政补贴的比例要高出很多，达到 75% 左右。[2] 此外，德国的智库一般还会通过出版物的销售、提供课程培训以及咨询服务来获取一部门的资金，有时甚至会通过信贷来开展一些项目研究。

对于具体的课题研究，德国智库也建立了一套系统的过程管理机制。从整个研究的进程来看，德国智库的课题研究一般分为六个阶段。一是签约阶段，智库和委托方进行协商达成合作协议，双方签订正式项目合同，课题正式立项。二是咨询准备阶段，主要是成立课题组，拟定研究提纲，制定研究计划等。三是研究分析阶段，主要是搜集资料数据等，对项目作定量或定性的系统研究。四是报告完成阶段，智库正式提出总报告和分报告。五是成果评审阶段，德国智库有一套严格的成果评审制度。通常德国的智库会对每一项研究计划都会聘请两位未参与该研究计划的研究人员进行中期和期末评审，看其是否达到工作要求。研究报告初稿出来后，再有评审人进行预审，并给出评审意见，研究小组据此进行调整，最终的研究报告还需委托人作最后的认定。六是成果提交阶段，委托方接受智库的研究成果后，整个课题研究即告完成。

智库最终还是为了要在决策咨询中发挥作用，所以德国智库也很重视研究成果的传播推广，基本的形式是发行出版物、召开研讨会以及借助大众媒体来传播。发行出版物是德国智库发挥其影响力的一个重要方式，这些出版物包括简短及时的政策简讯，研究报告，会议报告，期刊，专业书籍等多种类型。德国的智库也经常举办国际问题研讨会之类的各类论坛和活动，与社会各界人士一起探讨国际国内发展形势，一方面加强了智库与各领域专家的联系，一方面又影响了政府部门的政策制定。智库的研究人员还经常在电视、电台、网络等大众媒体发表评论，引发民众对某一问题的关注，并通过这种关注形成有利于自身的公众舆论，进而影响国家的

---

[1] 王佩亨、李国强等：《海外智库——世界主要国家智库考察报告》，中国财政经济出版社 2014 年版，第 100—101 页。

[2] Thunert,M.W., The Development and Significance of Think Tanks in Germany, German Policy Studies, 2006,(3),pp.185—221.

政治决策。这种结合不同渠道的信息发布机制加强了智库与政府、学术界、新闻界以及社会大众的联系纽带，不仅使更多的人了解智库的目标和研究成果，也能通过引导舆论达到影响政府决策的目标，同时也有利于提升智库本身的影响力。

（二）总体特征

德国智库的运行机制决定了德国智库在其运作过程中也必然会形成属于自身的一些特点。

首先，德国的智库与政府有着密切联系。不少德国的智库都有政党背景，比较著名的就有亲社会民主党的艾伯特基金会、亲基督教民主联盟的阿登纳基金会、亲基督教社会联盟的赛德尔基金会、亲民主社会主义当的罗莎·卢森堡联邦基金会。另外，德国智库接受政府资助的比例较高，有的研究就指出，从 2008 年到 2010 年，平均每年都有 4 亿多欧元流入六大政治基金会，主要通过行政资金、项目资金以及特别资金的形式来加以资助。[1]

其次，德国智库十分重视人才的多样性。一般来说，只有具有某专业的专家资格才有可能被智库吸纳，智库的高级研究人员更大多都具有博士学历，专业基础十分扎实。

再次，德国智库很重视发挥行业组织的作用。1954 年成立的德国咨询协会已有 500 个会员单位，它们会帮助会员单位改善自身的经济环境，为会员单位提供咨询相关的交流服务，帮助协调各种社会关系，还会帮助开发市场。

最后，德国智库形成了一套成熟的研究机构评价管理机制，主要体现在莱布尼茨协会的建立上。根据德国《基本法》的规定，所有资金来源于国家的研究机构都要受到评估和监督，因此德国的很多智库都加入了莱布尼茨协会。

在世界顶级智库阵营中，德国智库占有重要地位，这与其重视研究质量和加强成果的宣传是密不可分的。但也有学者指出，尽管智库的规模不小，但德国缺少能整合多领域主题的跨学科智库，也缺少将富有远见的勇气与深入的专业知识结合在一起的研究所。[2]而跨学科研究越来越成为当今世界学科发展的趋势，因此德国的智库也需顺应时代潮流，加强多学科跨领域的研究。

---

[1] 樊鹏:《公共投资主导的德国智库》,《中国社会科学报》2012 年第 275 期。

[2] Thunert,M.W., Think Tank in German, Society,(41), 2004,pp.66—69.

第四节 俄罗斯智库

一、俄罗斯智库的发展现状

俄罗斯智库是俄罗斯大国地位的重要支撑。俄罗斯十分重视智库的发展，很早就设立了研究院等相关研究机构。从 1724 年俄罗斯科学院的成立算起，俄罗斯的智库已有两百多年的发展历史。到 20 世纪初时，俄国的学术研究机构已达到两百多个。20 世纪五六十年代，苏联政府珠江路中央的政策研究机构，以苏联科学院、苏共中央马克思列宁主义研究院、苏共中央社会科学院的实力为最强，这一时期的智库都是官方智库，经费也基本上来自财政拨款。到了 20 世纪七八十年代，苏联的智库规模更加壮大，结构也更趋复杂，专业分类也更细。在苏联解体过程中，原先这些智库机构也受到冲击。一些智库经过调整更替虽得以保留，但大量的研究人员却在此过程中流失，有的智库则在此过程中消失于历史舞台。但值得注意的是，此前官方智库的一些学术传统被传承下来，如信息情报的整合方式、撰写研究报告的风格等。[1]

苏联解体后，俄罗斯转型为多党制的选举国家。此种情形下，一系列研究中心、基金会、协会等机构相继问世。各种政府公共智库以及非政府智库都迅速发展起来。同时，西方智库也在政府许可下入驻俄罗斯。20 世纪 90 年代后期，国际经济学家联合会以及卡内基中心等国际性研究机构相继在俄罗斯设立分支机构，丰富了俄罗斯的智库体系，非官方智库的影响力在不断壮大。

俄罗斯智库类型多样，从机构的性质来说，俄罗斯智库可概括为四种类型。第一种是官方智库，如成立于 1992 年的俄罗斯战略研究所即属此类。第二种是学院附属智库，如成立于 1956 年的世界经济和国际关系研究所。第三种是民间智库，如 1995 年成立的俄罗斯城市经济研究所。第四种是海外资助智库，如卡内基莫斯科分中心等。从研究领域来看，俄罗斯智库可分为三类。第一类是从事政治与外交

---

[1] 李铁军：《俄罗斯智库的发展历程和现状》，《学习时报》2013 年 2 月 25 日。

研究的智库，代表性的智库有俄罗斯战略研究所、卡内基莫斯科中心、外交与国防政策委员会。第二类是从事经济研究的智库，代表性的智库有现代发展研究所、转型经济研究所、经济专家小组等。第三类是从事社会研究的智库，代表性的智库有全俄民意研究中心、信息社会研究所等。[1] 作为非营利性的研究机构，俄罗斯智库主要是通过承担国内公共政策问题的研究项目来为政府的公共政策制定提供建议，同时通过召开各类研讨会来影响政府和社会公众，扩大智库的影响力。

从数量来看，俄罗斯智库是排在世界前列的。经过不断的调整和变革，2008年俄罗斯拥有 107 家智库，居世界第七位。[2] 到 2017 年时，俄罗斯的智库减少为103 家，但仍居世界第九位。尽管俄罗斯拥有智库的绝对数量并不算少，但真正具有世界影响力的智库数量却偏少。在 2008 年的全球智库报告中，美国以外的世界前 50 名智库中，俄罗斯只有一家智库上榜。2011 年的全球智库报告中，全球综合能力 30 强智库中，俄罗斯也只占两席。在 2017 年全球顶级智库排名中，俄罗斯也仅有卡内基莫斯科中心、世界经济和国际关系研究所、莫斯科国立国际关系学院三家上榜。除了影响力相对不高外，俄罗斯智库也以政府型智库为主，这类智库更注重政府政策的阐释性研究，创新性研究相对较弱，这些问题都是俄罗斯智库进一步发展所要克服的阻碍。

二、俄罗斯重要智库的案例分析

（一）世界经济与国际关系研究所

世界经济与国际关系研究所属于俄罗斯科学院，其经费主要是来自俄罗斯联邦财政预算、俄罗斯联邦规划和国家科学基金，其他资金则来自一些基金会、国际组织的课题经费以及慈善捐赠。世界经济与国际关系研究所主要研究世界发展趋势以及西方国家的经济、政治、社会、意识形态等方面的基本问题，此外发展中国家的政治经济问题也是其研究重点之一。

---

[1] 王佩亨、李国强等：《海外智库——世界主要国家智库考察报告》，中国财政经济出版社 2014 年版，第 221 页。

[2] 欧阳向英：《俄罗斯主要智库及其发展情况》，《对外传播》2010 年第 5 期。

世界经济与国际关系研究所成立于 1956 年，前身是苏联科学院的世界经济政治研究所。研究所的基础研究和应用研究都很强，在俄罗斯国内学界政界乃至国际上都有着相当的影响力。其中，研究所的国际安全中心、经济政治问题跟踪分析研究室在外部颇有影响。国际安全中心于 2001 年成立，主任是阿尔巴托夫，中心有裁军和调解冲突研究室、战略研究室。全球伙伴关系是中心的一个重要课题，也是一个国际合作项目，有来自美欧的学者共同参与研究工作。[1] 中心还出版有《世界经济和国际关系研究所年鉴：裁军与安全》《军事：裁军与国际安全》。经济政治问题跟踪分析研究室主要是一个信息资料中心，下设经济政治信息分析部、电子信息部、咨询部 3 个部门。研究室的网页可以查询到研究所科研人员的学术成果，也可以查询到相关的期刊资料。其他研究所的重要研究部门还有当代市场经济原理研究室、国际市场资本研究室、全球经济问题和对外经济政治研究室、过渡经济研究中心、能源研究室、全球经济预测部等等。科研辅助机构包括科研计划组织处、研究生处、国际关系处、网络管理处。[2]

世界经济与国际关系研究所的研究团队十分庞大，拥有 400 余名科研人员，其中还包括 4 位俄罗斯科学院院士、6 位俄罗斯科学院通讯院士。从其研究领域来看，主要集中在全球化、国内发展、国际政治、理论研究几个方面。全球化问题主要是关注全球化的发展及其对俄罗斯的影响，对发展中国家在全球化中面临的问题和挑战也有不少研究。国内发展问题主要是关注经济全球化背景下俄罗斯融入国际分工和国际劳动力分配等问题。国际政治主要对俄罗斯的国家利益、国家安全以及军事改革和裁减军备等问题进行了研究。理论研究的重点是当代国际关系与俄罗斯的地位、转型时代的经济问题、亚太地区在世界经济和政治区域的作用等等。研究所十分注重开展国际合作，包括与美国、中国在内的很多国家的研究机构都保持着密切的合作关系。每年研究所都会组织各类学术研讨会和国际会议。

为了扩展自身的影响力，世界经济与国际关系研究所出版了一系列权威的学术成果，其中比较有分量的学术成果有专著《卢布——俄罗斯货币》《可持续发展

---

[1] 许华：《俄罗斯科学院世界经济与国际关系研究所》，《俄罗斯中亚东欧研究》2005 年第 1 期。

[2] 李轶海主编：《国际著名智库研究》，上海社会科学出版社 2010 年版，第 239 页。

是俄罗斯国家安全战略的基础》，论文集《变化的世界与俄罗斯》。其他的还有《恐怖主义的不对称冲突：结构与不对称》《世界危机：对俄罗斯的威胁》《欧洲大西洋安全体系结构》。此外，研究所还出版有学术季刊《俄罗斯和新欧亚国家》和《俄罗斯的经济晴雨表》，学术年鉴《今年的星球》等。除了借助这些出版物来传播智库的研究成果以外，研究所与政府也保持着相对紧密的联系，从建所之日起就成了政府的重要智囊机构，今天也有着自身鲜明的政治特性。更重要的是，研究所一直坚持独立和无党派的特性，这也使得它成为政府倍加信赖的独立智库。

（二）俄罗斯科学院

俄罗斯科学院早在 1725 年就已经成立，在 1925 年后改称苏联科学院，苏联解体后又更名为俄罗斯科学院。俄罗斯科学院的主要任务是从事自然科学、社会科学等领域的基础研究，同时对全国的自然科学研究和社会科学研究进行总的学术领导，确定基础研究的方向，制定国家自然科学和社会科学的研究规划，协调各部门各高校的基础研究工作，也参与制定全国性的综合科技规划。[1]从成立之初开始，俄罗斯科学院就是属于政府的研究机构，因此其经费的主要来源也是政府的财政拨款以及各种研究基金、国家和地方的科技项目等。

由正式院士和通讯院士组成的全体大会是俄罗斯科学院的最高机关，在大会休会期间，由大会选举产生的科学院主席团是最高的职能机构。无论是人员的数量，还是组织机构的数量，俄罗斯科学院在全球视野下都可谓十分庞大，目前共有 18 个学部、3 个分院、12 个地区科学中心。俄罗斯科学院不仅从事大量的基础性研究，同时也参与国家大政方针的制定。比如，俄罗斯科学院先后参与制定多部法规，也和俄罗斯原子能部、总检察院、外交部、海关总署等机构进行合作，为其制定相关法律条文提供帮助。[2]总体来说，俄罗斯科学院更重视基础研究，科研成果转化还很不足，灵活性也相应欠缺，对外界的变化显得过于保守。

---

[1] 叶小梁：《俄罗斯科学院》，《东欧中亚研究》1995 年第 1 期。

[2] 周立斌、宋兆杰：《俄罗斯科学院今昔》，《科技管理研究》2010 年第 16 期。

（三）卡内基莫斯科中心

1993 年，美国的卡内基国际和平基金会在莫斯科建立了卡内基莫斯科中心，虽成立至今只有二十多年的历史，但却是俄罗斯国内最具国际影响力的智库之一。在 2017 年的全球智库报告中，卡内基莫斯科中心在中东欧顶级智库中排名第 2 位，在全球顶级智库中排名第 25 位。

卡内基莫斯科中心是由境外投资的非营利性研究机构，也是俄罗斯国内一个大规模研究其内政外交基本问题的研究机构，中心的宗旨是鼓励各国学者间的学术交流，围绕重大问题进行独立研究，并就一些国家发展和国家安全的最尖锐问题进行探讨并举办各类研讨会，并将研究的结果提供给决策层以作政策参考。[1] 卡内基莫斯科中心的主要研究领域包括俄罗斯的政治制度、经济政策、对外政策、国家建设等，主要关注俄美关系、经济危机、高加索局势等问题。[2] 卡内基莫斯科中心在独立于政府和商业利益的原则下进行专业的独立研究，它致力于三重目标的实现，一是在俄罗斯和欧亚范围内推广其研究成果，二是为重要的国内国际问题提供一个自由讨论的开放平台，三是通过解读俄美双方的目标与政策增减两国之间的合作。

为了扩展中心的影响力，卡内基莫斯科中心进行了大量的课题研究，开展了极其丰富的学术交流活动，每年都会组织各种会议、讲座、研讨会来为国内外学者提供交流平台。卡内基莫斯科中心通过多种途径来发布传播自己的研究成果，主要有学术专著、论文集、各类期刊等形式。中心的季刊《对与错》是代表性刊物，有俄文和英文两个版本，栏目主要是围绕俄罗斯和独联体的重大问题开设各种专栏，并给读者提供对社会和政治生活的全面深入的研究和评述。[3] 此外，中心的《世界经济论文集》《南部时间》等论著也颇受各国同行关注。

---

[1] 李建军、崔树义：《世界各国智库研究》，人民出版社 2010 年版，第 75 页。

[2] 欧阳向英：《俄罗斯主要智库及其发展情况》，《对外传播》2010 年第 5 期。

[3] 胡梅兴：《莫斯科卡内基中心》，《国际资料信息》2003 年第 5 期。

三、俄罗斯智库的运作特征

从运作层面看，俄罗斯智库主要呈现出这样的一些特点：资金来源的多渠道、人才背景的多元化、研究过程的合作化、成果发布的实效化。

作为非营利性的机构，智库的存续运行需要有充足的资金作保障。概况来讲，俄罗斯智库的经费主要来源于三个方面。一是智库的经营性收入，包括俄罗斯政府部门以及大型国企的委托项目经费、组织会议、提供培训和咨询的经营性收入。二是政府的财政拨款，主要是通过委托课题的形式来进行拨款。三是基金会、个人等各种类型的社会捐赠。不同类型的智库，经费来源会存在不小的差异。一般而言，在政府型智库中，政府资助的数额往往在一半以上。反之，民间智库较少接受政府的拨款，更多的是依靠各种委托项目的收入。

从人才机制来看，俄罗斯智库的人才来自多个领域多个学科，既有知名学者与专家，又有企业界的精英，还有来自政府的前任官员。其人才的选拔不仅注重学科、年龄、学历等方面，也特别重视实践经历。比如俄罗斯科学院的人员构成就十分多元化，既有科学院的代表，也有各高校及各部门科研机构的代表，也不乏各领域的权威人士，此外还有一些政界要人担任研究所的所长。再比如现代发展研究所，其人员构成中既有俄罗斯著名的科学家、独立研究学者，也有外国的知名分析家以及企业领袖、政府机构负责人。这些来自不用层面的人才为智库能够做出更好的研究成果奠定了基础。

从具体研究层面来看，俄罗斯智库的研究领域相对宽泛。因此，俄罗斯的很多智库在开展研究时，除了对本机构的研究人员善加利用外，还会寻求外部研究力量的加入。比如盖达尔经济研究所不但与俄罗斯的政府机构、商业机构、研究机构合作，还与国外的研究机构、国际组织进行合作研究。城市经济研究所也是如此，通过与国家机构、各种协会、社区以及其他研究机构开展多元工作来研究共同关心的话题。类似的合作机制在很多智库中都有所呈现。

对于智库的研究成果，俄罗斯智库也形成了一套自身的管理机制，具体包括发行、研讨以及媒体传播机制。俄罗斯智库首先通过发行各类出版物、召开研讨会和成果报告会、开展专题讲座等多种形式来向社会公众发布自己的研究成果，同时借助网络媒体对公众舆论进行引导，进而影响政府的政策制定，也借此扩大自身的影响力，提高智库的知名度。

作为东欧智库的典型代表，俄罗斯智库以政府型智库为主，同时其内部的机构也较为复杂，专业分类也日趋精细。有学者认为，俄罗斯智库是一个多层次、多领域、多元化的研究体系。[1] 作为中国的近邻，俄罗斯智库的建设经验也为我们提供了很多启示，比如要积极开拓资金来源的渠道、建立开放互动的运行机制、注重研究成果的推广运用、开展前沿的战略研究等等。

---

[1] 张健荣:《纵谈俄罗斯智库》,《社会观察》2006 年第 8 期。

第七章 亚洲重要智库的案例分析

相对美欧地区的智库，亚洲地区智库的影响力相对偏弱。但随着亚太地区政治经济的发展，亚洲智库也正处于迅猛发展之中，对其国内外战略发挥着越来越重要的影响。本章主要选取了日本、韩国和印度的重要智库进行分析，尽管这三个国家的智库也呈现出不同的特点，但由于特殊的地缘因素，对其智库的剖析有助于我们更好地认识中国的智库建设之路。

第一节 日本智库

一、日本智库的发展现状

日本的智库发展史与日本近现代社会的经济发展有着密切的关系。在 2017 年的全球智库报告中，日本以 116 家智库位居世界第八，其中不少智库如日本国际事务所、亚洲发展银行研究所都位居世界前列。回顾日本智库的发展历史可以发现，日本的许多智库都是伴随日本战后经济恢复的过程而发展起来的。日本战后出现了严重的社会危机，九州经济调查协会等研究机构纷纷建立，为日本战后面临的系列社会问题提供了各种建议。1959 年，日本国际问题研究所成立。1960 年，亚洲经济研究所成立。1963 年，日本经济研究中心成立。1965 年，野村综合研究所成立。随着 1969 年日本成为世界第二大经济体，一些依靠大公司生存的企业型研究机构大量涌现，1970 年也被称为日本智库元年。

1973 年，日本制定了《综合研究开发机构法》。根据这项法律，综合研究开发机构（NIRA）也于该年成立。综合研究开发机构的历任理事长都是日本国内知名的"经济通"，因此该研究机构在很长时间内都被称为日本的智库总管。[1]20 世纪

---

[1] 刘少东：《智库建设的日本经验》，《人民论坛》2013 年第 35 期。

80 年代，一大批智库在大企业的支持下成立，比如三和综合研究所、樱花综合研究所、富士综合研究所、日生基础研究所、大和综合研究所等是这一类型的智库。

从 20 世纪 90 年代开始，由于日本经济的不景气，日本各界逐步认识到非营利性独立型智库的重要，也开启了日本智库发展的一个新契机。进入 21 世纪，日本的很多智库陷入解体或重组的困境。野村、大和、住友、富士等财团都重组智库，建立人数规模和影响力都更大的智库，另一些资金基础薄弱的智库则被迫关门，有统计数据认为这一时期的智库总数较 20 世纪 80 年代减少了约 20%。[1] 与此同时，政党型的新型智库如民主党的公共政策平台和自民党的"智库 2005·日本"等开始出现。一些独立型的新智库如国际公共政策研究中心、国家基本问题研究所、佳能全球战略研究所等陆续成立。近年来，在大国化目标的驱使下，日本智库进入了新一轮的发展关键期。

按照智库的隶属关系以及独立程度，日本的智库大致可分为官方智库、半官方智库、民间智库几种类型。官方智库是由政府创办，直接隶属于政府相关部门，为政府机构的政策制定提供相关建议，其经费也多来自政府的直接拨款。日本经济产业研究所和经济社会综合研究所就是这种类型的智库，经费主要由相关政府机构提供并为其提供决策建议。半官方智库不直接隶属政府，但与政府的关系十分密切，且以政府为主要的服务对象，其经费除了来自政府的拨款外，还有来自个人、民间团体的捐赠、会员费以及出版销售收入。日本综合研究开发机构就是这样的智库，其资金来源中政府的拨款约占一半左右。民间智库是指政府之外的一些企业、社会组织、大学等主体创办的公益性智库。民间智库主要针对特定领域内的热点难点问题展开研究并提供解决方案，其资金主要来源于其自身向政府或企业提供的咨询服务所得。在民间智库中，由一些大财团大企业出资建立的企业智库很有影响力，这些智库背靠财团，资金充裕，研究领域又紧贴现实市场需求，在日本的咨询市场上具有很强的竞争力，其政策建议对政府部门的政策决策也有很强的影响力。[2] 总的

---

[1] 刁榴、张青松:《日本智库的发展现状及问题》,《国外社会科学》2013 年第 3 期。

[2] 王佩亨、李国强等:《海外智库——世界主要国家智库考察报告》,中国财政经济出版社 2014 年版, 第 175—177 页。

来说，日本智库对于促进日本国内的经济社会发展、扩大日本的国际影响力都发挥了重要作用，具体呈现在影响政府的决策、为企业管理提供咨询、提供各类信息咨询服务、传播智库的思想观念、促进国际交流与合作等几个层面。

二、日本重要智库的案例分析

（一）日本综合研究开发机构

1974 年 3 月，日本综合研究开发机构正式成立，为政府的政策制定提供研究协助，涉及经济、社会、科技等各领域。日本综合研究开发机构的决策机构是理事会，由会长、理事长、常务理事、理事共 7 人组成。会长是最高领导，其次是理事长。理事会中只有常务理事为专职人员，其他人都是兼职。理事会下设有评议会、研究评估委员会、研究开发部等职能部门。2005 年时，日本发布了《行政改革的重要方针》，日本综合研究开发机构也因此从政府认可法人改成民间财团法人，其目标是在传统研究的基础上，对中长期的关于现代经济社会和国民生活的各类重要问题开展综合性研究，以民间研究机构的立场开展基础性、应用性研究并提出对策建议。[1]

日本综合研究开发机构现有 15 名研究人员。这些研究人员实行的是聘任制，并且采用了一系列用人的竞争机制，所有的研究岗位都实行公开招聘。研究人员的工资也分为基础工资和项目工资两部分，后者是前者的一倍之多。日本综合研究开发机构特别鼓励年轻的研究人员开展自主研究，只要研究选题获得评估委员会的认可，配套资金有 300 万左右，目前该机构的自主研究已经占到了总数的 20% 以上。在具体研究中，管理部门只是负责组织课题研究，具体研究完全由课题小组负责，拥有高度的自主权。这种体制充分尊重研究人员的个人创造性，对于课题的顺利实施意义重大。在综合研究开发机构创立之初，政府所出资金占了研究机构经费来源的绝大部分。随着日本经济有所衰退，日本综合研究开发机构的研究经费也随之锐减，人才也面临着大量流失的危机。从 2007 年日本综合研究开发机构从国民转为

---

[1] 王晓博：《日本综合研究开发机构》,《中国社会科学报》2014 年 8 月 6 日。

民营之后，部门和人员都有所精简，研究经费也由政府拨款改为政府无息贷款，到一定期限后需按比例归还。当下该机构的经费主要是来自社会基金的资助以及有价证券的利息两大部分。跟此前相比，研究机构的资金相对紧缩，这一点反映在选题上就是更加突出重点，围绕政府和社会高度关注的一些问题进行研究。

从成立之日起到 2007 年，日本综合研究开发机构先后完成了 1000 多项研究课题，其中国家资助的项目最多，其他为自主研究项目以及社会团体、企业委托项目等。日本综合研究开发机构每年的研究课题都由研究开发部最先拟定，然后交由研究评估委员会进行审查，委员全部由外部人员构成，以保证审查评估工作公正独立。在经过多次讨论后，研究评估委员会决定其中几个课题的实施。一般来说，日本综合研究开发机构的重点课题由 5 名研究员组成课题组，课题的经费为 2000 万日元左右。在获得项目资助后，评估委员会从筹备、规划到实施都会全程跟踪，根据项目进展及时调整研究方向与重点，确保研究项目达到最佳效果。日本综合研究开发机构的目标是要成为全日本政策研究的信息中心。其研究课题也是选择将纵向和横向结合起来，纵向更多是一些中长期的发展规划，横向主要是一些应用型的研究课题。

日本综合研究开发机构也十分重视开展国际合作与交流，从成立到今天，国际交流一直都是重点研究领域。与亚洲各国以及各地区的智库建立合作关系是日本综合研究开发机构国际交流的重点。在其政策研究报告中，研究机构就曾提出，发展与亚洲的关系是日本对外关系的长期战略。比如，日本综合研究开发机构就与中国国务院发展研究中心、中国综合开发研究院、韩国国土研究院、新加坡东亚研究所等研究机构保持着长期的合作关系。此外，日本综合研究开发机构还先后聘请了 17 位亚洲学者担任客座研究员开展合作研究。[1] 日本综合研究开发机构的研究成果主要包括研究报告和一系列外部出版物。研究报告主要是在综合研究开发机构的内部刊物上发表，另外还有《NIRA 政策研究》《系列对话》《NIRA 研究报告书》《NIRA 系列专题研究报告》4 本内部刊物。每年，综合研究开发机构还会发表《日本智库年报》，是日本最权威的智库研究成果统计年报。

---

[1] 李轶海主编：《国际著名智库研究》，上海社会科学出版社 2010 年版，第 263—264 页。

（二）野村综合研究所

野村综合研究所成立于 1965 年,是日本最早的民间智库,无论是其历史和规模,还是其研究水平, 都在日本拥有相当高的知名度和影响力。1967 年, 纽约事务所成立。1972 年, 伦敦事务所成立。1976 年, 香港事务所成立。1983 年, 华盛顿事务所成立。1984 年, 新加坡事务所成立。1994 年, 台北事务所成立。1995 年, 首尔事务所成立。1997 年, 马尼拉事务所成立。2008 年, 莫斯科分公司成立。野村综合研究所在创立时就确立了三项原则: 与委托者共同发展, 向海外发展, 重视与前两条有关的调查研究。野村综合研究所建立之初只有 40 名左右的研究人员, 到 1980 年时已经增加到 760 多名。2001 年,野村综合研究所成功上市,规模进一步扩大。到 2009 年时, 野村综合研究所已经成为日本信息产业界的第三大企业, 拥有正式员工 5000 多人, 设有 19 个研究部门、12 个海外机构。

野村综合研究所的研究人员可分为战略咨询和系统咨询两类。战略咨询主要是关于项目初期的战略和规划,共有 500 多名研究人员,全部都属于咨询项目总部。系统咨询主要是建立有效的项目实施管理系统, 共有 4000 多名研究人员。研究人员的职位主要分为主席研究员、上席研究员、上级研究员、主任研究员、副主任研究员、专业助理、一般助理。每一个研究人员都要接受考核评价, 按考核成绩决定是继续聘用、晋升还是淘汰。得分高于 6 分的将得到升级, 连续 3 年低于 6 分将被劝退。野村综合研究所的研究人员必须具备研究能力、创新意识、开发技术、合作能力以及应变能力。没有极强的工作能力和敬业精神就不可能经受住研究所的考核。野村综合研究所是一家以营利为目的的咨询机构,因此其经费主要来源于各种咨询项目经费, 其中 90% 来源于系统开发项目。此外, 战略调查咨询也是野村综合研究所的经费来源之一, 大到国家的发展战略, 小到超级市场、营业店的设计规划,研究所都有相关的咨询服务。到 2009 年底, 野村综合研究所已经完成了 5 万件以上的委托项目。野村综合研究所极其重视为顾客创造附加价值, 帮助顾客提高企业价值, 也把提高自身的企业品牌作为自己的使命。

野村综合研究所是日本政府战略制定的重要智库机构成员,其宏观战略研究对日本政府的决策起了重要作用。如 20 世纪 80 年代, 野村综合研究所提出"综合安全保障"战略，认为国家安全的威胁不仅来自军事层面，还包括自然灾害、粮食危机以及资源危机等，因此威胁的多样化需要应对威胁的手段多样化，只有在政治、经济、军事、科技、文化等各方面都做出努力，国家安全才能得到保障。这一战略后来被日本政府接受并采纳。再比如为应对石油危机，野村综合研究所提出了新能源技术开发计划，日本政府也接受这一策略，采取了能源多元化政策。这些研究为日本政府和日本企业提供了大量有益的帮助。野村综合研究所还定期出版刊物《智慧的资产创造》《IT情报新天地》《金融IT中心》《金融基础设施》《未来创发》等。研究所也有自己的相关数据库，专门收集国内外各方面的情报资料。

在日本的众多智库中，野村综合研究所属于民营咨询机构，基本是按照企业的模式来运营。相比其他的智库类型，野村综合研究所拥有雄厚的资金和强大的市场网络，它的业务范围涉及日本的各个地区和各个行业，对于推动日本的经济发展作用巨大。

三、日本智库的运作机制与特点

（一）运作机制

在日本智库不断发展调整的进程中，日本的智库也逐步形成了具有自身特色的管理机制，具体则可从其组织构建、人才机制、课题研究机制、对外交流机制等几个层面加以具体分析。

日本的智库虽有着不同的类型，规模也有大小的差异，但从组织构架来看却有着很相似的一面。一般而言，日本的智库都是按照评估委员会、理事会、行政主管、研究部门这样的层级来设置其组织架构的。评估委员会主要是确认并监督法人制定的业务规划以及工作的透明度。各研究部所是具体研究机构，其职务层次一般包括研究主任、研究主管、高级研究员、研究员、顾问研究员、客座研究员。[1]

从人才机制来看，日本的智库规模一般都不太大，人数虽少但却很精干。同时，智库的研究人员背景多元，十分注重年轻化。根据日本综合研究开发机构的统计，

---

[1] 王佩亨、李国强等：《海外智库——世界主要国家智库考察报告》，中国财政经济出版社2014年版，第178—180页。

日本智库的专职研究人员通常占到一半以上，年龄以30—50岁为主，其人员构成也十分多元化，包括应届的博士研究生和硕士研究生、高校和企业的专家学者、其他智库的研究人员、政府机关工作人员等。

从课题研究机制来看，日本智库一般会根据政策需求设定课题的总体框架，但框架确定之后研究人员可以自由地开展研究。除了智库本身的专职研究人员外，各研究所还会聘任相关领域的研究专家担任兼职研究员。为了提高研究的质量，各研究院所还为研究项目提供多次研讨会的机会。

从对外交流机制来看，日本的智库大多都重视国际交流，并借此扩展自身的影响力。

（二）特点

围绕这些机制，日本的智库在发展过程中也形成了一些自身的特点。比如派遣研究员制度和项目类型的多样化、对智库信息建设的重视等。所谓派遣研究员制度就是由政府、大学或研究机构向智库派遣研究员，工作两三年后再回到原单位工作。据统计，日本有43.2%的智库有这样的派遣研究员，其中80%来自企业。比如综合研究开发机构的33名研究院中仅有3名长聘人员。[1]日本的智库项目也是由多种类型构成的，主要有自主研究、委托研究、资助研究几种类型，其中自主研究所占比例呈上升趋势，委托研究则呈下降趋势。三者之中，资助研究的变化不大，且其成果在三种类型中是最少的。[2]

此外，日本的智库十分注重信息建设，不少智库都建有自身的资料馆和图书馆，为智库的研究工作奠定了坚实的基础。

同时，日本的智库发展也面临着不少挑战，首先就是日本财政改革所带来的经费紧张问题，并且由于日本对社会资金的管理机制，日本的智库长期以来不能享受捐款免税的优惠。[3]其次，日本智库的竞争生态问题重重，官方智库与民间智库的协同合作也是其未来发展所要解决的重要问题。

---

[1] 杜骏飞：《全球智库指南》，江苏人民出版社2018年版，第244页。

[2] 程永明：《日本智库的发展现状、特点及其启示》，《东北亚学刊》2015年第2期。

[3] 李建军、崔树义：《世界各国智库研究》，人民出版社2010年版，第89页。

第二节 韩国智库

一、韩国智库的发展现状

韩国智库的发展与其现代化的进程是紧密联系在一起的，具体来说其现代智库建设开始于20世纪70年代。1971年，韩国开发研究院成立，这是韩国第一家由政府出资的智库。开发研究院在制定计划以及论证产业政策方面发挥了重要作用，研究院的不少著名学者也因此在政府中获得高位。到20世纪80年代末，韩国80%的智库都已经成立，如隶属于产业部的产业经济和贸易研究院就是在1976年成立。在此时期，韩国一些大型企业如LG、三星、大宇所属的经济研究院也先后成立，并且初步形成了以政府型智库为主、企业智库为辅的智库格局。[1]1998年亚洲金融危机爆发后，韩国政府出台了相关法律，统筹协调政府的研究资源，并据此成立了经济和社会研究会等5家直属总理的研究会。2005年，这5家研究会又整合为国家经济人文和社会科学研究会（NRCS），对下属的23家研究机构进行统一管理。

除了政府的智库管理机构——国家经济人文和社会科学研究会，韩国的智库主要分为政府型智库、企业智库以及高校智库几种类型。政府型智库全部由国家经济人文和社会科学研究会统一管理，不再隶属于其原先的政府机构。国家经济人文和社会科学研究会一共有23家研究机构，分为经济政策、资源和基础设施、人力资源、公共政策4个领域，研究人员大约有5000人。经济政策领域主要包括对外经济政策研究院、韩国开发研究院、韩国租税研究院、产业经济与贸易研究院、韩国农村经济研究院共5个研究院。资源和基础设施领域主要包括国土研究院、信息通信政策研究院、韩国海洋水产开发院、能源经济研究院、韩国交通研究院、环境政策及评价研究院共6个研究院。人力资源领域包括韩国教育研究院、韩国劳动研究院、韩国妇女政策研究院、韩国职业能力开发院、韩国教育课程评价院、韩国健

---

[1] 李国强、陈波:《韩国智库考察报告》,《中国发展观察》2013年第12期。

康及社会事务研究院以及韩国青少年政策研究院共 7 个研究院。公共政策领域包括科学技术研究院、韩国法制研究院、韩国刑事政策研究院、国家统一研究院、韩国行政研究院共 5 个研究院。[1] 大学智库主要是以大学教授为主参与政策研究，韩国的首尔大学、高丽大学等高等学府都拥有自己的政策问题研究机构，这些高校还与朝鲜金日成大学等朝鲜大学保持着学术交流。[2] 企业智库主要是一些大企业大财团出资建立的独立性研究机构，一般规模保持在百人上下。

二、韩国重要智库的案例分析

（一）韩国产业研究院

韩国产业研究院成立于 1976 年，是主要研究韩国经济政策的非营利研究机构。作为韩国最大的经济研究机构，韩国产业研究院在全国范围了设立了 9 家分院，并在东京、华盛顿、香港、布鲁塞尔设立 4 家海外事务所，主要负责搜集当地的贸易、科技信息等。韩国产业研究院奉行高质量的研究标准，这也是其能成为韩国最大经济智库的重要基础。

韩国产业研究院的行政部门和科研部门都是独立的，统一由院长领导的管理层管辖。从行政层面看，韩国产业研究院设有理事会，辅助性的研究咨询委员会以及计划与行政、企业资源等部门。理事会由 13 人构成，理事的任期为 3 年。从研究层面看，韩国产业研究院拥有 1 个研究中心和 6 个研究部门。1 个研究中心是指地区发展研究中心，主要研究地方发展的理论，致力于探讨地方的发展以及国家竞争力的提升。6 个研究部门包括核心和新兴产业研究部、服务产业研究部、产业经济研究部、国际产业合作研究部、中小型企业研究部、经济观察与预测研究部。核心和新兴产业研究部主要研究政策改善措施，深入探讨新技术的发展战略。服务产业研究部主要研究经济增长政策，包括服务研发、出口产业化等问题。产业经济研

---

[1] 王佩亨、李国强等：《海外智库——世界主要国家智库考察报告》，中国财政经济出版社 2014 年版，第 194 页。

[2] 李建军、崔树义：《世界各国智库研究》，人民出版社 2010 年版，第 95—96 页。

究部研究韩国产业的整体战略、相关的产业结构、工业技术等。国际产业合作研究部主要研究贸易商业、海外企业合作与投资等。中小型企业研究部主要发展与加强战略与政策，通过支持企业发展和技术创新，致力于提升中小企业的竞争力。经济观察与预测研究部主要是对国际的发展趋势及其影响进行宏观经济预测。[1]

韩国产业研究院目前拥有科研人员400多名，研究人员的层次包括研究委员、特约研究委员、责任研究员、研究员、研究辅助人员等。其中，研究委员是韩国产业研究院的主要科研支柱，其平均年龄在40多岁，这一点也反映了研究院的研究人员年轻化的特点。研究院十分重视研究人员解决实际问题的能力，也十分重视跨学科的综合研究，每个研究项目都要汇聚多学科专家反复论证才形成结论。为了保证研究的质量，韩国产业研究院有一套严格的考核评价制度。考核人员通常都是外部的专家学者，拥有在该学科领域的长期经验，且与被检查者不能有任何密切关联。韩国产业研究院的研究不仅为政府、军方提供各类研究项目服务，也为教育科研机构、国外政府以及私人企业提供相关研究服务，因此研究院可以从这些客户的委托项目中获得资金。但在韩国产业研究院的主要资金来源中，政府的补贴仍然占到50%—70%，其财政预算大约为70亿韩元。但从管理和具体研究层面来看，研究院仍是独立于政府的。

韩国产业研究院需要政府的资金，这也决定了研究院与政府之间的密切关系。在经费拨付的过程中，韩国产业研究院按照政府的意图将研究经费投向相关的政策咨询项目。要使智库的研究成果得到重视，研究院就必须按照政府所确定的方向去进行研究，反之，其研究成果可能就会被束之高阁。当前，韩国政府依然是产业研究院最重要的资金来源和重要客户。同时，韩国产业研究院也通过出版书籍、发行杂志以及各种研究报告来增加自身的影响力。韩国产业研究院目前拥有定期出版的6种期刊，还有上亿件的各类情报资料，与世界上的一些著名资料库也有业务往来，可以互通有无。随着互联网的发展，产业研究院也注重利用新的网络媒体向社会公布其研究成果，这也是其增强社会影响的重要路径。

---

[1] 李轶海主编：《国际著名智库研究》，上海社会科学出版社2010年版，第277页。

作为韩国最负盛名的综合性智库之一，韩国产业研究院相比其他智库规模更精干、研究门类更齐全，其不仅注重跨学科的交叉研究，也注重宏观研究与微观研究相结合、理论研究与实践研究相结合、调查研究和统计研究相结合。研究院还拥有韩国一流的调查研究团队，为国家产业发展问题研究提供了大量有价值的成果，对韩国政府的决策也有着巨大的影响力。政府与研究院的密切关系一方面给研究院的发展带来了充裕的资金，但另一方面也对产业研究院的研究独立性和客观性构成了一定的挑战。

（二）韩国对外经济政策研究院

韩国对外经济政策研究院成立于 1989 年，是为了应对全球经济的变化以及金融危机而成立的。韩国对外经济政策研究院也是由国际经济、人文社会研究会进行管理并评估考核。韩国对外经济政策研究院的经费大多来自政府的拨款，要占到70% 左右，其余的 30% 则主要来自自筹资金。到目前为止，韩国对外经济政策研究院拥有职员 200 余人，包括专门研究人员、专职行政人员、管理人员。韩国对外经济政策研究院的人员工资比一般公务员稍高，比大学教授和大企业研究人员低。评估的结果会影响到研究人员的薪酬以及晋升。

韩国对外经济政策研究院的研究课题大多来自政府各部门的委托，多是一些政策研究类的课题，一般一个课题 5000 万韩元。政府外的委托课题相对较少。研究成果采用匿名评审办法，评估的结果分为四个等级。评委来自不同的专业、不同的部门，一般从 9 个人中抽取 3 人，1 人是内部的专家，2 人是外部的专家。为防止课题集中在某些专家手上，负责人不能同时兼 2 个课题，同一个研究人员也不能同时参与 4 项以上课题研究。[1]

---

[1] 王佩亨、李国强等：《海外智库——世界主要国家智库考察报告》，中国财政经济出版社 2014 年版，第 209 页。

三、韩国智库的运作特征

韩国智库体系的最大特点是以政府智库为主导，同时独立型的民间智库也在逐渐兴起。官方智库主要是在国家经济、人文和社会科学研究会的统一管理下运行的，政府研究机构的课题审批、负责人的选拔评估等都要经过研究会的同意。各政府研究机构的自定课题要经过多方协商后方能确定，然后要和业务主管部委沟通，确定研究的大致范围。国家经济、人文和社会科学研究会再根据各研究机构的研究计划统筹协调，批准或者调整各项研究计划，并将预算提供给国会，最后国会才会据此下拨科研经费。政府各研究机构的负责人也是由国家经济、人文和社会科学研究会公开选拔，受聘任的研究院院长任期为 3 年，此外，研究会还对各研究机构的运营和负责人的领导力进行评估。除了计划内的自定课题外，政府智库有接近一半的课题来自相关部门的临时短期委托。当然，政府机构作为委托方并不能直接参与各研究机构的政策研究，政府政策制定的各个环节在很大程度上都是依靠研究机构来完成。以对外经济政策研究院为例，2012 年该研究院为政府提供政策研究服务达 122 项，包括贸易政策咨询、国际政策和案例分析、对外投资目的地和政策研究、国际宏观经济趋势和金融政策分析、东北亚地区经济合作政策研究、国内外资源环境政策研究、官方发展援助政策效果评估、可行性研究等各个方面，对相关政府部门的政策制定提供了重要支撑。[1]

官方智库以外，企业智库和高校智库也是韩国智库体系的重要组成部分。由韩国一些大型企业如 LG、三星等设立的研究机构首先是为本企业的发展提供咨询，但由于它们长期关注产业动态，对产品市场以及技术发展趋势等方面的研究比政府机构具有更强的优势，因此政府也会委托它们进行政策研究，但政府委托项目一般费用很低，如果研究机构自身没有实力，就无法完成委托。这些研究机构首先会对本企业的领导层产生影响，再通过领导层与政府官员的接触对政策的制定产生影响。同时，这些企业智库也会向政府部门发送各类出版物来影响潜在的政策制定者。高校智库主要通过大学教授的专业知识为政策研究提供强有力的专业支持，除了首尔

---

[1] 李国强、陈波：《韩国智库考察报告》，《中国发展观察》2013 年第 12 期。

大学等知名高校外，一些地方大学的研究实力也在不断提升，且研究人员逐步呈现年轻化的趋势。

总的来看，韩国智库虽然类型多样，但仍以政府智库占主流，并且是由国家经济、人文和社会科学研究会这一机构来进行统一管理，这种方式有利于消除重复性的研究，更有效地发挥政府研究资源和研究力量。但是，官方智库过于强大，也会使得智库之间缺乏竞争，从长远来看又不太利于智库的发展。智库负责人的任期相对偏短，又往往使得事关智库长远发展的问题得不到有效的解决。另外，韩国智库的对外交流相对不充分，国际交流的范围也不太广，韩国的智库还未能在国际范围内形成较大的影响力，仍然存在很大的提升空间。

第三节 印度智库

一、印度智库的发展现状

作为金砖五国之一，印度的政治、经济、文化一直都受到世界各国的关注。根据 2017 年全球智库报告的统计，印度有 293 个智库，在全球排名第四。早在 1947 年印度独立时，其智库就已经开始发展，比如 1948 年成立的印度数据统计研究所，1956 年成立的印度国家应用经济研究委员会。不难看出，这些早期成立的智库都是针对经济层面而产生的，其原因正是刚刚独立的印度急需一系列实际的发展策略和数据。早期的经济类智库为当时印度的国民经济发展提供了重要的政策支持。经过几十年的发展，印度的智库早已经延伸到政治、文化、外交、科技、国防等多个领域。这些智库帮助印度政府制定相关政策和处理专业领域问题，在全球范围内都产生了一定的影响，成为印度发展的重要智力支撑。[1]

从类型来看，印度的智库可以分为官方智库、高校智库、企业智库等。官方智库有印度数据统计研究所、印度国家应用经济研究委员会、印度国防分析研究所

---

[1] 胡新龙、林火清:《外国智库咋研究中国》,《中国国防报》2010 年 9 月 21 日。

等。这些智库均是由政府一手创办的，其主要的资源也都来自政府机构。除了中央直属的智库，下属的政府部门也建立了一些专业型智库，比如科学与工业研究理事会等。高校智库是由大学建立的侧重学术研究和基础理论研究的研究机构，这类智库并不太关注应用课题的研究，更多关注一些专门性议题，典型的有尼赫鲁大学的国际关系学院等。企业智库主要为相关企业提供咨询服务，其资金的来源也主要是企业，如塔塔能源研究所就是这一类型的智库。当然，企业智库也会关注公益议题，以彰显企业的社会责任感。[1] 从研究的具体领域看，印度智库对本土的发展问题非常重视，对于全球性的政治、经济和安全问题，新兴大国崛起及其影响等问题都很关注。[2]

二、印度重要智库的案例分析

（一）印度国防分析研究所

1. 发展概况

印度国防分析研究所 1965 年 11 月 11 日由印度国防部筹资建立，是一家独立于政府与高校的非营利研究机构，主要从事有关国防和安全事务方面的研究。印度国防分析研究所是印度战略安全研究领域历史最悠久且影响最大的智库。在该所成立 42 周年的庆祝仪式上，印度副总统哈米德强调了系统研究的重要性，要求战略集团要以国家安全需求为重点推进政策进程。因此，印度国防分析研究所致力于政策导向的研究、研究结果的传播以及公共教育等方面。

印度国防分析研究所实行理事会负责的管理制度。研究所的理事会主席由国防部长担任，成员也基本由退休的高级将领组成。理事会下设人力资源和财务委员会、项目委员会、成员委员会、大学教育发展委员会。理事会成员每两年选举一次。在国防和安全研究方面，印度国防分析研究所是世界级的，其学者和研究团队也被认为是印度最好的国防和安全领域的研究专家。在几十年的发展进程中，印度国防分析研究所为印度对外政策的制定，包括核武器、军队支出、对印度的威胁等方面，起了非常重要的作用。

---

[1] 李国强：《印度智库钱从哪里来，如何影响政府决策》，《东方早报》2014 年 1 月 21 日。

[2] 毛晓晓：《印度智库：学术自由与独立立场》，《瞭望》2010 年第 43 期。

2. 人才、经费与研究

印度国防分析研究所的研究人员来自不同的学科，背景多元，既有来自国内学院的专家，也有来自政府部门的官员，70% 以上拥有博士学位。研究部门分为 9 个部，1 部研究南亚问题，2 部研究军事事务，3 部研究核武、美国与欧洲，4 部研究中国、南亚、东亚地区，5 部研究反恐与国内安全，6 部研究国防经济与国防工业，7 部研究俄罗斯、中亚、西亚、非洲，8 部研究非军事威胁、能源安全、经济安全，9 部研究战略技术、模拟与评估。研究人员又分为研究员、副研究员、高级研究员等不同的层级。[1] 印度国防分析研究所还为其他一些国家和机构的专家学者提供担任访问学者的机会。

国防分析研究所的研究经费主要来自国防部，另外也通过有偿申请会员资格的方式来吸纳资金。国防分析研究所提供的会员资格分为终身会员、公司会员、特别机构会员、协作机构会员、普通会员、协作会员、特殊订阅者等多种类型，每一类会员支付的费用不同，所拥有的权限也有差异。尽管研究所的主要经费来源是国防部，但研究所在管理上却是自治的，享有自主研究的权利。国防分析研究所的研究课题是根据综合议程来进行的，他们的研究项目必须基于一个为期 3 年的研究议程，具体的选题必须符合区域研究和主题研究的相关规划。比如南亚研究就属于区域研究，大规模杀伤性武器与核问题就属于主题研究。具体的研究则是由前面所述的 9 部加以具体推进。其中南亚研究是研究所的主要研究领域，开展的项目有巴基斯坦的发展趋势、克什米尔问题研究。军事事务研究部的研究重点是影响印度安全与印度武装力量的问题，比如印度武装力量的转型与军事现代化、武装部队的防御合作等问题。核武、美国与欧洲研究部主要致力于探讨欧洲安全、欧洲政治、印度与美国的关系等。中国、南亚与东亚研究部主要关注有关中、日、韩以及东南亚国家的问题，开展的项目有中国军事现代化及其对印度安全的影响研究。反恐与国内安全研究部主要关注印度东北部的动乱、印度边境的管理、全球恐怖主义的趋势等。国防经济与国防工业研究部主要通过应用经济原理与经济分析来研究印度国防问题。俄罗斯、中亚、西亚与非洲研究部主要关注该地区的发展趋势。非军事威胁、

---

[1] 李轶海主编：《国际著名智库研究》，上海社会科学出版社 2010 年版，第 327 页。

能源安全与经济安全研究部主要研究一些非主流的安全挑战。战略技术、模拟与评估研究部主要通过应用各种技术以及多学科研究方法，构建有关模型为解决实际问题和操作层面问题提供帮助。

3. 国际合作与智库影响力

国防分析研究所与其他国家的类似机构定期主办双边对话，增加彼此间的交流，这些机构包括孟加拉国的国际战略研究院、古巴的防御研究信息中心、塔吉克斯坦的战略研究中心、中国的现代国际关系研究院、阿拉伯酋长国的战略研究中心、伊朗的国际政治关系研究院、奥斯陆国际和平研究院、日本的国际事务研究院、俄罗斯的战略研究院、南非的国际事务研究院等。这些国际对话对于扩展研究所的研究视野和影响力都具有重要意义。

由于国防分析研究所的研究人员主要来自国内学院的专家以及政府部门的官员，因此研究所与政府部门的关系十分密切，研究所每年还会为政府的公务员和军官提供相关培训课程。从成立之日起，国防分析研究所就会定期举办相关论坛，现在每年都会举行几次国内、国际研讨会，定期围绕一些重要问题展开讨论。每周的研究员会议也是国防分析研究所与外部专家、记者、决策者进行互动的重要途径。国防分析研究所每年还会出版相关书籍、杂志以及文摘、简讯、评论来宣传自己的观点。国防分析研究所目前拥有《战略分析》《国防研究》《生化武器杂志》3 份期刊。借助大众媒体，国防分析研究所将智库的观点和相关政策建议有效地传播到决策者和社会公众中。作为从事国家安全与外交战略研究的智库，国防分析研究所在协助政府制定相关政策方面起到了重要作用，其影响力延伸到军备控制、核武器选择、反恐等多个领域。

（二）印度国家科学技术和开发研究所

1974 年，印度成立了科技研究中心，隶属印度科学和工业研究理事会。1981 年，印度科技研究中心更名为印度国家科学技术和开发研究所，此后研究所与印度管理研究中心合并，是印度唯一一个国家级的软科学研究智库。印度国家科学技术和开发研究所拥有大量的专家人才，在多个领域开展研究，在国内外都享有较高的知名度。经费上，印度国家科学技术和开发研究所主要依靠印度科学和工业研究理事会，其他政府部门有时也会根据需求提供资金开展专项研究。随着影响力的增强，印度国家科学技术和开发研究所也获得了来自联合国等国际机构的资助。[1]

三、印度智库的运作机制与总体特征

（一）运作机制

印度的智库规模一般都不太大，但专业性却很高，具体运作则可从经费的来源、智库的研究人员以及课题研究等几个层面加以分析。

从经费的来源看，印度智库的资金主要来自政府的拨款、项目资金以及国际机构的资助。在 20 世纪 80 年代，印度智库的资金大多来自政府机构。但到了 20 世纪 90 年代，不少企业成立基金会向科学研究投入资金，越来越多的智库开始依赖企业的支持来开展研究。此外，印度的智库也获得不少国际机构的资助，如世界银行、亚洲开发银行等开始成为印度智库一个新的重要资金来源。

从智库研究人员的角度来看，印度智库研究人员背景多元，既有来自高等院校的博士研究生，又有实践经验丰富的研究人才，还有退休的前政府工作人员，有时还有来自其他智库的访问学者。这些来自不同层面的研究人员有利于智库从多个角度、多个层面深入地探究智库的研究项目，同时也反映了印度智库的人才选拔机制是比较开放的，注重理论与实践的结合。

从课题研究层面来看，印度智库通常都设有理事会对人员及项目进行管理。印度智库对课题的管理十分严格，并且形成了一整套的规则，对于保证印度智库与资金提供方的长期合作都有重要意义。[2]

（二）总体特征

相对来说，印度的智库研究领域是比较集中的，尤其关注本土问题，在其发展过程中也形成了一些自身的特点。印度智库的组织规模相对较小，即便是拥有相当知名度的智库，其规模、人员都很有限。比如印度政策研究中心已经算是印度比

---

[1] 杜骏飞：《全球智库指南》，江苏人民出版社 2018 年版，第 273—274 页。

[2] 李国强：《印度智库钱从哪里来，如何影响政府决策》，《东方早报》2014 年 1 月 21 日。

较大且有影响力的智库了，但也只有 16 名常务研究员、30 名副研究员。当然，规模较小也与智库的资金短缺有一定的关系。印度的智库一般都坚持非政党化的立场，与政党之间刻意保持距离，以免沦为某一政党的政治工具。印度的智库特别注重发展问题，对环境、人口、可持续发展等相关领域有着广泛深入的研究，对南亚以及中国也尤为关注，近些年对中国的关注从早期的中印边界问题等逐步延伸到中国的政治、经济、社会的研究。印度的官方智库还有一个特别的机构，即顾问委员会，这一委员会便于学者以个人身份向政府提出建议。随着智库的发展，印度智库所获的国际资助也越来越多，但也有一定负面作用，主要是政府对这些智库的立场会产生质疑，进而影响其研究成果效用的发挥。[1]

印度智库的专业化战略为印度智库的发展带来了相当的益处，也间接地为印度的政策制定提供了广泛的参考。印度的智库对于各种人才特别是具有专业经验的人才十分看重，也不回避外国的专家学者，相反还十分欢迎这些专家作为访问学者到印度智库工作。印度的智库也注重对人才的培养，一方面智库会定期对研究人员进行培训，另一方面也会邀请专家学者来智库举办讲座以拓宽智库研究人员的视野。[2]印度的智库对于中国以及南亚国家最为关注，相反对于欧美发达国家的研究则相对较少。在研究成果的传播上，印度智库除了借助传统的出版物发行等方式，也有意识地借助新媒体手段在网络平台上宣传自己的思想观点，这些都有助于印度智库提升自己的影响力。

但印度智库在其发展过程中也存在一定的问题，其虽然十分重视中国问题研究，但从其现实表现来看，其智库对中国的了解还不能说深入。印度智库之间还存在一定程度的恶性竞争，相互之间缺乏良性的合作。印度的智库专门化程度高，反过来就意味着在其他领域的研究就相对薄弱，即便在印度智库专长的某些领域，其专家规模也较小。有的印度学者还提出印度智库缺乏长远思维，在与政府的沟通上也存在很多问题。这些问题都不利于印度智库的发展，尤其是与政府的关系往往影响其研究成果能否及时被政府接受和采纳。[3]

---

[1] 杜骏飞：《全球智库指南》，江苏人民出版社 2018 年版，第 271—272 页。

[2] 崔冠杰：《印度国家科技政策的摇篮——国家科学技术和开发研究所》，《中国软科学》1990 年第 1 期。

[3] 胡新龙、林火清：《外国智库咋研究中国》，《中国国防报》2010 年 9 月 21 日。

智库建设

下 篇

比较与借鉴：世界视野下的中国智库建设

○　　○　　○

第八章 中国智库的发展现状与现实困境

从中国智库的发展历程来看，改革开放前后是中国智库发展的黄金时期，今天的中国智库已经成为国家软实力的重要组成部分，对政府决策以及社会舆论都有着不可忽视的重要影响。建立中国特色新型智库的目标也被提上日程，这既意味着政府的科学决策越来越需要智库的智力支撑，同时也给中国的智库发展带来了巨大机遇。经过几十年的发展，中国的智库从单一化逐步走向多元化，形成了不同类型的多元化智库。但是，与美国等发达国家智库相比，中国智库仍有较大的差距，中国还缺乏在国际上真正具有竞争力和影响力的智库，不能满足当下国家治理体系和治理现代化的要求。因此，为了进一步提高国家的软实力，中国的智库发展迫切需要寻找到适合中国国情的创新路径。

第一节 中国智库的发展历程

智库的概念是从西方引入的，但也有学者认为，智库现象是中国数千年政治传统的一部分，中国传统的幕僚机构就发挥着某种智库的功能。[1] 但实际上更多的研究者认为，改革开放之前的中国并没有真正意义的现代智库，只有一些类智库的研究机构，更严格地说，这些研究机构只能被称为政府机关。[2] 正因为对智库的认知不尽相同，国内外学者对中国拥有的智库的数量都有不同的看法。根据西方著名智库学者麦甘主持的 2017 年全球智库报告的统计，中国的智库从 2008 年的 74 家增长到了 2016 年的 512 家，智库总量仅次于美国的 1872 家。[3] 然而根据中国智库

[1] 郑永年等：《内部多元主义与中国的新型智库建设》，东方出版社 2016 年版，第 9 页。

[2] 张伟：《新型智库基本问题研究》，中共中央党校出版社 2017 年版，第 154 页。

[3] McGann，J.G.,2017 Global Go To Think Tank Index Report, Philadelphia: The Lauder Institute, The University of Pennsylvania,2018,p.37.

学者的相关调查，目前的中国智库总数已经达到 2400 家，其中官方智库约 1500 家、高校智库约 700 家，民间智库约 200 家。[1] 之所以对中国智库数量的认知还存在如此大的差异，说到底还是因为对智库的概念有着不同的理解。

有的学者提出，应当将西方关于智库的定义与中国的具体国情结合起来分析中国智库的特征。如陈广猛认为，中国语境下的智库至少具有这样四个特性：以政策研究为主业、以影响政府政策选择为主要目标、非政府的独立组织、非营利性。根据这一定义，中国目前的绝大多数智库是符合这一标准的。当下的国内学界也普遍认为，中国的现代智库始自 1978 年的改革开放前后。当时的情形下中央需要制定大量改革方案，不少研究人员也因此进入政策研究部门，促进了中国现代意义上智库的产生。1980 年成立的中国农村发展问题研究组就是这样一种类型的组织。该研究组经过调研，为 1981 年召开的中央农村工作会议提供了农村调查的数据。此后，中国的智库开始担负起了为政府提供政策建议的功能和使命。到今天，中国的智库已经成为国家软实力的重要组成部分，对政府决策以及社会舆论都有着不可忽视的重要影响。

从中国智库的发展历程来看，改革开放前后是中国智库发展的黄金时期，其后一阶段智库的发展平稳，近些年来又有不少新的智库开始建立。[2] 清华—布鲁金斯中心、盘古智库、中国经济 50 人论坛、中国金融 40 人、瞭望智库等一批社会智库和高校智库大量涌现。上海社会科学院智库研究中心编写的《中国智库报告》将中国的智库发展分为五个阶段。第一个阶段是智库体系初步建立的阶段，时间从 1977 年到 1987 年，此阶段的特点是政府研究机构和社科院系统蓬勃发展，国家层面的中国社会科学院、国务院发展研究中心、中国现代国际关系研究所，地方上的上海社会科学院等机构都相继建立。第二个阶段是智库体系多元发展的阶段，时间是从 1988 年到 1993 年，此阶段的特点是民间智库的逐渐兴起。改革开放的发展使得一部分知识分子走出国家机关和政策研究机构，组建了中国第一批民间智库。代表性的智库有 1988 年成立的北京四通社会发展研究所，1989 年成立的深圳综合开

---

[1] 徐晓虎、陈圻:《中国智库的基本问题研究》,《学术论坛》2012 年第 11 期。

[2] 李凌:《中国智库影响力的实证研究与政策建议》,《社会科学》2014 年第 4 期。

发研究院，1991 年成立的中国国际公共关系协会、中国改革发展研究院等。第三阶段是智库体系的基本形成阶段，时间从 1994 年到 2002 年，此阶段的特点是大学智库的兴起。从 20 世纪 90 年代中后期开始，一大批大学智库建立起来，智库逐步走向多元化时代。代表性的智库有 1994 年成立的北京大学中国经济研究中心、1999 年成立的清华大学国情研究中心、2000 年成立的复旦大学中国经济研究中心等。第四阶段是智库体系的转型发展阶段，时间从 2003 年到 2012 年，此阶段的特点是地方社科院逐步明确定位，发展智库。这一阶段中国经济社会的转型带动了中国智库的创新与转型，最突出的表现就是地方社科院明确定位转型智库。第五阶段是智库体系创新发展阶段，时间从 2013 年至今，此阶段是中国特色新型智库的创新发展阶段。[1]

今天中国的智库已经进入了突飞猛进的发展阶段，建立中国特色新型智库的目标也被提上了日程，政府决策的科学化和民主化需要智库的智力支撑。随着智库越来越被社会公众所了解，智库也不再像过去那样带有神秘性。中国国内的全面深化改革以及构建新型国际关系的需求都给中国特色新型智库的发展提供了助力，既给中国智库的高速发展带来了很大的机遇，也对其提出了相当大的挑战。

第二节 中国智库的类型和影响力

经过几十年的发展，中国的智库从单一化逐步走向多元化，形成了不同类型的多元化智库，对不同智库类型进行简要地辨析有助于我们更好地理解和认知中国智库的特征。

一、中国智库的类型

从前述中国智库的发展阶段可以看出，中国智库按其隶属关系大致可分为四种类型：官方智库、半官方智库、高校智库、民间智库。

---

[1] 上海社会科学院智库研究中心：《2013 年中国智库报告》，上海社会科学院出版社 2014 年版，第 8—11 页。

（一）官方智库

官方智库一般是指体制内的服务于政府及政府领导层的智库研究机构，它是政府决策的核心力量。此类型智库相对其他智库距离决策中心最近，能够更紧密也更有效地参与政府决策的产生过程，其所提出的政策建议也最容易被采纳，也能收到广泛而直接的反馈。由于资金和管理都来自政府，官方智库的独立性相对较低，但政府在政策层面也多向此类智库倾斜。官方智库的研究方向带有很强的政治性，这也是由其官方性质决定的，它高度依赖政府，缺乏市场竞争力，这也使得官方智库相对创新活力不足，体制内的惯性所带来的一些问题都是需要官方智库去面对并加以解决的。

（二）半官方智库

这里所说的半官方智库主要指社会科学院系统智库。除了中国社会科学院系统外，一般地方社会科学院主要服务于各自所在区域，与地方政府关系密切，所提政策建议也容易被地方政府采纳。此类智库的人员构成相对灵活，具有较大的流动性。除地方省市的社科院系统外，中国发展改革研究院、中国国际经济交流中心都属于发展较好的半官方智库。相对官方智库而言，这类智库的政策支持略显不足，但亦带有行政化的色彩，相对民间智库有着更稳定的资金和信息来源，但又没有民间智库的市场竞争力和创新性。

（三）高校智库

高校智库主要是指国内各高等院校创办的一些研究中心或研究院，其范围遍及全国。高校智库有着丰富的人才资源，其研究范围往往也依托高校自身的某些优秀学科。高校智库的研究成果具有较强的学术性和理论性，相对较缺乏应用性和操作性。再加上高校智库相对距政府决策中心较远，与政府的沟通也逊色于官方型智库，导致高校的研究成果虽有相当的理论高度，但对政府决策的影响力却较弱。当然，这与高校的考核机制是分不开的。近年来，随着学科交叉被日益重视，高校智库开始聚合不同学科领域的专家组成研究团队，所产出的研究成果是其他智库所不能比拟的。但如何加强与政府的沟通、增强研究成果的实用性、平衡政府的需求与学校的考评等仍然是高校智库所要解决的重大管理问题。

（四）民间智库

在中国的智库体系中，民间智库与其他类型智库是运行机制完全不同的一种类型，其本身也包含着不同类型的智库种类，比如媒体智库、咨询企业类智库、非政府组织类智库。此类智库的资金大多来源于企业、社会以及民间机构，很多民间智库带有营利性，这一点与官方智库等其他类型也有很大的区别。相对高校智库来说，民间智库就没有太浓厚的理论色彩，而是以调查报告居多。从资金层面来说，民间智库因其多元化的资金来源，相对具备较多的独立性。虽然不如其他类型智库能够近距离接触政策中心，但因其处于激烈的市场竞争中，使得这类智库更具创新性，对社会舆论和社会公众的影响力更大。从总体数量来看，民间智库在整个中国智库中仍占很小一部分比例，政府通常也不会给予此类智库政策和资金上的支持，也较少采用其研究成果。因此，民间智库在发展路径、资源筹措等方面仍面临着重重挑战。

二、智库的影响力

影响力是一家智库生存发展壮大的重要基石，因此，任何一家智库都在努力提升自身的影响力。随着智库在公共决策中发挥着越来越重要的作用，智库的影响力也成为衡量一个国家软实力的重要标志。相对来说，中国的智库主要是通过以下几种方式来实现自身对公共政策制定的影响。[1] 一是在重要文件的讨论和起草中提出建议，有时甚至可能直接参与政策制定，这一点与西方智库直接向国会议员提供各类简讯和政策解读有相似之处。智库专家通过保持自身的政治参与度来影响政府政策的制定。二是向决策者输送智库的思想观点，主要通过两种途径来实现。一种路径是通过政府部门委托给智库的研究项目来实现，一种路径是通过内参的方式来向政府部门反映智库专家的观点。三是举办学术会议和相关论坛。学术会议或论坛是有效连接学术和政策的桥梁，通过举办会议或论坛，可以很便捷地将智库的研究

---

[1]　上海社会科学院智库研究中心：《2013年中国智库报告》，上海社会科学院出版社2014年版，第8—11页。

成果传播到政府部门以及其他学者那里，有利于促进智库与外界尤其是政府决策部门的沟通。四是利用媒体来影响公众舆论。很多智库都意识到媒体方式对于传播自身观点的重要性。不仅传统的纸质媒体、电视、广播在传播智库观点中仍然发挥重要的作用，很多智库也有意识地利用网络新媒体手段对智库研究成果进行广泛的传播。五是通过智库专家的人际网络影响政府决策。很多智库专家拥有强大的人际网络，在一些重要的会议或讲座中，智库专家可以向外界宣传自身的研究成果，对于提升智库的影响力往往能起到意想不到的效果。

第三节 中国智库面临的现实问题

自从中国共产党第十八次全国代表大会和十八届三中全会明确表示我国要加强中国特色新型智库建设以来，全国范围内兴起了一股智库建设的热潮。2014 年，中共中央办公厅、国务院办公厅又印发了《关于加强中国特色新型智库建设的意见》。此后，从中央部委到各地方政府，从高等院校到科研机构，乃至各类媒体都纷纷组建智库。中国智库迎来了快速发展的重要契机，但我们也不得不承认，人们对什么是中国新型智库、中国新型智库的基础是什么、如何去建设中国新型智库这些基本问题并没有形成充分的认识。[1] 正因如此，当下的中国智库建设在一定程度上呈现出重数量而轻质量、重速度而轻创新的现象。有的学者认为，中国智库的核心竞争力和影响力仍然在原地踏步，中国智库的"兰德梦""布鲁金斯梦"仍十分遥远。智库建设一哄而上的现象值得我们保持足够的警惕。[2] 中国新型智库建设在机制、人才、资金等各个层面都面临着不少困难。

在数量众多的中国智库中，官方智库是占主导地位的，官方智库的机制确实有某种优势，但其体制惯性也对其发展构成了一定的阻碍。官方智库在管理上是典型的行政主导，这种智库更多是承担维护和解释政策的功能，而不是创新思想，行政主导也导致一些智库机构官本位现象严重，财务制度、经费使用都与智库研究相

---

[1] 郑永年等：《内部多元主义与中国的新型智库建设》，东方出版社 2016 年版，第 1 页。

[2] 张伟：《新型智库基本问题研究》，中共中央党校出版社 2017 年版，第 162 页。

脱节，高素质的研究人员难以引进等问题。在官方智库系统中，往往都有一个组织架构顶端的行政管理部门来进行业务指导，这便于智库研究统筹规划、协同推进，迅速得到各级机构的响应，但其缺陷也同样明显，即自上而下的计划色彩过于浓厚，不利于各地智库机构充分发挥自身的积极性和自主性。在这些官方智库中，很多智库并不是专门从事政策研究和咨询，而是已经承担一定职能的综合机构。智库原先所具有的职能会给智库带来一定的人才和资源优势，但其弊端也是显而易见的：一是责任的不清晰。这些智库每个部门都好像与智库建设有关，但智库职能的发挥好坏好像又关系不大。二是管理上的不适应。智库的组织架构和运行机制是基于原先职能而设置的，但却未必适应现代专门性智库的运行特征。除了官方智库，高校智库和社会智库也各有其困境。高校智库的理论研究和基础研究很扎实，但智库研究更强调的是应用性和可操作性。民间智库则普遍缺乏稳定的经费支持，在人才引进、职称评定、政府购买服务等方面也难以享受官方智库的相同政策待遇。

从宏观层面来看，中国智库的地域分布也存在着不容忽视的不平衡性。在近些年的全球顶尖智库排名中，国务院发展研究中心、中国社会科学院、中国现代国际关系研究院、上海国际问题研究院都曾进入全球前100名。[1] 在2016年的中国智库报告中，综合影响力前30名的智库除上述官方智库外，还包括北京大学国家发展研究院、清华大学国情研究院、中国人民大学重阳金融研究院、中国经济五十人论坛等高校智库、社会智库。不难看出，这些知名智库主要分布在北上广等发达地区，这些地区既对智库成果有相当的需求，也能够给智库提供资金和制度支持。相反，其他地区的智库发展则相对滞后。

与美国等发达国家智库相比，中国智库仍有较大的差距。从产业规模上来看，中国智库仍无法达到美国智库的水平。从运营机制来看，美国等发达国家智库已经形成了一套相对成熟的运营机制，但中国智库的发展时间较短，智库的发展速度落后于社会发展速度，尚未形成一套成熟的运营机制，需要借助发达国家智库经验在体制机制上做出更多的探索和努力。从影响力来看，在国际上真正具有竞争力和影

---

[1] McGann，J.G.，2015 Global Go To Think Tank Index Report, Philadelphia: The Lauder Institute, The University of Pennsylvania,2016, p.49.

响力的中国智库是少之又少的，无论是研究成果的转化能力，还是智库成果的对外推广能力都是有限的，这些都限制了智库研究成果的产品输出，进而导致中国智库的影响力普遍不强。[1] 总的来说，我国智库总体上呈现一种有量缺质的状态，智库成果的质量和影响力都与世界顶尖智库存在明显差距，不能满足当下国家治理体系和治理现代化的要求。因此，为了进一步提高国家的软实力，中国智库的发展迫切需要寻找到适合中国国情的创新路径。

---

[1] 杜骏飞:《全球智库指南》，江苏人民出版社 2018 年版，第 236—237 页。

第九章 政府、智库与人才：中国智库建设的基本路径

任何一个国家的智库建设，都离不开良好的外部制度环境。当然，智库要不断地生存与发展，真正的内生动力只能来自智库内部，这既包括智库本身要构建起一套成熟有效的运作机制，也需要智库专业人才不断产出创新性的思想观点。因此，推进中国的新型智库建设，也必须从政府、智库、人才三个层面着手构建其基本路径。

第一节 智库的外部环境建设：顶层设计和制度保障

任何智库的发展都不仅仅取决于其自身，同样需要外部法律空间和相关政策的制度支撑。一个良好的外部制度环境有利于智库的发展壮大，比如我国近几年的智库建设之所以能迅速推进，其最重要的原因就是来自政府的鼓励和直接推动。构建良好的外部环境，当然不是鼓励政府直接干预智库的具体管理，而是在宏观层面上加强体制机制的顶层设计。从党的十八大以来，中央政府围绕智库发展出台了一系列文件，在智库建设的顶层设计上不断向前推进。同时，面对改革的不断深化，我们也需要因时而动，根据中国的国情探索新型智库建设的创新路径，推动政府在智库的参与和布局以及智库相关的法律和政策支持上发挥更大功用。

对一个智库而言，政府的决策咨询需求是其存在的重要价值。很多国家的政府都有类似的政策规定，即政策出台之前要经过智库的研究和咨询，从而为智库的发展创造了一个良好的社会环境。[1] 就中国而言，政府在客观上也有显著的咨询需求。虽然经过几十年的发展，中国取得了巨大的经济成就，但也遇到了很多发展难题，比如经济建设和社会发展的关系、地区和城乡之间的发展不平衡、生态环境的

---

[1] 洪伟、邓心安：《中国民间思想库：作用与对策》，《科学与管理》2008 年第 1 期。

恶化，乃至全球气候变暖、文化冲突、全球治理等多层次的问题需要智库提供合理的政策建议。尽管官方文件早已有智库专家参与政策过程的相关规定，但如何让这些文件精神落实到底才更为关键，也就是说要让智库的政策参与更加制度化，在国家治理体系中确立智库参与政策制定的刚性机制。在很多国家，智库咨询的制度化已经成为国家决策科学化的重要举措。借鉴其他国家的经验，政府可将智库的决策咨询作为政府决策程序的必要环节，健全智库政策咨询的渠道，并使其正规化和多元化，对各类型智库都能做到一视同仁。

在《关于加强中国特色新型智库建设的意见》中，中国的智库被分为党政部门、社科院、党校行政学院、高校、军队、科研院所和企业、社会智库。也有学者将这些智库简要地分为官办智库、高校智库、民营智库三类。[1]不管哪种类型的分类，如果不能在这些智库间建立起适度竞争的机制，中国新型智库的整体质量就很难提升，而确立竞争机制的关键在于政府决策部门。政府决策部门应该制定相应规则使得智库能在公平的环境下竞争决策咨询业务，允许智库提出不同的观点，这其中最重要的就是要建立国有智库与社会智库的竞争机制。

目前，官方智库在决策咨询中发挥着主导作用，无论是资金、人才，还是信息获取、成果产出，都有着其他类智库无可比拟的优势。但是，官方智库的局限也是客观存在的，那就是缺乏竞争的压力，其研究成果也往往缺乏自主性和创新性。要改变这种状况，就必须在体制机制上大胆创新，比如建立经费支持的竞争机制，给其授予更多的人事管理权和更灵活的课题研究的自主权等等。民营智库也是中国新型智库体系的重要组成部分，但民营智库的研究成果缺乏建言献策的正规渠道。相对官方智库，民营智库缺乏充足的资金来源，也不如官方智库能够得到更准确更全面的信息,但其研究课题和思想观点更具自主性和创新性。要加快民营智库发展，就必须构建有利于民营智库发展的制度环境，营造其与官方智库享受公平待遇的氛围。高校智库也有其特殊优势，比如拥有一大批专业研究人员、丰富的馆藏资料等，但其特定的体制也决定了智库研究的专门性和应用性都不太显著。因此，要提高我

---

[1] 王辉耀、苗绿：《大国智库》，人民出版社 2014 年版，第 233 页。

国智库的影响力和智库体系的绩效水平，就必须建立起智库竞争体制。要努力构建多层次的智库体系，在充分发挥官方智库作用的同时，重视高校和科研院所智库的建设，积极鼓励民营智库的发展，从现实中面临的实际问题出发展开研究。

此外，政府需不断完善对智库的相关法律和政策支持。首先，政府应对智库发展在财政政策上加大支持。一个智库能否获得稳定的资金支持，对其决策咨询的质量会有重要影响。我国的智库以官方智库为主导，其研究经费大部分来自政府的财政拨款，但这种方式也会带来智库的进取心不足、走后门拉关系等弊端。对此，必须改变经费的资助方式，采取竞争性方式取代简单的政府拨款，使各类型智库都有机会获得政府的财政支持。其次，完善对智库的法律支持。通过制定相关法律把决策咨询作为政策制定的法定环节，完善社会主义市场经济相关法律，让企业把咨询当作提升运作效率的重要手段，还要对民营智库的地位给予支持，放宽民营智库注册条件。最后，政府要完善对智库研究的信息支持。相对世界上一些顶尖智库，我国智库在信息获取方面要相对薄弱。信息的受限也影响到智库的选题以及智库研究成果所能达到的深度。因此，政府要建立智库所需的信息共享机制，为智库搭建数字化信息平台，进一步扩大政府信息共享范围。

第二节 智库的内部机制建设：建立高效的智库管理体系

智库的发展固然离不开良好的外部制度环境，但智库的内部机制才是智库不断向前拓展的真正内生动力。纵观世界各国智库，排名靠前的顶尖智库大都有一套成熟的智库运作机制，在经费筹措、人才选拔、组织构建、成果推广等方面有一套行之有效的经验。处于发展进程中的中国新型智库，其体制机制还存在很多不适应现代智库发展规律的地方。加强智库的内部机制建设就意味着要不断推进智库管理的科学化和规范化，围绕经费、课题、传播等多个层面建立高效的智库管理体系。

当下的中国智库以官方智库为主，而这些智库多为综合性研究机构，在智库研究之外还兼具多种其他职能，甚至有时智库的功能还会被弱化，换句话说，中国智库的专门化程度普遍不高，不仅研究领域的专业化程度偏低，人员经费管理以及组织架构都不太适应现代智库研究的需求，这也成为中国智库发展的重要瓶颈，直接影响到智库建设的成效。反观欧美智库，多采取理事会负责制，下设研究部门和研究辅助部门，智库的专业化程度很高，几乎每一家大型智库都有自己的专业方向，并且在该领域享有盛誉。因此，加强智库的内部机制建设首先必须加强智库的专业化。

经费的筹措是任何一家智库开展独立研究的前提和基础，但不同国家的智库筹集机制却差别很大。如美国的智库经费来源十分多元化，包括基金会、企业、政府、个人的捐赠、智库的基金收入、出版物销售收入等多个渠道。这种多元化的资金来源，既保证了智库研究有着充足的资金支持，又能保证智库的研究不受特定利益集团的影响而丧失智库研究的独立性和客观性。[1]其他国家如英国、法国、日本等国的智库经费尽管有着不同的来源，但也都具有多元化的特征。[2]相对来说，我国的智库以政府研究机构为主，其经费主要来自国家拨款。其余的还有课题项目资金以及出版物销售所得。民间智库则基本上是自收自支。不难看出，我国智库的经费来源相对单一，更重要的是，这种资金来源渠道很容易导致经费管理的弊端。因为官方智库大多为政府事业单位，其资金管理往往按照政府机关的财政资金管理制度来执行，而实际上两者的差别很大，不合理的财政管理制度严重束缚了智库的运转。因此，根据不同智库的特点，要探索建立多元化、多层次的资金筹措机制，鼓励企业、个人、社会组织捐助智库建设。

从具体研究层面来看，一个研究项目能否取得高质量的研究成果至关重要，这一点也是提升智库竞争力的关键所在。随着全球化的扩展，一些事关人类共同命运的全球性议题如能源、环境、贫困、可持续发展等正成为智库研究的重要领域。而围绕这些议题所开展的决策咨询项目大多是一些综合性的复杂程度很高的课题，需要长期的深入调查和持续研究才有可能为决策部门提供科学合理的政策建议。为了保证课题的研究质量，世界顶尖智库从课题的选择到研究的开展和评审形成了一套严密的实施程序。选题阶段，有经验的智库通常都会成立专门的选题小组，对研究人员提出的选题进行评审。兰德公司原总裁赖斯就认为，发现找出什么是需要加

---

[1] 刘恩东：《美国智库建设的启示》，《学习时报》2014年5月19日。

[2] 程永明：《日本智库经费来源渠道研究》，《人民论坛》2014年第3期。

以研究和咨询的问题，是研究过程中的一个极困难的关键部分。[1]正因如此，一个好的研究选题，对于研究工作的成功是十分重要的。项目研究阶段，大型智库不仅会合理调配内部研究人员成立研究小组，还会邀请外部专家参与研究，尤其是在开展国际问题相关研究时，这些智库会通过与相关国际组织的合作研究，提升资源的共享性，同时传播智库的理念。项目评审阶段则实行严格的评审机制。比如兰德公司对每一项研究计划都会聘请两位课题小组外的资深研究人员作为评审员，评审包括中期审查和期末审查，评审人还会给出相关评审意见。根据这些意见，研究小组可接受意见并加以修改，也可以不接受但需给出解释。[2]正是由于建立了这一套严密的立项、研究、评审程序，智库才能不断产出高质量的研究成果。

有了好的研究成果，智库的影响力并不必然与之同步提升。只有通过多元化的渠道有效地将智库研究成果传播出去，智库的知名度和影响力才会逐步增强。因为智库决策咨询的最终目标是为了影响政府决策和提高决策质量，所以世界上的智库都在竭力采用多种方法来全方位地推广自己的研究成果。与世界上的一些顶尖智库相比，我国智库研究成果的传播渠道比较单一，各部门各层级的内参成为智库研究成果传播的主要方式。借鉴国外一些智库成果的多元化传播路径，我国的智库成果途径也应更加开放和多元。第一，通过出版专著或专题研究报告来影响政府决策。第二，通过发行期刊、工作论文、快报简讯、年度报告等多种出版物向外界宣传介绍智库的研究成果。第三，通过大众媒体比如电视、电台等发布自身观点，引导公众对特定问题的关注，引导公众舆论。如美国各大智库在海湾战争的最初48小时就利用CNN等大众媒体向大众推销其战略构想，进一步促使了政府形成一致的中东政策。[3]第四，承担政府委托课题，这是智库最直接的影响政府决策的渠道，可以将自己的政策主张最直接地反映给政府相关机构。第五，举办各种会议和各类论坛，充分与政商各界人员展开充分交流。对于智库来说在，这些活动既可以及时了解政府的政策走向，也可以将自身的政策理念传递给政府相关决策者。美国著名智

[1] 张伟：《新型智库基本问题研究》，中共中央党校出版社2017年版，第206页。

[2] 邹逸安：《国外思想库及其成功的经验》，《中国软科学》1999年第6期。

[3] 张继业：《思想库与美国对外政策》，《国际论坛》2001年第5期。

库对外关系委员会一项不间断的研究计划就是邀请外国著名领袖演讲,从 1959 年到 1974 年,先后有 59 个国家的总统、首相、总理等在该智库发表演讲,不仅使其成为一个具有世界影响力的聚会场所,对决策层的影响力也随之加大。[1]

第三节 智库的人才机制建设:培养创新型复合型人才

人才是智库生存发展的核心要素,智库专家不同于学术研究人才,也不同于媒体人才,从某种意义上说,智库专家是比学者和官员专门化程度更高的人才。衡量一个智库优劣的重要标准就是一个智库有没有充足的优秀人才,人才的积极性有没有得到充分的发挥。就目前中国智库人才现状而言,我国的新型智库建设还比较缺乏专门的智库人才。推进中国新型智库建设,需要培养一大批创新型复合型人才,更重要的是要建立起一套开放竞争的人才管理和运作机制,充分发挥智库人才的积极性和创造性。

首先,智库要建立开放竞争的人才选拔机制,通过公开招聘的方式吸纳人才。因为智库人才的特殊性,智库在人才选用上既要注重学术研究能力,更要注重实践经验。从其他国家智库的人才选拔经验来看,他们非常注重从不同渠道吸纳人才,智库的人才构成趋于多元化,倾向将不同专业背景、学历、年龄等的专业人员整合在一起进行研究。一般来说,这些人才可能是来自名牌大学刚刚毕业的博士研究生,也可以是大学知名学者和企业精英,还可以是政府离任官员和其他智库的人才。对于不同层级的研究人员,智库应制定严格的聘任制。一般对高级研究人员都是实行长期聘任制,对研究的助理人员则可实行短期聘用,根据考核来决定其续聘或解聘。对于中国智库而言,国外智库对研究人员和辅助人员的合理配置也是值得借鉴的。兰德公司的经验就是两个研究员不如一个研究员加一个秘书的效率高。胡佛研究所的 80 多名研究人员也有 200 多人的辅助配合。[2]

---

[1] 田立志:《试论思想库对美国外交政策的影响》,《世界经济与政治》1997 年第 5 期。

[2] 薛澜:《在美国公共政策制订过程中的思想库》,《国际经济评论》1996 年第 6 期。

其次，智库应建立科学的评价考核制度。世界上大多数智库都制订了严格的考核制度，比如斯坦福国际咨询研究所就围绕专业成绩、提升、委托关系、计划领导、系统管理5个项目对研究人员进行评价，并以此为依据决定研究人员的报酬、奖励等。[1] 为了激发智库研究人员的积极性，很多智库都通过构建相应奖励机制来激励工作人员。最基本的激励方式就是物质奖励，提高研究人员的工作待遇。比如兰德公司研究人员的工资要比同等资历的大学教授高出三分之一。除了物质激励，一些智库还根据考核结果来晋升相关研究人员，这种职务的提升对员工来说也是很大的激励。有的智库还会给予资深研究人员自主确定研究课题的权力。借鉴这些国家的既有经验，中国智库在其建设进程中也要确立科学合理的考核评价激励机制。

最后，中国的智库建设要加快完善人才的培养机制。目前，我国的智库人才从总体上来看还是比较缺乏的。随着公共事务的复杂化，决策咨询研究往往涉及政治、经济、社会、文化等多个领域，智库研究人员不仅要是某一特定领域的专家，还要广泛涉猎其他学科知识，这意味着智库研究人员必须是复合型的人才，能够开展跨学科的综合性研究，同时要有敏锐的问题意识，能够把握住公共政策领域的政策窗口。智库的研究成果要具有创新性，就必须有一批拥有创新能力的智库研究专家。纵观世界各知名智库，其智库专家都具有很强的创新意识，并将这种创新延续到智库的研究成果中，推出一系列新思想新观点，而这正是它们成为世界顶尖智库的核心因素。因此，我国的智库建设也要不断加强创新型复合型的专业人才队伍建设，并通过派遣研究人员进入实践部门以及国内外其他智库等多种方式提升研究人员的能力和水平，为智库人才培养创造良好的机制和环境。

---

[1] 邹逸安：《国外思想库及其成功的经验》，《中国软科学》1999 年第 6 期。

主要参考文献

[1]　中国现代国际关系研究所.美国思想库及其对华倾向 [M].北京:时事出版
　　　　社,2005.

[2]　北京太平洋国际战略研究所课题组.领袖的外脑——世界著名思想库 [M].
　　　　北京:中国社会科学出版社,2000.

[3]　王佩亨、李国强等.海外智库——世界主要国家智库考察报告 [M].中国财
　　　　政经济出版社,2014.

[4]　中国社会科学院拉丁美洲研究所.全球拉美研究智库概览 [M].当代世界
　　　　出版社,2012.

[5]　金芳等.西方学者论智库 [M].上海社会科学院出版社,2010.

[6]　郑永年等.内部多元主义与中国的新型智库建设 [M].东方出版社,2016.

[7]　上海社会科学院智库研究中心.2013 年中国智库报告 [M].上海社会科学院
　　　　出版社,2014.

[8]　李轶海.国际著名智库研究 [M].上海社会科学出版社,2010.

[9]　冯仲平、孙春玲.欧洲思想库及其对华研究 [M].时事出版社,2004.

[10]　金彩红等.欧美大国智库研究 [M].上海社会科学院出版社,2015.

[11]　陶文钊.美国思想库与冷战后美国对华政策 [M].中国社会科学出版社,
　　　　2014.

[12]　杜骏飞.全球智库指南 [M].江苏人民出版社,2018.

[13]　刘建明.舆论传播 [M].清华大学出版社,2001.

[14]　李建军、崔树义.世界各国智库研究 [M].人民出版社,2010.

[15]　褚鸣.美欧智库比较研究 [M].中国社会科学出版社,2013.

[16]　王莉丽.旋转门:美国思想库研究 [M].国家行政学院出版社,2010.

[17]　张伟.新型智库基本问题研究 [M].中共中央党校出版社,2017.

［18］ 王辉耀、苗绿.大国智库 [M].人民出版社,2014.

［19］ 曹益民.世界主要国家公共决策咨询的做法和经验 [J].中国软科学 2000 年第 10 期.

［20］ 沈开举、余艳敏.美国智库发展现状与评价 [J].人民论坛 2014 年第 5 期.

［21］ 余章宝.作为非政府组织的美国智库与公共政策 [J].厦门大学学报（哲学社会科学版）2007 年第 3 期.

［22］ 韩未名.全球背景的官方智库特点、效用与发展前瞻 [J].重庆社会科学 2013 年第 9 期.

［23］ 金家厚.民间智库发展：现状、逻辑与机制 [J].行政论坛 2014 年第 1 期.

［24］ 袁鹏.美国思想库：概念及起源 [J].国际资料信息 2002 年第 10 期.

［25］ 朱旭峰."思想库"研究：西方研究综述 [J].国外社会科学 2007 年第 1 期.

［26］ 苏江丽.美国思想库的功能探讨 [J].理论探索 2013 年第 5 期.

［27］ 朱旭峰、苏钰.西方思想库对公共政策的影响力——基于社会结构的影响力分析框架构建 [J].世界经济与政治 2004 年第 12 期.

［28］ 朱旭峰.美国思想库对社会思潮的影响 [J].现代国际关系 2002 年第 8 期.

［29］ 陶正付."21 世纪的挑战与第三条道路"国际研讨会综述 [J].国外社会科学 2001 年第 1 期.

［30］ 张文宗.美国保守派思想库崛起的原因探析 [J].历史教学（高校版）2007 年第 6 期.

［31］ 张焱宇.国际战略研究中心 [J].国际资料信息 2003 年第 7 期.

［32］ 于恩光.乔治敦大学的"战略和国际研究中心" [J].环球经纬 1994 年第 5 期.

［33］ 曾毅.美国智库观察 [J].决策 2008 年第 5 期.

［34］ 王春法、张国春.美国思想库的运行机制及其启示 [J].环球观察 2004 年第 3 期.

［35］ 王晓民、蔡晨风.美国研究机构及其取得成功的原因 [J].北京大学学报 2001 年第 1 期.

［36］ 张焱宇 . 美国思想库介绍 [J]. 国际资料信息 2001 年第 11 期 .

［37］ 任晓 . 试论美国的保守主义运动——传统基金会之研究 [J]. 世界经济与政治 2004 年第 2 期 .

［38］ 王春法 . 美国思想库的运行机制研究 [J]. 管理论坛 2004 年第 2 期 .

［39］ 王志 . 美国思想库及运作机制 [J]. 中国社会导刊 2007 年第 2 期 .

［40］ 杨国庆 . 加拿大智库及其运作 [J]. 学习时报 2014 年 4 月 7 日 .

［41］ 许宝健 . 加拿大智库的特点及启示 [J]. 西部大开发 2015 年 2 月 .

［42］ 李雯 . 加拿大和美国智库的比较分析 [J]. 天津市社会主义学院学报 2014 年第 3 期 .

［43］ 徐世澄 . 巴西主要智库概览 [J]. 秘书工作 2015 年第 4 期 .

［44］ 戴慧 . 英国智库考察报告 [J]. 中国发展观察 2014 年第 1 期 .

［45］ 臧术美 . 法国主要国际关系研究机构 [J]. 国际资料信息 2011 年第 5 期 .

［46］ 王智勇 . 德国的思想库 [J]. 国际经济评论 2005 年第 2 期 .

［47］ 李铁军 . 俄罗斯智库的发展历程和现状 [J]. 学习时报 2013 年 2 月 25 日 .

［48］ 欧阳向英 . 俄罗斯主要智库及其发展情况 [J]. 对外传播 2010 年第 5 期 .

［49］ 许华 . 俄罗斯科学院世界经济与国际关系研究所 [J]. 俄罗斯中亚东欧研究 2005 年第 1 期 .

［50］ 樊鹏 . 公共投资主导的德国智库 [J]. 中国社会科学报 2012 年第 275 期 .

［51］ 叶小梁 . 俄罗斯科学院 [J]. 东欧中亚研究 1995 年第 1 期 .

［52］ 周立斌、宋兆杰 . 俄罗斯科学院今昔 [J]. 科技管理研究 2010 年第 16 期 .

［53］ 胡梅兴 . 莫斯科卡内基中心 [J]. 国际资料信息 2003 年第 5 期 .

［54］ 张健荣 . 纵谈俄罗斯智库 [J]. 社会观察 2006 年第 8 期 .

［55］ 刘少东 . 智库建设的日本经验 [J]. 人民论坛 2013 年第 35 期 .

［56］ 刁榴、张青松 . 日本智库的发展现状及问题 [J]. 国外社会科学 2013 年第 3 期 .

［57］ 王晓博 . 日本综合研究开发机构 [J]. 中国社会科学报 2014 年 8 月 6 日 .

［58］ 程永明 . 日本智库的发展现状、特点及其启示 [J]. 东北亚学刊 2015 年第 2 期 .

［59］ 李国强、陈波 . 韩国智库考察报告 [J]. 中国发展观察 2013 年第 12 期 .

［60］ 胡新龙、林火清 . 外国智库咋研究中国 [Q]. 中国国防报 2010 年 9 月 21 日 .

［61］ 李国强.印度智库钱从哪里来,如何影响政府决策 [J].东方早报 2014 年 1 月
21 日.

［62］ 毛晓晓.印度智库:学术自由与独立立场 [J].瞭望 2010 年第 43 期.

［63］ 崔冠杰.印度国家科技政策的摇篮——国家科学技术和开发研究所 [J].中
国软科学 1990 年第 1 期.

［64］ 徐晓虎、陈圻.中国智库的基本问题研究 [J].学术论坛 2012 年第 11 期.

［65］ 李凌.中国智库影响力的实证研究与政策建议 [J].社会科学 2014 年第 4 期.

［66］ 洪伟、邓心安.中国民间思想库:作用与对策 [J].科学与管理 2008 年第 1 期.

［67］ 刘恩东.美国智库建设的启示 [J].学习时报 2014 年 5 月 19 日.

［68］ 程永明.日本智库经费来源渠道研究 [J].人民论坛 2014 年第 3 期.

［69］ 邹逸安.国外思想库及其成功的经验 [J].中国软科学 1999 年第 6 期.

［70］ 张继业.思想库与美国对外政策 [J].国际论坛 2001 年第 5 期.

［71］ 田立志.试论思想库对美国外交政策的影响 [J].世界经济与政治 1997 年第
5 期.

［72］ 薛澜.在美国公共政策制订过程中的思想库 [J].国际经济评论 1996 年第 6 期.

［73］ [美]威廉·恩道尔.政府外脑:影响美国决策的智库 [M].梁长平译,中国
民主法制出版社,2018.

［74］ [美]安德鲁·里奇.智库、公共政策和专家治策的政治学 [M].潘羽辉译,
上海社会科学院出版社,2010.

［75］ [加]唐纳德·E.埃布尔森.北部之光:加拿大智库概览 [M].复旦发展研究
院译,上海社会科学院出版社,2017.

［76］ [日]铃木崇弘.何谓智库:我的智库生涯 [M].潘郁红译,社会科学文献出
版社,2018.

［77］ [美]托马斯·戴伊.谁掌管美国——里根年代 [M].张维等译,世界知识出
版社,1985.

［78］ [德]库必来·亚多·阿林.新保守主义智库与美国外交政策 [M].王成至译,
上海社会科学院出版社,2017.

［79］ [美]罗伯特·基欧汉.霸权之后——世界政治经济中的合作与纷争 [M].

苏长和等译,上海人民出版社,2001.

[80] [英]安东尼·吉登斯.第三条道路——社会民主主义的复兴[M].郑戈译,北京大学出版社,、生活·读书·新知三联书店,2000.

[81] [美]詹姆斯·艾伦·史密斯.思想的掮客:智库与新政策精英的崛起[M].李刚等译,南京大学出版社,2017.

[82] [以色列]Y.德鲁奥.智囊团的研究方法需要突破[J].子华译,国外社会科学1984年第12期.

[83] [德]多丽丝·菲舍尔.智库的独立性与资金支持——以德国为例[J].开放导报2014年第4期.

[84] [英]安东尼·吉登斯.第三条道路的政治[J].郭中华译,中山大学学报(社会科学版)2009年第2期.

[85] [德]帕瑞克·克勒纳.智库概念界定和评价排名:亟待探求的命题[J].中国行政管理2014年第5期.

[86] JaJes G. JcGann, The CoJpetition for Dollars, Scholar and Influence in the Public Policy Research Industry, University Press of AJerica,1995.

[87] JaJes G. JcGann, Think Tanks and Policy Advice in the US, Foreign Policy Research Institution,2005.

[88] WilliaJ DoJhoff, The Power Elite and the State: How Policy is Jade in AJerican ,1990.

[89] JaJes G. JcGann, CoJparative Think Tanks, Politics and Public Policy, NorthaJpton: Edward Elgar Publishing LiJited, 2005.

[90] David SJith, Think Tanks: Who's Hot and Who's Not,JanageJentToday,1998(05).

[91] Donald E. Abelson, Do Think Tanks Jatters? Assessing the IJpact of Public Policy Institutes, Jontreal:JcGill-Queen's University Press.2002.

[92] Paul Dickson,Think Tanks,New York: AtheneuJ, 1971.

[93] Donald E. Abelson,Think Tanks and U.S. Foreign Policy: an Historical Perspective,U.S. Foreign Policy Agenda, VoluJe 7, NuJber 3, 2002.

[94] Andrew Rich, Think Tanks, Public Policy, and the Politics of Expertise,

CaJbridge University Press, 2004.

[95] JaJes SiJon,The Idea Brokers: The IJpact of Think Tanks on British

GovernJent,Public AdJinistration, 1993,vol.71.

[96] SoloJon Fabricant, Toward A firJer Basis of EconoJic Policy: The Founding

of The National Bureau of EconoJic Research, NBER, 1984.

[97] JaJes G. JcGann, The Think Tanks and Civil Societies PrograJ 2008,

University of Pennsylvania Philadelphia, January 19,2009.

[98] JaJes G. JcGann, 2017 Global Go To Think Tank Index Report, Philadelphia:

The Lauder Institute, The University of Pennsylvania,2018.

[99] JaJes G. JcGann, 2015 Global Go To Think Tank Index Report, Philadelphia:

The Lauder Institute, The University of Pennsylvania,2016.

[100] Thunert,J.W., The DevelopJent and Significance of Think Tanks in GerJany,

GerJan Policy Studies, 2006,(3).